MITOS E SÍMBOLOS NA ARTE E CIVILIZAÇÃO DA ÍNDIA

Heinrich Zimmer

MITOS E SÍMBOLOS NA ARTE E CIVILIZAÇÃO DA ÍNDIA

Compilado por
JOSEPH CAMPBELL

Tradução
CARMEN FISCHER

Palas Athena

Título original: *Myths and symbols in Indian art and civilization*

Grafia segundo o Acordo Ortográfico da Língua Portuguesa de 1990,
em vigor no Brasil desde 2009.

Coordenação editorial: Lia Diskin
Copidesque: Neusa Santos Martins
Atualização ortográfica: Neusa Maria Valério
Revisão de provas: Therezinha Siqueira Campos e Lidia La Marck
Produção digital: Renato Carbone

Dados de Catalogação na Publicação (CIP) Internacional
(Câmara Brasileira do Livro, SP, Brasil)

Zimmer, Heinrich Robert, 1890-1943.
Z66m Mitos e símbolos na arte e civilização da Índia / Heinrich Zimmer; compilado por Joseph Campbell ; tradução, Carmen Fischer. – São Paulo : Palas Athena, 1989.
240 págs : 16x23cm

1. Arte hindu 2. Índia – Civilização 3. Mitologia hindu 4. Simbolismo. I. Campbell, Joseph, 1904-1987 – II. Título.

ISBN 85-7242-018-5

CDD-294.513
-700.954
80-1190 -954

Índices para catálogo sistemático:
1. Arte hindu 700.954
2. Índia: Artes 700.954
3. Índia: Civilização 954
4. Mitos e símbolos: Hinduísmo : Religião 294.513
5. Símbolos e mitos: Hinduísmo : Religião 294.513

3ª edição, novembro de 2025

Direitos adquiridos para a língua portuguesa por
PALAS ATHENA EDITORA
Fone (11) 3050-6188 - Whatsapp (11) 3050.6186
www.palasathena.org.br editora@palasathena.org.br

PREFÁCIO DO COMPILADOR

Foi uma perda imensa a morte súbita de Heinrich Zimmer (1890-1943), de pneumonia, dois anos após sua vinda para os Estados Unidos, quando se iniciava aquele que certamente seria o mais produtivo período de sua carreira. Deixou duas caixas contendo anotações e escritos como testemunhas de projetos que vinha desenvolvendo em ritmo acelerado. As conferências então proferidas na Universidade Colúmbia estavam sendo datilografadas, preparando-se para sua posterior transformação em livro; havia um volume sobre medicina hindu, semiacabado, uma introdução esboçada ao estudo do sânscrito, e fora principiada uma obra popular sobre mitologia. Anotações em alemão, inglês, sânscrito e francês foram encontradas em meio aos livros de sua biblioteca e arquivos, sugerindo artigos a serem escritos, pesquisas a serem concluídas, e até mesmo viagens que o levariam a locais específicos da Índia, quando a guerra acabasse. Tendo se adaptado com rapidez ao estilo do seu novo país, estava ansioso por contribuir para o seu patrimônio intelectual. Mal começara a situar-se, no entanto, quando passou subitamente da plena atividade para a morte, em apenas sete dias.

A tarefa de resgatar do esquecimento a maior parte possível do seu trabalho, abruptamente interrompido, foi assumida de imediato. *MITOS E SÍMBOLOS NA ARTE E CIVILIZAÇÃO DA ÍNDIA* é a reelaboração de uma série de conferências pronunciadas na Universidade Colúmbia durante o inverno de 1942. As notas datilografadas foram complementadas com mais detalhes, em sala de aula, por alocuções improvisadas e ilustradas por mais de duzentos slides. Transformar essas palestras em livro exigiu um considerável trabalho: reescreveu-se, reordenou-se, houve reduções e acréscimos. Lembranças de conversas havidas com o Dr. Zimmer foram de ajuda inestimável nessa reconstituição. Em não as havendo, procurei a ajuda das autoridades que ele mais respeitava.

O Dr. Ananda K. Coomaraswamy forneceu, com muita gentileza, uma série de notas suplementares para completar a obra. Seus acréscimos, colocados entre colchetes com as iniciais AKC, teriam sido, sem dúvida, aprovados pelo Dr. Zimmer. Sou grato ao Dr. Coomaraswamy também por ter autorizado a impressão da ilustração nº 55, e pelas muitas e indispensáveis correções ao longo do texto.

Como não havia, para o Dr. Zimmer, necessidade de completar seus escritos particulares com as anotações, créditos e referências necessários à publicação de um livro, o compilador precisou enfrentar a complicada tarefa de descobrir as fontes dos numerosos mitos e ilustrações. Gostaria de agradecer à Dra. Marguerite Block da Universidade Colúmbia, pela valiosa ajuda na seleção, ordenação e identificação das ilustrações e pela leitura do esboço manuscrito; ao Sr. e Sr.a Nasli Heeramaneck, que tornaram possível a descoberta das fontes de muitas das fotografias; ao Dr. David Friedman, anteriormente da Universidade de Leyden, cujas sugestões conduziram-me aos originais sânscritos de muitos mitos; e também ao Sr. Peter Geiger, que realizou grande parte da pesquisa, trabalhou no manuscrito e nas provas e encarregou-se dos detalhes enfadonhos. O Swāmī Nikhilānanda colocou à disposição sua biblioteca e seus valiosos conselhos. A Sr.a Margaret Wing revisou os dois últimos rascunhos do manuscrito, preparou o índice e cooperou nas provas. Sem a generosa colaboração desses amigos, este trabalho não teria sido concluído.

Joseph Campbell

Nova York, 28 de outubro de 1945.

ÍNDICE GERAL

Prefácio do Compilador 5

I. ETERNIDADE E TEMPO
1. A procissão das formigas 11
2. A roda do renascimento 16
3. A sabedoria da vida 22

II. A MITOLOGIA DE VIṢṆU
1. A Māyā de Viṣṇu 29
2. As águas da existência 31
3. As águas da não existência 37
4. A Māyā na arte hindu 48

III. OS GUARDIÕES DA VIDA
1. A serpente, protetora de Viṣṇu e Buddha 57
2. As divindades e seus veículos 63
3. A serpente e o pássaro 65
4. Viṣṇu como vencedor da serpente 68
5. O lótus 77
6. O elefante 85
7. Os rios sagrados 90

IV. O REGOZIJO CÓSMICO DE ŚIVA
1. A "forma fundamental" e as "manifestações jocosas" 105
2. O fenômeno da forma em expansão 109
3. Śiva-Śakti 113
4. O grande soberano 120
5. A dança de Śiva 122
6. A face da glória 138
7. O destruidor das três cidades 144

V. A DEUSA
1. A origem da deusa 153
2. A ilha de pedras preciosas 158

VI. CONCLUSÃO 173
ILUSTRAÇÕES 181
ÍNDICE DAS ILUSTRAÇÕES 215
ÍNDICE REMISSIVO 221

CAPÍTULO I

ETERNIDADE E TEMPO

1. A procissão das formigas

Indra matou o dragão, gigantesco titã que descansava nas montanhas e que, sob a forma de uma nuvem serpenteante desprovida de membros, mantinha as águas do céu cativas no ventre. A divindade arremessou seu raio no centro da desconjuntada espiral e o monstro desmoronou como uma pilha de juncos secos. As águas irromperam, livres, e suas torrentes fluíram através da terra, voltando a circular pelo corpo do mundo.

Essa corrente é o rio da vida, que pertence a todos. É a seiva dos campos e florestas, o sangue que corre nas veias. O monstro apossara-se desse bem comum para satisfazer suas ambições. Criatura egoísta, postara-se entre o céu e a terra, mas agora estava morto. Os fluidos estavam brotando novamente; os titãs se retiravam para os mundos ínferos; os deuses retornavam ao cume da montanha central da terra, para reinar nas alturas.

Durante o período da supremacia do dragão, as mansões majestosas da imponente cidade dos deuses haviam desmoronado, ruindo. O primeiro ato de Indra foi reconstruí-las. Todas as divindades celestiais proclamavam-no como salvador. Enaltecido pelo triunfo e consciente da própria força, convocou Viśvakarman, deus das artes e ofícios, ordenando-lhe que erigisse um palácio digno do esplendor inigualável do rei dos deuses.

Viśvakarman, o gênio miraculoso, conseguiu construir em apenas um ano uma suntuosa mansão, com palácios e jardins maravilhosos, lagos e torres. Mas, à medida que o trabalho progredia, as exigências de Indra tornavam-se cada vez maiores, e mais ilimitadas e fantásticas suas visões. Exigiu novos terraços, pavilhões, mais piscinas, pomares e sítios aprazíveis. Toda vez que vinha apreciar a obra, o soberano dos deuses punha-se a arquitetar mais fantasias sobre as maravilhas que queria ver realizadas. O artífice divino, em desespero, decidiu buscar socorro nos céus e apelar ao criador demiúrgico, Brahmā, corporificação prístina do Espírito Universal que habita muito além da agitada esfera olímpica onde reinam a ambição, a disputa e a glória.

Quando o suplicante Viśvakarman recorreu em segredo ao trono superior e apresentou seu caso, Brahmā confortou-o: – Logo serás libertado desse encargo – disse-lhe. – Volta para casa em paz. Enquanto Viśvakarman, pressuroso, regressava à cidade de Indra, Brahmā ascendeu a uma esfera mais alta, até chegar a Viṣṇu, o Ser Supremo, de quem ele próprio, o Criador, não era mais que um agente. Em beatífico silêncio Viṣṇu escutou-o e, com um simples aceno de cabeça, o fez saber que sua vontade seria realizada.

Na manhã seguinte bem cedo, um menino brâmane, portando um bastão de peregrino, apareceu diante dos portões de Indra, ordenando ao porteiro que anunciasse sua visita ao rei. O porteiro correu até o seu senhor e este apressou-se em ir à entrada para dar as boas-vindas pessoalmente ao visitante auspicioso. Do esguio menino, que aparentava uns dez anos de idade, irradiava-se o brilho da sabedoria. Indra foi encontrá-lo no meio de um bando de crianças maravilhadas, atônitas. O menino saudou o anfitrião com um olhar meigo nos olhos escuros e brilhantes. O rei curvou-se diante da criança divina, que o abençoou alegremente. Os dois encaminharam-se para o salão real, onde o deus procedeu à cerimônia das boas-vindas ao hóspede, com oblações de mel, leite e frutas, dizendo-lhe depois: – Ó Venerável Menino, dize-me qual é o propósito de tua vinda.

A bela criança respondeu em voz profunda e suave como o lento trovejar de auspiciosas nuvens de chuva: – Ó Rei dos Deuses, ouvi falar do portentoso palácio que estais construindo e vim dirigir-vos as perguntas que me estão na mente. Quantos anos serão necessários para que se edifique essa rica residência majestosa? Que outros feitos de engenharia espera-se que Viśvakarman realize? Ó Rei dos Deuses! – o rosto luminoso do menino moveu-se com um sorriso bondoso, apenas perceptível – nenhum Indra que vos antecedeu conseguiu terminar um palácio como há de ser o vosso.

Embriagado pelo vinho do triunfo, o soberano dos deuses divertia-se com a pretensão do menino de querer saber o que ele próprio ainda ignorava. Com um sorriso paternal, perguntou: – Responde-me, Menino! São muitos os Indras e Viśvakarmans que já viste, ou de que, pelo menos, ouviste falar?

O encantador visitante balançou, tranquilo, a cabeça: – Sim, por certo, já vi muitos. – A voz era quente e doce como leite recém-ordenhado, mas as lentas palavras percorreram as veias de Indra como um calafrio. – Minha querida criança, prosseguiu o menino, conheci vosso pai, Kaśyapa, o velho Homem-Tartaruga, senhor e progenitor de todas as criaturas da terra, e vosso avô, Marīci, raio da luz celestial, filho de Brahmā Marīci, gerado do puro espírito do deus Brahmā, tinha como única fortuna e glória a santidade e a devoção. Também conheço Brahmā, que Viṣṇu gerou do cálice do lótus germinado no seu próprio umbigo. E o próprio Viṣṇu – o Ser Supremo, que sustém Brahmā no seu empenho criativo –, a ele também conheço.

Ó Rei dos Deuses, conheci a terrível dissolução do universo. Assisti repetidas vezes ao perecimento de tudo, ao fim de cada ciclo. São tempos terríveis, em que cada átomo se dissolve nas águas primordiais e puras da eternidade, de onde originalmente tudo nasceu. Nesse momento tudo retorna à infinidade impenetrável e selvagem do oceano, no qual, coberto por uma total escuridão, não se vê qualquer vestígio de seres animados. Ah, quem contará os universos que desapareceram ou as criações que surgiram tantas vezes do abismo informe da vastidão das águas? Quem enumerará as eras do mundo, enquanto se sucedem ao infinito? Quem tentará, no espaço infinitamente amplo, contar um a um os universos, cada um deles contendo seu Brahmā, seu Viṣṇu e seu Śiva? Quem contará a totalidade dos Indras – os mesmos que, um a um, já reinaram certa vez em todos os inumeráveis mundos, ou os outros que desapareceram antes deles? Ou aqueles Indras que se sucederam em alguma dinastia, ascendendo ao trono divino, e um a um desaparecendo? Rei dos deuses, há entre vossos servos quem sustente ser possível contar os grãos de areia da terra e as gotas de chuva que caem do céu; contudo, jamais ninguém conseguirá enumerar todos os Indras. Isso é o que sabem os sábios.

A vida e o reinado de um Indra duram 71 éons e, quando 28 Indras tiverem morrido, um dia e uma noite de Brahmā terão transcorrido. Mas a existência de um Brahmā, medida em tais dias e noites bramânicos, é de 108 anos. Brahmā sucede a Brahmā; um submerge e outro emerge: a sucessão infinita não pode ser medida. Não há fim para o número desses Brahmās – para não falar no dos Indras.

Mas aos universos, de per si, em qualquer momento dado, cada um abrigando um Brahmā e um Indra, quem poderá estimar-lhes o número? Além da visão mais remota, constelando-se no espaço exterior, os universos surgem e desaparecem, em hoste inumerável. Como frágeis barcos, flutuam nas águas insondáveis e puras que formam o corpo de Viṣṇu. Em cada poro desse corpo um universo floresce e fenece. Acreditais poder contá-los? Podereis enumerar os deuses de todos esses mundos presentes e passados?

Uma procissão de formigas aparecera no salão durante a fala do menino. Em formação militar, numa coluna de quase quatro metros de largura, a procissão desfilava salão afora. O menino percebeu-as, fez uma pausa, admirou-as. De repente soltou uma gargalhada estrondosa, para logo aquietar-se num silêncio profundo e introspectivo.

– Por que ris? – gaguejou Indra. – Quem és tu, ser misterioso, sob teu disfarce de menino? – Agora estavam secos os lábios e a garganta do soberbo rei, cuja voz falhava continuamente. – Quem és tu, Oceano de Virtudes, oculto por névoa enganadora?

O magnífico menino prosseguiu: – Ri por causa das formigas. A razão não pode ser contada; não me peçais para revelá-la. A semente do infortúnio e o fruto da sabedoria estão contidos nesse segredo. Ele golpeia como um machado a árvore da vaidade mundana, corta-lhe as raízes e dispersa-lhe a copa. Esse mistério é uma luz para aqueles que tateiam na ignorância. Submerso na sabedoria das idades, é raro que seja revelado, mesmo aos santos. É o ar que mantém vivos os ascetas que renunciam e transcendem a existência mortal; mas destrói os mundanos iludidos pelo desejo e pelo orgulho.

O menino sorriu e mergulhou no silêncio. Indra fitava-o, incapaz de mover-se. – Ó filho de um brâmane! – suplicou o rei, com nova e visível humildade – não sei quem és. Pareces ser a encarnação da sabedoria. Revela-me o segredo das idades, a luz que dissipa a escuridão.

Solicitado a ensinar, o menino revelou ao deus a sabedoria secreta. – Vi as formigas, ó Indra, desfilando em longa procissão. Cada uma delas já foi um Indra, certa vez. Como vós, cada um dos Indras, por virtude de feitos piedosos, um dia ascendeu à condição de rei dos deuses. Mas agora, através de muitos renascimentos, cada um se transformou novamente em formiga. Este é o exército dos que já foram Indras.

Devoção e grandes feitos elevam os habitantes do mundo ao reino glorioso das mansões celestiais, aos domínios excelsos de Brahmā e Śiva e à mais alta esfera de Viṣṇu; mas atos perversos fazem-nos mergulhar nos mundos ínferos, em poços de dor e sofrimento. A nova encarnação se dá entre pássaros e vermes, ou no ventre das porcas e animais selvagens, ou em meio a árvores e insetos. É pelos seus feitos que alguém merece a felicidade ou o sofrimento e torna-se senhor ou escravo. É pelos feitos que atinge a qualidade de rei ou de brâmane, de um deus, de um Indra ou um Brahmā. E, ainda através dos feitos, contrai doenças, adquire beleza ou deformidade, ou renasce sob a forma de um monstro.

Esta é toda a essência do segredo, daquele saber que é a travessia para a bem-aventurança através do oceano do inferno.

A vida no ciclo dos incontáveis renascimentos é como a visão de um sonho. Os deuses nas alturas, as árvores e as pedras silentes, são como aparições fantásticas. Mas a morte administra a lei do tempo: por ele predestinada, é ela a senhora de tudo. Efêmeros como bolhas são o bem e o mal dos entes do sonho. Em ciclos infindos, mal e bem se alternam; nem a estes nem a coisa alguma, apega-se o sábio. O sábio não se prende a absolutamente nada.

O menino concluiu o tremendo ensinamento e, em silêncio, fitou o anfitrião. O rei dos deuses, em todo o seu esplendor celestial, reduzira-se, aos próprios olhos, à insignificância. Nesse ínterim, outra assombrosa aparição ingressara na enorme sala.

O recém-chegado parecia ser uma espécie de eremita. Uma profusão desajeitada de tranças cobria-lhe a cabeça; cingia-lhe os quadris uma pele de antílope negra; na testa trazia pintada uma marca branca; a cabeça, protegia-a um rústico guarda-sol de erva; no peito crescia-lhe um estranho chumaço circular de pelos; estes conservavam-se intactos na circunferência, enquanto que no centro faltavam muitos. O santo personagem encaminhou-se para Indra e o menino, acocorou-se no chão entre ambos e ali se postou, imóvel como uma rocha. O majestoso Indra, meio que recobrando seu papel de anfitrião, curvou-se em reverência, oferecendo coalhada com mel e alguns refrescos. Inquiriu, então, hesitante mas respeitoso, sobre o bem-estar do austero visitante, dando-lhe as boas-vindas. Quanto ao menino, dirigiu-se ao santo homem com as perguntas que caberia a Indra fazer:

– De onde vindes, ó santo homem? Qual é o vosso nome e o que vos traz aqui? Onde fica vosso lar e qual o significado desse guarda-sol de erva? O que pressagia o tufo circular de pelos que tendes no peito? Por que é denso na circunferência e ralo no centro? Tende a bondade, santo homem, de responder, em poucas palavras, estas perguntas. Anseio por compreender.

O velho santo sorriu, paciente, e começou, lento, a dar resposta.

– Sou brâmane. Hirsuto é o meu nome. Vim até aqui para ver Indra. Como sei que tenho vida curta, decidi não ter lar algum, não construir casa, não me casar nem procurar sustento. Vivo de esmolas. Para abrigar-me do sol e da chuva levo à cabeça este guarda-sol de erva.

Quanto ao círculo de pelos em meu peito, apesar de ser fonte de aflição para os filhos do mundo, ensina a sabedoria. A cada Indra que cai, cai um fio. É por isso que já se foram todos os fios centrais. Quando a outra metade do período concedido ao presente Brahmā chegar ao fim, eu próprio morrerei. Portanto, menino brâmane, restam-me poucos dias de vida! De que serviriam, então, esposa, filho ou casa?

Cada mover das pálpebras do grande Viṣṇu marca a extinção de um Brahmā. Tudo o que existe sob a esfera bramânica é tão insubstancial como uma nuvem que se forma e logo se dissolve. É por isso que me entrego, com exclusão de tudo o mais, à meditação cujo objeto são os incomparáveis pés de lótus do supremo Viṣṇu. A fé que lhe é dedicada significa mais do que a beatitude da redenção; pois toda a alegria, mesmo a celestial, é tão frágil quanto um sonho e apenas interfere na unicidade de nossa devoção a Ele, o Supremo.

Śiva, aquele que concede a paz, o supremo guia espiritual, ensinou-me essa maravilhosa sabedoria. Não necessito experimentar as várias e bem-aventuradas formas de redenção: compartilhar as mansões divinas do supremo deus, desfrutar-lhe a eterna presença, ser igual a ele em corpo e vestes, tornar-me parte de sua augusta substância ou mesmo absorver-me por completo em sua inefável essência.

O santo homem cessou abruptamente de falar e desapareceu no mesmo instante. Era o próprio Śiva, que agora tornava à sua morada supramundana. Ao mesmo tempo, desapareceu também o menino brâmane, que era Viṣṇu. O soberano, perplexo e atônito, estava só. Indra, o rei, refletiu: parecia-lhe um sonho o que acontecera. Mas ele não experimentava mais o desejo de ampliar o próprio esplendor divino ou de continuar a construir seu palácio. Convocou Viśvakarman. Cortês, saudou o artífice com palavras melífluas, cobriu-o de joias e dádivas preciosas e, depois de oferecer-lhe uma festa suntuosa, fez com que retornasse à sua morada.

Indra, o rei, queria agora a redenção. Adquirira a sabedoria e seu único desejo era ser livre. Confiou ao filho o esplendor e o peso de seu cargo, preparando-se para isolar-se no ermo, vivendo como eremita. A bela e apaixonada rainha Śacī encheu-se de aflição.

Chorando, em tristeza e total desespero, a divina consorte recorreu ao engenhoso sacerdote e conselheiro espiritual de Indra, Bṛhaspati, o Senhor da Sabedoria Mágica. Ajoelhando-se a seus pés, implorou que fizesse com que seu marido abandonasse sua inflexível determinação. O sagaz conselheiro dos deuses, que com sortilégios e ardis auxiliara os poderes divinos a arrebatar o domínio do Universo das mãos dos titãs, seus antagonistas, ouviu com atenção as queixas da voluptuosa e desconsolada deusa. Com astúcia, sacudiu a cabeça em assentimento e, com um sorriso de feiticeiro, tomou-a pela mão e conduziu-a à presença do esposo. Assumindo, então, seu papel de mestre espiritual, discursou sabiamente sobre as virtudes da vida espiritual e também as da vida secular. Atribuiu a cada uma o que lhe era devido. Desenvolveu o tema com muita habilidade. O rei foi persuadido a abrandar sua determinação extremada, enquanto a rainha recobrava sua radiante alegria.

Bṛhaspati, o Senhor da Sabedoria Mágica, elaborara certa vez um tratado sobre a arte de governar para instruir Indra sobre o governo do mundo. Criava agora uma segunda obra, um tratado de como conduzir o amor conjugal e seus estratagemas. Instruindo sobre a encantadora e eterna arte da corte amorosa e do encadeamento do ser amado com laços duradouros, esse livro inestimável firmou sobre sólidos alicerces a vida matrimonial do casal reconciliado.

Assim termina a maravilhosa história de como o rei dos deuses foi humilhado em seu orgulho sem limites, libertado de sua ambição excessiva e, através da sabedoria espiritual e secular, conduzido ao conhecimento do papel que lhe cabia nos ciclos da infinita mobilidade da vida.[1]

2. A roda do renascimento

O tesouro de mitos e símbolos da Índia é imenso. Os numerosos textos e a multidão de monumentos arquitetônicos são tão ricos em detalhes expressivos que, embora os estudiosos desde o final do século XVIII venham publicando, traduzindo e interpretando, não é raro serem encontradas por acaso histórias ainda não mencionadas ou desconhecidas, imagens não decifradas, expressões formais até agora incompreensíveis e valores estéticos e filosóficos não interpretados. Desde o segundo milênio a.C. as tradições hindus vêm sendo transmitidas sem interrupção. Como a transmissão tem sido basicamente oral, foi-nos legado apenas um registro imperfeito desse extenso e rico desenvolvimento: alguns fecundos e longos períodos estão insuficientemente documentados; muita coisa se perdeu, sem possibilidade de recuperação. Entretanto, apesar de dezenas de milhares de páginas permanecerem em manuscrito, ainda aguardando publicação, as grandes obras já editadas no Ocidente e na Índia são tantas que pessoa alguma conseguirá conhecê-las em sua totalidade, mesmo que a isso se dedique por toda a vida.

É uma herança tão vasta quanto fragmentária, embora a tal ponto homogênea que é possível apresentar-lhe os traços principais numa síntese simples e consistente. Esperamos, no presente volume, poder examinar e, em certa medida, aprofundar os temas e questões mais significativos, os símbolos dominantes e os aspectos mais importantes do rico mundo mítico hindu. Os inevitáveis problemas de metodologia e interpretação surgirão à medida que as exóticas formas forem revelando seus perturbadores segredos e serão tratados à medida que ocorrerem. Não podem ser abordados de antemão, pois estamos pouco familiarizados com os personagens, o estilo, a sequência de eventos, as concepções e escalas de valores básicos dessa tradição tão radicalmente diferente da nossa. Não se podem reduzir as concepções orientais às estruturas delimitadoras familiares ao Ocidente. Temos de aceitar-lhe a profunda estranheza para que nos exponham as limitações inconscientes de nossa própria abordagem dos enigmas do homem e da existência.

A maravilhosa história da procissão das formigas descortina-nos um estranho espetáculo de espaço e ritmo; nele há uma diferente pulsação do tempo. Noções de tempo e espaço são, em geral, ponto pacífico no âmbito de uma tradição e civilização e é raro que sua validade seja posta em questão, mesmo por aqueles que discordem totalmente de seus aspectos sociais, políticos e morais. São noções tidas como inquestionáveis, sem interesse nem importância; movimenta-nos a partir delas, que nos levam como a água ao peixe. Nelas estamos inseridos e a elas atados, insensíveis ao seu caráter específico, porque nosso conhecimento não as transcende. Por isso as concepções espaçotemporais da Índia a princípio parecerão a nós, do Ocidente, estranhas e bizarras. Os fundamentos da perspectiva ocidental nos estão de tal modo próximos dos olhos, que escapam à análise crítica: têm a textura de nossa experiência e reações. Inclinamo-nos a tomá-los como fundamentos estabelecidos e indiscutíveis de nossa experiência humana e como parte integrante da realidade.

A desconcertante história da reeducação do orgulhoso e triunfante Indra joga com visões de ciclos cósmicos – éons que se sucedem na infinitude do tempo, éons coexistentes nas infinitudes do espaço – de uma maneira que dificilmente se enquadraria no pensamento sociopsicológico do Ocidente. Na Índia "atemporal" essas diástoles extensivas constituem o ritmo vital de todo o pensamento. A roda de nascimento e morte, o ciclo de emanação, fruição, dissolução e reemanação é tanto um lugar comum da fala popular como um tema fundamental da filosofia, do mito, do símbolo, da religião, da política e da arte. Sua abrangência refere-se não somente à vida individual, mas também à história da sociedade e ao movimento do cosmos. Cada momento da existência tem como pano de fundo esse pleroma, e assim é medido e julgado.

De acordo com as mitologias hindus, cada ciclo cósmico está subdividido em quatro *yugas* ou idades do universo. Podem ser comparados às quatro idades da tradição greco-romana; da mesma forma que nesta, ocorre o declínio da excelência moral à medida que o ciclo prossegue. As idades do período clássico receberam seus nomes dos metais: ouro, prata, bronze e ferro; as hindus, dos quatro arremessos do jogo de dados indiano: *kṛta, tretā, dvāpara e kali.* Em ambos os casos, as denominações sugerem as virtudes relativas aos períodos, que vão se sucedendo em seu curso lento e irreversível.

Kṛta é o particípio perfeito do verbo *kṛ* – fazer; seu significado literal é "feito, realizado, concluído, perfeito". Esse é o lance de dados que concede a vitória total do jogo. De acordo com a concepção indiana, a ideia de total ou totalidade é associada ao número quatro. O "quadrado" significa "totalidade". Qualquer coisa completa, que contém a si mesma, é vista como possuidora de quatro "quartos" (*pāda*), de "quadruplicidade". Está bem firmada sobre "quatro pernas" (*catuh-pāda*). Assim, *Kṛta Yuga*, a primeira das idades, é a perfeita, o *yuga* dos "quatro-quartos". *Dharma*, a ordem moral do universo (virtualmente existente antes do início, manifestando-se então nas esferas, energias e seres universais), firma-se durante este período sobre as quatro pernas, como uma vaca sagrada; com cem por cento, ou quatro quartos, efetiva-se como um elemento estrutural todo-penetrante no organismo universal. Durante esse *yuga* homens e mulheres nascem virtuosos, dedicando a vida ao cumprimento dos deveres e tarefas divinamente designados pelo *Dharma*[2]. A santidade, para os brâmanes, é o fundamental. Reis e senhores feudais agem de acordo com os ideais de uma conduta verdadeiramente régia. Camponeses e habitantes das cidades dedicam-se à agricultura e aos ofícios. As classes servis inferiores mantêm-se em seu âmbito, submissas. Mesmo as pessoas do extrato mais baixo observam a ordem sagrada da vida.

Entretanto, à medida que o processo vital do organismo do universo ganha movimento, a ordem se enfraquece. Desvanecem-se, quarto a quarto, os elementos do Sagrado *Dharma*, enquanto seu oposto vai ganhando terreno. Ao *Tretā Yuga* deu-se, por isso, o nome de "lance de dados do três". *Tretā* é a tríade ou trinário; equivale a três dos quatro quartos. A etimologia da palavra relaciona-se com o latino *trēs*, o grego *treīs* e o inglês *three*. Durante o *Tretā Yuga*, tanto o corpo universal como o corpo da sociedade humana são sustentados apenas por três quartos de sua virtude total. O modo de vida próprio a cada uma das quatro castas começa a entrar em declínio. Seus deveres deixam de ser as leis espontâneas que regem a ação dos homens: precisam, agora, ser aprendidos.

Dvāpara Yuga é a idade do perigoso equilíbrio entre perfeição e imperfeição, luz e treva. Seu nome é derivado de *dvi*, *dvā*, *dvau*, que significa "dois" (comparem-se o termo latino *duo*, o francês *deux*, o inglês *deuce*, o grego *dúo*, o russo *dva*). É o lance de dados da díade. Durante o *Dvāpara Yuga* apenas dois dos quatro quartos do *Dharma* têm ainda efetividade no mundo manifestado; os outros foram irrecuperavelmente perdidos. A vaca da ordem ética, em vez de firmar-se com solidez sobre quatro pernas ou apoiar-se com segurança em três, equilibra-se agora em duas. Foi destruído o ideal, o estado semidivino da sociedade. Perdeu-se o conhecimento da hierarquia de valores revelada. A perfeição da ordem espiritual não rege mais a vida dos homens e do universo. Todos os seres humanos, brâmanes e reis, comerciantes e servos, cegados pela paixão e ávidos de bens terrenos, tornam-se mesquinhos, gananciosos e avessos ao cumprimento dos deveres sagrados ditados pela abnegação. Extingue-se a verdadeira santidade, atingida apenas através da prática religiosa, de jejum, devoção, ascetismo.

Finalmente, *Kali Yuga*, a idade das trevas, subsiste miseravelmente com os 25 por cento da força total do *Dharma*. Os elementos egoístas, vorazes, cegos e negligentes triunfaram e regem a vida. *Kali* significa "a pior de todas as coisas" e também "disputa, rixa, desavença, guerra, batalha" (referindo-se a *kal-aha* "disputa, rixa"). No jogo de dados, *kali* é o lance perdido. Durante o *Kali Yuga*, o homem e o mundo atingem o limite do que têm de pior. A degradação social e moral está caracterizada nesta passagem do *Viṣṇu Purāṇa*[3]:

"Quando a sociedade atinge o estágio no qual a propriedade confere posição, a riqueza torna-se a única fonte de virtude, a paixão o único elo a unir marido e mulher, a falsidade é a fonte do sucesso na vida, o sexo a única razão de deleite e quando os ornamentos externos são confundidos com a religiosidade interior..." – estamos, como no mundo atual, atravessando o *Kali Yuga*. Considera-se que essa idade, no presente ciclo, principiou numa sexta-feira, em 18 de fevereiro do ano de 3102 a.C.

A deficiência do *Dharma* é responsável pela curta duração do *Kali Yuga*, que é, especificamente, de 432 000 anos. Descreve-se a duração do precedente *Dvāpara Yuga*, forte, dotado do dobro de substância moral, como abrangendo um tempo duas vezes maior, 864 000 anos. Por conseguinte, o *Tretā Yuga*, que detém três dos quatro quartos do *Dharma*, tem a duração de três unidades *Kali*, 1 296 000 anos; e *Kṛta Yuga*, o período do *Dharma* "quadrado", dura 1 728 000 anos. O total geral é, pois, de 4 320 000 anos, dez vezes a duração de um *Kali Yuga*. Este ciclo completo é chamado *Mahāyuga*, "O Grande *Yuga*".

Mil *mahāyugas* – 4 320 000 000 anos na contagem humana – constituem um único dia de Brahmā, um único *kalpa*. Em termos da contagem dos deuses (situados abaixo de Brahmā, mas acima dos homens), é um período que compreende doze mil anos divinos. Esse dia começa com a criação ou evolução (*sṛiṣṭi*) quando o universo é emanado pela substância divina, transcendente e não manifestada e termina com dissolução e reabsorção (*pralaya*), ao fundir-se novamente com o Absoluto. As esferas do universo, e todos os seres que elas contêm, desaparecem no final do dia de Brahmā, persistindo, na noite que se segue, apenas como o germe latente da necessidade de uma nova manifestação. A noite de Brahmā tem a mesma duração do dia.

Cada *kalpa* subdivide-se em quatorze *manvantaras*, ou intervalos de Manu[4], cada um deles compreendendo 71 *mahāyugas* e uma fração, e terminando com um dilúvio[5]. Manu dá nome aos intervalos; é o equivalente hindu de Noé, o herói que se salva do dilúvio. O período atual é chamado de intervalo de Manu Vaivasvata, "Manu, Filho do Resplandecente", "Manu, Filho do Deus-Sol Vivasvant"[6]. Este é o sétimo *manvantara* do atual dia de Brahmā; mais sete devem transcorrer antes que o dia termine. O dia em transcurso é chamado de *Varāha Kalpa*, "O *kalpa* do Javali", pois é durante seu transcurso que Viṣṇu encarna, sob a forma desse animal. É o primeiro dia do quinquagésimo primeiro ano de vida do "nosso" Brahmā e findará – passados mais sete dilúvios – na próxima dissolução.

A evolução e o declínio de cada *kalpa* são assinalados por eventos mitológicos que se repetem sempre e sempre, de maneira similar, em ciclos grandiosos, lentos e inexoráveis. As vitórias dos deuses, com as quais estes firmam sua autoridade sobre as respectivas esferas universais; os intervalos de malogro, queda e devastação, quando são subjugados pelos titãs ou antideuses – seus meio-irmãos, sempre alertas para destituí-los; os *avatāras*[7] (avatares) ou encarnações de Viṣṇu, o Ser Supremo, que assume forma humana ou animal para intervir como salvador do mundo ou libertador dos deuses: esses prodígios, que parecem tão singulares e empolgantes quando ocorrem, não são mais do que os elos imutáveis de uma cadeia sempre recorrente. São momentos típicos do invariável processo da história ininterrupta do organismo do universo. Constituem o padrão esquemático de um dia de Brahmā.

Na aurora de cada *kalpa*, Brahmā ressurge: emerge de um lótus nascido e florescido no umbigo de Viṣṇu. Durante o primeiro intervalo de Manu do atual *Varāha Kalpa*, Viṣṇu desceu, sob a forma de javali, para resgatar a recém-criada Terra do fundo do mar, para onde a levara um demônio das profundezas abissais. No quarto intervalo, ou *manvantara*, libertou um grande rei-elefante do poder de um monstro marinho. No sexto ocorreu o evento cósmico conhecido como a "Batedura do Oceano Lácteo"; os deuses e titãs, lutando pelo domínio do mundo, firmaram uma trégua temporária, para extrair o elixir da imortalidade do oceano universal. Considera-se que os eventos descritos nas duas grandes epopeias da Índia ocorreram durante o atual *mahāyuga* do sétimo *manvantara.* Os narrados no *Rāmāyaṇa* referem-se à idade *Tretā* do presente ciclo e os do *Mahābhārata*, à idade *Dvāpara.*

É preciso observar que é muito raro que os textos tradicionais mencionem que os eventos mitológicos descritos e celebrados repetem-se a cada 4 320 000 000 de anos, isto é, uma vez a cada *kalpa.* Se do ponto de vista da breve vida humana tal circunstância prodigiosa pode ser temporariamente desconsiderada, não é possível rejeitá-la por completo: o indivíduo, de vida efêmera, continua presente, ao longo do ciclo de suas transmigrações, sob alguma forma, em algum lugar, envergando uma máscara ou outra, em todo o transcorrer do prolongado percurso. Um dos *Purāṇa*[8] narra as façanhas de Viṣṇu em sua encarnação ou avatar de javali, havendo uma referência casual à repetição cíclica dos grandes momentos do mito. O javali, ao resgatar a deusa Terra das profundezas do mar, observa: "É sempre assim que vos sustenho...".

Para a mente ocidental, que acredita em eventos históricos únicos, definidores de época (como o nascimento de Cristo, a emergência de certos ideais decisivos ou a longa evolução dos inventos, no transcurso da dominação da natureza pelo homem), este comentário casual sobre o deus eterno, embora sutil, tem um efeito de minimização e aniquilamento. Ele extingue noções de valor intrínsecas à nossa avaliação da vida, destino e missão do homem.

Do ponto de vista humano, o tempo de vida de um Brahmā parece muito extenso; é, no entanto, limitado. Perdura por cem anos bramânicos, constituídos por dias e noites de Brahmā e seu final é uma grande e universal dissolução. Nesta desvanecem-se não apenas as esferas visíveis dos três mundos (terra, céu e espaço intermediário), mas a totalidade das esferas de todo e qualquer ser, mesmo as dos mundos supremos. Todos dissolvem-se na divina Substância primeva. Permanece então, por outro século de Brahmā, um estado de total reabsorção, depois do qual recomeça todo o ciclo de 311 040 000 000 000 de anos segundo a contagem humana.

3. A sabedoria da vida

É fácil esquecermos que nossa ideia de tempo, estritamente linear e evolucionária (e que a geologia, a paleontologia e a história da civilização parecem confirmar), é peculiar ao homem moderno. Mesmo os gregos da época de Platão e Aristóteles, muito mais próximos de nós e de nossa tradição atual, no modo de pensar e sentir, do que os hindus, não a partilhavam. De fato, Santo Agostinho parece ter sido o primeiro a conceber a moderna ideia de tempo. Essa concepção estabeleceu-se de maneira gradual, em oposição à ideia então vigente.

A Ordem Agostiniana publicou um ensaio de Erich Frank[9] observando que tanto Aristóteles como Platão acreditavam que todas as artes e ciências já haviam se desenvolvido por muitas vezes, atingindo o apogeu e perecendo depois. "Estes filósofos", escreveu Frank, "acreditavam que mesmo suas próprias ideias eram apenas redescobertas de formas de pensamento familiares a filósofos de épocas anteriores". Essa crença corresponde exatamente à tradição indiana de uma filosofia perene, uma sabedoria eterna revelada não apenas uma vez, mas muitas, sendo recuperada, perdida e novamente restaurada através dos ciclos das idades. "A vida humana, para Agostinho", declara Frank, "não era um mero processo natural. Era um fenômeno único, irrepetível, uma história individual na qual todo o acontecimento era novo, nunca tendo ocorrido antes. Tal concepção histórica era desconhecida dos filósofos gregos. Este povo tinha grandes historiadores que investigavam e descreviam a história do seu tempo; mas... consideravam a história do universo como um processo natural no qual tudo se repetia em ciclos periódicos, de maneira que não ocorria jamais nada de realmente novo". Essa é também a ideia de tempo subjacente à mitologia e à vida hindu. A história do universo em sua passagem periódica da evolução à dissolução é concebida como um processo biológico de gradual e inexorável deterioração, desintegração e dissolução. Só depois de ter-se cumprido o percurso até a reabsorção total, e de novo processar-se a incubação na infinitude atemporal da noite cósmica, é que o universo ressurge em sua perfeição, pureza, beleza e renovação. Logo depois, ao primeiro pulsar do tempo, recomeça o processo irreversível: a perfeição da vida, a capacidade humana de compreender e assimilar ideais da mais alta santidade e pureza abnegada – em outras palavras, a divina qualidade ou energia do *Dharma* – entra em contínuo declínio. Durante o processo, têm lugar as histórias mais estranhas; até agora nada ocorreu que já não tivesse ocorrido muitas e muitas vezes nos infinitos ciclos dos éons.

Essa vasta consciência do tempo, que transcende a breve duração de uma vida individual ou até a biografia de uma raça, é a consciência temporal da própria natureza. Esta conhece não apenas os séculos, mas as eras

– geológicas, astronômicas –, transcendendo-as. Os egos multitudinários são seus filhos, mas sua preocupação é a espécie; as idades do mundo são os menores períodos de tempo que concede às várias espécies que cria e às quais permite morrer, por fim (como os dinossauros, os mamutes e os pássaros gigantescos). A Índia – como se fosse a Vida meditando sobre si mesma – mede o tempo em períodos comparáveis aos da astronomia, geologia e paleontologia. Considera-o e a si mesma sob o ponto de vista biológico e das espécies, não dos eus efêmeros. Estes *envelhecem*, ao passo que aquelas *são* antigas e, portanto, eternamente jovens.

Nós, ocidentais, por outro lado, vemos na história do mundo a biografia da espécie humana, em particular do homem ocidental, a quem consideramos o mais importante membro da família. A biografia é uma forma de ver e representar que se concentra no singular, no irreproduzível, em algum dos âmbitos da existência, revelando, então, os indícios denotadores de direção e sentido. Pensamos em egos, em vidas e indivíduos, não na Vida. Nosso objetivo não é o de nos inserirmos, através de nossa atuação humana, no plano universal da natureza, mas sim de nos opormos a ele, com nosso egocentrismo obstinado. Por enquanto, as ciências físicas e biológicas – que são relativamente jovens – ainda não afetaram a tendência geral do nosso humanismo tradicional. Também não nos demos conta, até agora, de suas possíveis implicações filosóficas (exceto quanto à lição do "progresso" que gostamos de deduzir de sua evolução). Chegamos ao ponto de, deparando-nos com algo afim nos éons hindus, conservarmo-nos, sob o ponto de vista emocional, absolutamente frios. Não temos capacidade ou preparação para preencher os espantosos *yugas* com o significado da vida. Nossa concepção das longas eras geológicas que precederam a ocupação humana do planeta e que, espera-se, a sucederão, e os números astronômicos com que descrevemos o espaço exterior e as rotas dos astros podem, em certa medida, nos terem preparado para uma concepção dos limites matemáticos da visão; mas não conseguimos perceber com nitidez qual é sua importância para uma filosofia prática da vida humana.

Foi uma grande experiência, portanto, quando, ao ler um dos *Purāṇa*, deparei por acaso com o brilhante mito anônimo narrado no início deste capítulo. De repente, as vazias engrenagens numéricas ficaram repletas do dinamismo da vida. Os valores filosóficos e significados simbólicos impregnaram-nas de vida. Ante uma história tão vívida, de impacto tão poderoso, não foi preciso dissecar-lhe o significado. A lição era bem compreensível e clara.

Os dois grandes deuses, Viṣṇu e Śiva, instruem aqueles que ouvem o mito através do ensinamento dado a Indra, rei dos olímpicos. O Menino Maravilhoso, decifrador de enigmas, cujos lábios infantis derramam sabedoria, é uma figura arquetípica comum aos contos de fadas de todas as épocas e a muitas tradições. É um aspecto do Menino-Herói, que decifra o enigma da esfinge e livra o mundo de monstros. O Velho Homem Sábio é também uma figura arquetípica que transcende as ambições e ilusões do ego, amealhando e revelando a sabedoria libertadora, aniquilando a servidão da posse, do sofrimento e do desejo.

Mas a sabedoria transmitida por este mito estaria incompleta se a última palavra versasse sobre a infinitude espaçotemporal. A visão dos inumeráveis universos, que ingressam um a um no torvelinho da existência, e a lição da sucessão interminável de Indras e Brahmās aniquilariam todos os valores da existência individual. O mito restabelece o equilíbrio entre essa visão estarrecedora e ilimitada e a questão oposta, do papel restrito da breve vida individual. Bṛhaspati, o sumo sacerdote, guia espiritual dos deuses, uma das encarnações hindus da sabedoria, ensina a Indra (isto é, ao nosso *self*, ao indivíduo confuso) como atribuir a cada esfera aquilo que lhe cabe. Ensina-nos a reconhecer a divina e impessoal esfera da eternidade a girar para sempre, através do tempo e das idades. Faz-nos também aceitar a esfera transitória dos deveres e prazeres da vida individual, tão imantada de existência e realidade para um homem vivente, como um sonho para a alma adormecida.

NOTAS

1. *Brahmavaivarta Purāṇa*, *Kṛṣṇa-janma Khaṇḍa*, 47.50-161.

2. *[Dharma*: *Lex aeterna*, justiça ou retidão ideal e absoluta, διχαιοσύνη, como em Platão e São Lucas 12.31; a parte proporcional dessa justiça, no que se refere ao indivíduo, é a "justiça que lhe é própria" (*sva-dharma*): vocação, função social, ou tarefa a ele determinada por sua própria natureza. AKC]

Nota do compilador: o Dr. Ananda K. Coomaraswamy colaborou, com muita gentileza, elaborando uma série de notas explicativas para suplementar o material deixado pelo Dr. Zimmer. Foram colocadas entre colchetes, com as iniciais AKC.

3. Fonte clássica da tradição e mitologia hindu, datada do primeiro milênio da nossa era. Tradução de H. H. Wilson, Londres, 1840. O texto da página 19 é uma condensação da longa passagem descritiva contida no livro IV, capitulo 24.

4. Em sânscrito, o *u* que antecede uma vogal torna-se v; por isso *manu-antara* ("intervalo de Manu") toma-se *manvantara.*

5. 71 x 14 = 994, o que significa é *mahāyugas* a serem considerados. O acerto é efetuado conforme se vê a seguir. Considera-se que o primeiro dos quatorze *manvantaras* é precedido por um alvorecer que tem a duração de um *Kṛta Yuga* (isto é, 0,4 de um *mahāyuga*), e que cada *manvantara* é seguido de um crepúsculo de igual duração, portanto 0,4 x 15 = 6. E 994 + 6 = 1 000 *mahāyugas*, ou um *kalpa.* Este complicado cálculo parece ter sido introduzido para coordenar dois sistemas originalmente distintos, um baseado na cronologia cíclica dos *mahāyugas*, e outro na tradição das inundações universais periódicas.

6. Cada *manvantara* recebe o nome de uma manifestação especial do herói do dilúvio. Vaivasvata Manu, o progenitor da raça humana atual, foi resgatado do dilúvio por Viṣṇu, encarnado em um peixe. Seu pai era o Deus-Sol Vivasvant.

Vivasvant é o nome védico do Deus-Sol. Na tradição do zoroastrismo persa, o mesmo nome aparece como patronímico do primeiro mortal, cujo nome sânscrito é Yama. O herói do dilúvio e o primeiro mortal são, portanto, duas versões do mesmo ser primordial.

7. *Avatāra* – "queda", da raiz *tṛī*, que significa "atravessar ou navegar através", mais o prefixo *ava-*, "abaixo".

8. Os *Purāṇa* são livros sagrados de fatos mitológicos e épicos supostamente compilados pelo sábio e poeta Vyāsa. Existem 18 *Purāṇa* (*purāṇa*: "antigo, lendário"), associando-se a cada um uma série de *Purāṇa Secundários* (*upapurāṇa*). Entre os últimos figuram as grandes epopeias *Rāmāyaṇa* e *Mahābhārata.*

9. E. Frank, *Saint Augustine and Greek Thought* (*Santo Agostinho e o Pensamento Grego*), editado por The Augustinian Society, Cambridge, Mass., 1942, disponível na The Harvard Cooperative Society, p. 9-10.

CAPITULO II

A MITOLOGIA DE VIṢṆU

1. A Māyā de Viṣṇu

A visão da repetição contínua e da reprodução sem finalidade diminuiu e aniquilou, por fim, a vitoriosa e ingênua concepção de Indra a respeito de si mesmo e da perenidade de seu poder. Seus projetos de construtor eram cada vez mais a base adequada para um autoconceito natural, majestoso e confiante. Mas, à medida que a visão dos ciclos ampliou-se, foram-se abrindo níveis de consciência que reduziram milênios a momentos, éons a dias. A limitada constituição humana e a dos deuses inferiores perdeu substancialidade. Deveres e prazeres, posses e perdas do ego, todo o conteúdo e trabalho da vida do homem dissolveram-se na irrealidade. Tudo o que parecera importante ao rei dos deuses até um momento atrás, não lhe parecia agora mais que um fantasma efêmero que aparece e se vai, impalpável como um relâmpago.

A transformação foi ocasionada por sua mudança de ponto de vista. Com a ampliação da perspectiva, todos os aspectos da vida tiveram seus valores alterados. Era como se as montanhas – permanentes, se comparadas às sete décadas, mais ou menos, que dura uma breve existência humana – fossem observadas todas de uma só vez, da perspectiva de muitos milênios: assim, surgiriam e desapareceriam como ondas. O permanente seria visto como fluido. Grandes objetivos dissolver-se-iam diante de nossos olhos. Toda experiência relativa sofreria súbita transformação; haveria dificuldade na orientação das emoções, sendo penoso descobrir um alicerce sólido.[1]

A mente hindu associa ideias como: transitório, em constante mutação, ilusório, que sempre retorna, com irrealidade; associa, ao contrário, o imperecível, imutável, fixo e eterno com o real. Enquanto as experiências e sensações que atravessam a consciência de um indivíduo não são atingidas por uma visão maior que lhes diminua a importância, as criaturas efêmeras que aparecem e desvanecem-se no infindável ciclo da vida (*saṁsāra*, o círculo do renascimento) são tidas por ele como absolutamente reais. Mas no momento que lhes constata o caráter transitório, chegam a parecer-lhe quase irreais – ilusões ou miragens, equívocos dos sentidos, invenção dúbia de uma consciência restrita demais e voltada para o ego. Quando compreendido e experimentado dessa maneira, o mundo é *Māyā-māyā*, "do mesmo estofo de Māyā". *Māyā* é "arte": aquilo através do qual se produz um artefato, uma aparência.[2]

O substantivo *māyā* relaciona-se etimologicamente com "medida". É formado pela raiz *mā*, que significa medir ou traçar (como, por exemplo, a planta de uma construção ou o esboço de um desenho), produzir, dar forma ou criar, revelar. *Māyā* é a medição, criação, ou manifestação das formas; é qualquer ilusão, artifício, ilusionismo, fraude, embuste, sortilégio ou obra de feitiçaria; aparição ou imagem ilusória, fantasmagoria, ilusão de ótica; é também qualquer estratagema diplomático ou artifício político cuja intenção seja enganar. A *māyā* dos deuses é o poder que têm de assumir diversas formas, exibindo, segundo sua vontade, vários aspectos de sua essência sutil. Mas são, os próprios deuses, a produção de uma *māyā* maior: a espontânea autotransformação de uma substância de origem indiferenciada, divina e onigeratriz. Essa *māyā* maior produz não apenas os deuses, mas o universo no qual atuam. Todos os universos coexistentes no espaço, e que vão sucedendo uns aos outros no tempo, os planos da existência e suas criaturas, naturais ou supernaturais, são manifestações do manancial eterno e original do ser, e é através do jogo da *māyā* que ingressam na manifestação. No período de não manifestação, no interlúdio da noite cósmica, a *māyā* cessa de atuar e o manifestado se dissolve.

Māyā é a Existência: tanto o mundo compreendido por nossa percepção quanto nós próprios, que, inseridos nesse meio que se expande e dissolve, também nos desenvolvemos e dissolvemos. Ao mesmo tempo, Māyā é o poder supremo que gera e anima a manifestação, aspecto dinâmico da substância universal. É, a um só tempo, efeito (fluxo cósmico) e causa (poder criativo). No segundo aspecto é conhecida como *Śakti*, "Energia Cósmica". O substantivo *śakti* provém da raiz *śak*, que significa ser capaz, ser possível. *Śakti* é poder, habilidade, capacidade, faculdade, força, energia, perícia, poder régio; é o poder de criação literária, poética, é gênio; é o poder ou significado de uma palavra ou termo; poder, inerente à causa, de produzir seu efeito necessário; lança de ferro – ou outra –, forcado, flecha, espada; *śakti* é o órgão feminino; é o poder ativo de uma deidade – que a mitologia considera como deusa-consorte e rainha.

Māyā-Śakti é personificada como o aspecto protetor do mundo – lado feminino e maternal do Ser Supremo; como tal, corresponde à aceitação espontânea e amorosa da realidade tangível da vida. Suportando o sofrimento, o sacrifício, a morte e as privações presentes em toda a experiência do transitório, ela afirma, ela é, representa e desfruta o delírio das formas manifestadas. É a alegria criativa da vida, a beleza, o prodígio, o fascínio e a sedução do mundo vivente. Inspira-nos – sendo-o, por sua vez – a submissão aos aspectos mutáveis da existência. Māyā-Śakti é Eva, o Eterno Feminino, *das Ewig-Weibliche*; ela, que comeu e tentou o cônjuge para que comesse a maçã, sendo, ela mesma, o fruto. Do ponto de vista do princípio masculino do Espírito (que busca o valor permanente, eterno e absolutamente divino), ela é o enigma dos enigmas.

Já o caráter de Māyā-Śakti-Devī (*devī*, "deusa") é o multifário e ambíguo. Tendo dado à luz o universo e o indivíduo (macro e microcosmo), manifestações correlatas do divino, Māyā logo enlanguesce a consciência no interior dos invólucros de sua produção perecível. O ego é enredado numa teia num estranho casulo: "tudo isso à minha volta" e "minha própria existência" – experiência externa e interna – são a urdidura e a trama do tecido sutil. Enredados por dois sortilégios: nós mesmos e os efeitos do nosso meio, vendo os engodos de Māyā como totalmente reais, suportamos um ordálio sem fim de lisonjas, desejos e morte; não obstante, sob um ponto de vista que transcende a nossa compreensão (representado e conhecido na perene tradição esotérica como a ilimitada consciência supraindividual da experiência iogue), Māyā – o mundo, a vida, o ego, aos quais nos agarramos – é fugaz e evanescente como a nuvem e a névoa.

O objetivo do pensamento indiano sempre foi o de desvendar o mistério da confusão e, se possível, penetrar na realidade oculta pelos meandros emocionais e intelectuais que enredam nosso ser consciente. Era esse o esforço que atava Indra ao seu fascínio, quando a visão do rei dos deuses foi aclarada pela aparição e pelos ensinamentos da criança divina e do sábio milenar.

2. As águas da existência

A mitologia hindu aborda o enigma de Māyā num vívido manuscrito que torna acessível à mente comum as implicações filosóficas de seu quebra-cabeças. As histórias foram sendo veiculadas por uma grande tradição de comunicação oral; hoje, aparecem sob muitas variantes. Grande número destas cristalizou-se em versões literárias; outras circulam ainda sob a fluidez de forma do folclore oral.

E uma história é contada por um asceta semidivino, Nārada, que pediu diretamente ao Ser Supremo que lhe contasse o segredo da sua Māyā. Na mitologia do hinduísmo, Nārada é o modelo preferido do adepto do "caminho da devoção" (*bhakti-mārga*)[3]. Em resposta à sua prolongada e fervorosa austeridade, Viṣṇu lhe aparecera em seu eremitério prometendo atender-lhe um desejo. Quando, com humildade, ele expressou seu anseio profundo, o deus o instruiu, não com palavras, mas submetendo-o a uma aventura aflitiva. A versão literária da história nos é dada pelo *Matsya Purāṇa*, compilação sânscrita que tomou a forma atual no período clássico do hinduísmo medieval, por volta do século IV da nossa era. Nele, Vyāsa, um santo, narra o conto.

Um grupo de santos homens reuniu-se em torno de Vyāsa, o venerável ermitão, na solidão da floresta. – Já que compreendes a eterna ordem divina – pediram-lhe – revela-nos o segredo da Māyā de Viṣṇu.

– Quem pode compreender a Māyā do Deus Supremo, a não ser ele próprio? A Māyā de Viṣṇu mantém-nos a todos sob seu encanto. É o sonho comum que sonhamos. Posso apenas narrar-vos uma história vinda dos tempos remotos, de como Māyā, em certa oportunidade específica e singularmente instrutiva, exerceu seu efeito.

Os visitantes ansiavam por ouvi-lo. Vyāsa começou:

– Era uma vez um jovem príncipe, Kāmadamana – "Domador de Desejos". Conduzindo-se em harmonia com o espírito de seu nome, passou a vida na mais severa e ascética austeridade. Mas seu pai, desejando que ele se casasse, disse-lhe um dia: – Kāmadamana, meu filho, o que sucede contigo? Por que não tomas esposa? O matrimônio traz a realização de todos os desejos de um homem e faz com que alcance felicidade completa. Nas mulheres está a raiz da ventura e do bem-estar. Vai, portanto, amado filho, casa-te!

O jovem guardou silêncio, por respeito ao pai. Mas quando o rei insistiu repetidas vezes, Kāmadamana respondeu: – Pai querido, sou fiel à conduta designada por meu nome. O poder divino de Viṣṇu, que sustenta e enleia a nós e a tudo no mundo, foi-me revelado.

O régio pai deteve-se um momento, reconsiderando; depois, com habilidade, fez com que seu argumento, em vez de apelar ao prazer pessoal, passasse a apelar para a responsabilidade. Declarou que um homem deveria casar-se para procriar, de maneira que os espíritos ancestrais, lá no reino dos pais, não padecessem a falta de oferendas de alimentos dos descendentes, caindo em indescritível infortúnio e desespero.

– Meu pai amado – falou o jovem –, passei por cerca de mil vidas. Muitas centenas de vezes sofri a morte e a velhice. Conheci a união e a perda de minhas esposas. Existi como relva e arbusto, réptil e árvore. Vivi entre o gado e os animais ferozes. Por centenas de vezes fui brâmane, mulher e homem. Compartilhei a bem-aventurança das mansões celestiais de Śiva; vivi entre os imortais. Não há, estou certo, nenhuma forma de ser, mesmo sobre-humana, que eu não tenha assumido mais de uma vez: fui demônio, gnomo, guardião dos tesouros da Terra, espírito das águas dos rios, donzela celestial, rei dos demônios-serpentes. A cada vez que o cosmos dissolvia-se para reabsorver-se na informe essência da Divindade, eu também me desvanecia; e quando o universo novamente se desenvolvia, eu também reingressava na existência e vivia outra sucessão de renascimentos. Por muitas e repetidas vezes vitimou-me a ilusão da existência – e sempre através da assunção de uma esposa.

Deixai que vos conte – continuou o jovem – algo que ocorreu comigo durante minha penúltima encarnação. Durante aquela vida meu nome era Sutapas – "Aquele Cujas Austeridades São Boas". Eu era um asceta, e minha fervorosa devoção a Viṣṇu, o Senhor do Universo, concedeu-me sua graça. Deleitado porque tantos votos eu cumpria, ele apareceu diante de meus olhos corpóreos assentado sobre Garuḍa, o pássaro celestial. – Vou conceder-te uma graça – disse. – O que desejares, terás.

Respondi ao Senhor do Universo: – Se estais contente comigo, permiti que compreenda vossa Māyā.

De que te serviria compreenderes minha Māyā? – respondeu o deus. – Prefiro conceder-te opulência de vida, e que cumpras teus deveres e responsabilidades sociais, na posse de todas as riquezas, saúde, prazeres e filhos heroicos.

É disso, disso mesmo, que quero libertar-me e que desejo superar.

O deus redarguiu: – Ninguém pode compreender nem compreendeu nunca minha Māyā. Jamais haverá alguém capaz de penetrar-lhe o mistério. Há muito, muito tempo, vivia um profeta sagrado, que a um deus se assemelhava; seu nome era Nārada. Era filho do próprio deus Brahmā, e devotava-me fervorosa devoção. Como tu, mereceu minha graça e apareci diante dele, tal como apareço agora diante de ti. Concedi-lhe uma graça e ele expressou desejo idêntico ao teu. Embora eu o advertisse que não voltasse a indagar sobre o segredo de minha Māyā, insistiu, tal como o fazes. Disse-lhe: – Mergulha naquela água e experimentarás o mistério de minha Māyā.

Nārada mergulhou na lagoa, emergindo sob a forma de uma jovem. Emergiu como Sushilā, "A Virtuosa", filha do rei de Benares. Em breve, ao atingir o esplendor da juventude, o pai deu-a em casamento ao filho do soberano de Vidarbha, reino vizinho. O santo asceta e vidente experimentou, sob a forma feminina, todos os prazeres do amor. Quando, no devido tempo, o velho rei de Vidarbha morreu, o marido de Sushilā sucedeu-o no trono. A bela rainha tinha muitos filhos e netos e era incomparavelmente feliz.

Entretanto, ao longo do tempo, uma rixa surgida entre o marido de Sushilā e seu pai resultou numa guerra terrível. Numa única e renhida batalha, foram mortos muitos dos seus filhos e netos: morreram-lhe também o pai e o marido. Quando soube do holocausto, encaminhou-se, em pranto e luto, da capital até o campo de batalha, onde deu voz a um solene lamento. Mandou que fosse erguida uma gigantesca pira funerária e nela dispôs os cadáveres de seus irmãos, filhos, sobrinhos e netos e, lado a lado, os corpos do esposo e do pai. Com sua própria mão, aproximou a tocha da pira. Ao crepitarem as chamas, gritou: – Meu filho, meu filho! – atirando-se ao fogo que rugia. No mesmo instante a chama se fez fria e límpida: o que era pira transformou-se em lagoa. Sushilā viu-se submersa nas águas – transformada, de novo, no santo Nārada. O deus Viṣṇu, tomando-o pela mão, tirou-o da lagoa cristalina.

Quando o deus e o santo saíram da água, Viṣṇu indagou, com um quase-sorriso: – Quem é o filho cuja morte lamentas? – Nārada tomou-se de confusão e vergonha. O deus continuou: – Esta é a imagem de minha Māyā; pesarosa, sombria, amaldiçoada. Nem Brahmā, o nascido do lótus, nem nenhum dos outros deuses, Indra ou mesmo Śiva, pode compreender-lhe as profundezas sem fundo. Como e por que deverias conhecer o incognoscível?

Nārada rogou que lhe fossem concedidas a fé, a devoção perfeita e a graça de lembrar-se para sempre daquela experiência. Além disso, pediu que a lagoa, na qual, como numa fonte iniciática, submergira, se convertesse num local sagrado de peregrinação, cuja água – graças à perene e secreta presença divina, nela, do deus que ali mergulhara para retirar o santo das profundezas mágicas – tivesse o poder de lavar todos os pecados.

Viṣṇu concedeu-lhe os piedosos desejos e desapareceu, rumo à sua cósmica morada no Oceano Lácteo.

– Contei-te essa história – concluiu Viṣṇu antes de afastar-se também de Sutapas, o asceta – para mostrar-te que o mistério de minha Māyā é inescrutável; não pode ser conhecido. Se quiseres, atira-te também à água e saberás por que é assim.

Sutapas (ou seja, o príncipe Kāmadamana na sua penúltima encarnação) lançou-se na lagoa. Como tinha acontecido com Nārada, emergiu como menina, sendo assim envolvido na trama de outra vida.

Esta é uma versão literária medieval do mito. A história é narrada até hoje na Índia, como uma espécie de conto infantil; muitos a conhecem desde tenra idade. No século XIX, Ramakrishna, o santo bengalês, utilizou esta versão popular em seus ensinamentos[4] como parábola. O herói também é Nārada, no papel de devoto exemplar. Por sua prolongada austeridade e práticas devocionais, Viṣṇu voltou para ele sua graça. Apareceu ao santo em seu eremitério, concedendo-lhe a realização de um desejo. – Mostrai-me o poder mágico de vossa Māyā – rogou Nārada, ao que o deus respondeu: – Eu o farei. Segue-me. Mas outra vez lhe pairou nos lábios de belas curvas o mesmo quase-sorriso.

Deixando a agradável sombra do bosque em que o eremita se abrigava, Viṣṇu conduziu-o por uma faixa de terra nua que reluzia como metal sob o sol que abrasava, impiedoso. Não demorou para que ambos ficassem muito sedentos. Viram, a alguma distância, os tetos colmados de uma pequena aldeia fustigada pelo calor. Viṣṇu perguntou: – Queres ir até lá buscar-me um pouco de água?

– Decerto, meu Senhor – respondeu o santo, correndo para o distante agrupamento de choupanas. O deus ficou a descansar à sombra de um penhasco, aguardando-lhe a volta.

Chegando ao povoado, Nārada bateu à primeira porta que encontrou. Veio abri-la uma bonita donzela e o devoto foi tocado por algo jamais sonhado: o encanto dos olhos da moça; assemelhavam-se aos do seu divino Senhor e amigo. Estático, pasmado, esqueceu o que viera fazer. Doce e ingênua, ela deu-lhe as boas-vindas. Sua voz, como um laço de ouro, rodeou-lhe o pescoço. Movendo-se como num sonho, entrou na casa.

A parentela tratou-o com muito respeito, embora sem o menor vestígio de timidez. Receberam-no com as honras devidas a um santo, mas não como a um estranho; mais parecia ser, o recém-chegado, um venerável conhecido de longa data, há muito ausente. Nārada permaneceu em companhia deles, impressionado com o acolhimento caloroso e digno; sentia-se como em sua própria casa. Ninguém perguntou o motivo de sua visita; era como se pertencesse à família desde tempos imemoriais. Transcorrido algum tempo, pediu ao pai da moça permissão para casar-se com ela, o que não surpreendeu ninguém. Tornou-se membro da casa e compartilhou os deveres milenares e os prazeres simples de um lar camponês.

Doze anos se passaram; tinha três filhos. Morrendo-lhe o sogro, tornou-se o chefe da família, herdando e administrando os bens, cuidando do gado e cultivando as terras. No décimo segundo ano, a estação das chuvas foi extraordinariamente violenta: encheram-se os rios, torrentes desceram montanhas abaixo e uma enchente inundou, de repente, o pequeno povoado. Durante a noite, as choupanas de palha e o gado foram arrastados e todos precisaram pôr-se em fuga.

Uma das mãos amparando a esposa, levando à outra dois dos filhos e conduzindo sobre os ombros o terceiro, o menor, Nārada partiu a toda pressa.

Abrindo caminho através da mais completa escuridão, açoitado pela chuva, caminhava a muito custo sobre a lama escorregadia, cambaleando através do redemoinho das águas. A carga era maior do que podia suportar e a correnteza arrastava-o, envolvendo-lhe as pernas com muita força. Nārada tropeçou e o filho que levava aos ombros escorregou, tragado pela noite uivante. Com um grito de desespero, desprendeu-se dos filhos maiores para agarrá-lo, mas era tarde demais. Enquanto isso, a torrente brutal carregou os outros dois e, antes que se apercebesse da extensão do desastre, arrancou-o da esposa, arrastando-o corrente abaixo como a um toro inerte. As águas atiraram-no inconsciente numa praia, sobre uma pequena rocha. Abriu os olhos, ao voltar-lhe a consciência; à sua frente, viu um vasto lençol de água lamacenta. Chorar era o que podia fazer. Chorou.

– Filho! – aquela voz, que lhe soou familiar, quase lhe fez parar o coração. – Onde está a água que foste buscar para mim? Espero por ela há mais de meia hora.

Nārada voltou-se. Em vez de água o que viu foi um deserto a rebrilhar ao sol do meio-dia. Perto, às suas costas, estava o deus. Ainda sorriam, sem compaixão, as curvas da boca fascinante, que se abriu para a pergunta amável: – Compreendes agora o segredo de minha Māyā?

Desde a época dos primeiros *Veda* até o hinduísmo atual, a água é considerada na Índia como uma manifestação tangível da essência divina. "No início, tudo era como um mar sem luz", diz um hino ancestral[5]; até hoje, um dos objetos de adoração mais simples e frequentes do ritual diário é um jarro, um cântaro cheio de água, que representa a presença da divindade e cumpre a função de imagem sagrada. A água é tida, durante o culto, como morada ou domicílio (*pīṭha*) do deus.

Nas duas histórias de Nārada, o traço significativo é a transformação efetuada pela água. Esta é considerada como atuação de Māyā, vendo-se no elemento aquoso a materialização primária da energia-Māyā de Viṣṇu. Elemento preservador da vida, que circula na natureza sob a forma de chuva, seiva, leite e sangue, é a substância dotada do poder de transformação do fluídico. Por isso, no simbolismo mítico, mergulhar na água significa penetrar no mistério de Māyā, ir em busca do supremo segredo da vida. Quando Nārada, o discípulo humano, rogou pela revelação do segredo, o deus não o desvelou através de instruções ou fórmulas verbais: simplesmente apontou para a água, o elemento de iniciação.

Ilimitadas e imperecíveis, as águas cósmicas são a um só tempo fonte imaculada de todas as coisas e formidável sepultura. Através do seu poder de autotransformação, a energia do abismo assume formas individualizadas dotadas de vida temporária e de autoconsciência limitada. Nutre-as e alimenta-as, por algum tempo, com sua seiva vivificante. Depois dissolve-as novamente, sem clemência ou distinção, fazendo com que retornem à energia anônima da qual surgiram. Esse é o trabalho e o caráter de Māyā, útero universal que tudo consome.

A ambivalência do benevolente-maligno é uma característica predominante em todo o simbolismo e mitologia hindu. E essencial ao conceito indiano de divindade. Não apenas no deus supremo com sua Māyā, mas em todas as divindades dos prolíficos panteões da poderosa tradição, há o paradoxo: potentes para amparar e para destruir, cumulam de benefícios e redimem com um golpe mortal.

3. As águas da não existência

O simbolismo de Māyā é abordado também num magnífico mito que descreve as insensatas aventuras do grande sábio Mārkaṇḍeya, ocorridas durante o intervalo da não manifestação, entre a dissolução e a recriação do universo. Mārkaṇḍeya, por um acidente estranho e miraculoso, presenciou uma série de transformações arquetípicas de Viṣṇu: na primeira, o deus tomou a forma elementar do oceano cósmico; depois, de um gigante deitado sobre as águas; a seguir, de uma criança divina, brincando solitária sob a árvore cósmica; afinal, de um majestoso ganso selvagem, sendo o som de sua respiração a melodia mágica da criação e dissolução do universo.[6]

O mito principia por uma revisão da deterioração da ordem cósmica, durante o lento, porém irreversível, transcorrer dos quatro *yugas*. O sagrado *Dharma* desvanece-se, quarto a quarto, na vida universal, até sobrevir o caos. Os homens ocupam-se, apenas, de luxúria e mal. Não há mais ninguém em quem prime a bondade iluminadora (*sattva*): não há homem realmente sábio, nenhum santo, ninguém que fale a verdade e que mantenha a própria palavra, como se sagrada fosse. O brâmane, na aparência santo, não é melhor que o tolo. Os anciãos, a quem falta a autêntica sabedoria da velhice, tentam comportar-se como os jovens e aos jovens falta a candura da juventude. As classes sociais perderam as peculiares virtudes que as dignificavam; mestres e príncipes, comerciantes e escravos, procedem, todos, com geral vulgaridade. Desapareceu a vontade de elevar-se às alturas supremas; os laços de simpatia e de amor dissolveram-se; predomina o egoísmo mesquinho. A aglomeração dos tolos, dos não indivíduos, forma uma espécie de pastosidade pegajosa e repulsiva. Quando essa calamidade caiu sobre a Cidade do Homem, cuja organização anterior era regida pela harmonia, a substância do organismo universal deteriorou-se além de qualquer possibilidade de salvação: o universo estava maduro para dissolver-se.

Completara-se o ciclo. Terminara um dia de Brahmā. Viṣṇu, o Ser Supremo, de quem o mundo primeiro emanou em pureza e ordem, sente agora crescer dentro de si a premência de fazer com que o cosmos exausto retorne à sua substância divina. Para o criador e sustentador do universo, chegou o momento da expressão de seu aspecto destrutivo: extinguirá o caos estéril e dissolverá todos os seres animados, desde as alturas de Brahmā, aquele que rege o interior do corpo universal e é o espírito de sua vida cósmica, até a última folha de relva. Colinas e rios, montanhas e oceanos, deuses e titãs, gnomos e espíritos, animais, seres celestes e homens, tudo será reabsorvido pelo Supremo.

Nessa concepção indiana do processo de destruição, o curso regular do ano hindu – calor inclemente e seca alternados com chuvas torrenciais – é ampliado a tal grau que, em vez de sustentar, destrói a existência.

O calor que normalmente faz amadurecer e a umidade que nutre, quando se revezam em cooperação benéfica, agora aniquilam. Viṣṇu inicia o terrível trabalho final precipitando no Sol sua energia infinita. Torna-se, ele próprio, o Sol. Com seus raios tórridos e destruidores, arrasta para dentro de si o olhar de todos os seres animados. O mundo inteiro resseca e definha; através das profundas rachaduras da terra gretada, uma chama de calor letal lambe as águas divinas do abismo subterrâneo, apossa-se delas, engole-as. Quando a seiva vital desaparece por completo do oviforme corpo cósmico e dos corpos de todas as criaturas, Viṣṇu torna-se o vento, cósmica respiração da vida, retirando de todos os seres o ar que lhes dá a vida. Como uma folha seca, a estiolada substância do universo é arremessada no ciclone. A fricção inflama o redemoinho do material altamente inflamável; o deus transformou-se em fogo. Tudo converge num fogaréu gigantesco, reduzindo-se a cinzas ardentes. Por fim, tomando a forma de uma grande nuvem, Viṣṇu derrama uma chuva torrencial, doce e pura como leite, para apagar o incêndio universal. O ardente e ferido corpo da terra conhece enfim seu último alívio, sua extinção final, o *Nirvāṇa.* Sob a torrente do Deus-Feito-Chuva, ele é reintegrado ao oceano primordial, de onde surgiu na aurora do universo. O fecundo útero aquático acolhe outra vez dentro de si as cinzas de toda a criação. Os elementos fundamentais dissolvem-se no fluido indiferenciado do qual surgiram. Dissolvem-se a Lua e as estrelas. A maré, subindo, faz-se água infinita. Estamos no intervalo de uma noite de Brahmā.

Viṣṇu dorme. Como uma aranha que depois de subir pelo fio secretado por seu próprio organismo recolhe-o de novo em si mesma, o deus consumiu novamente a teia do universo. Em sua solidão sobre a substância imortal do oceano, vulto descomunal meio submerso e meio flutuante, desfruta o prazer do doce sono. Não tem quem o veja nem quem o compreenda; ninguém, além dele próprio, o conhece.

Esse gigante, o Senhor de Māyā, e o oceano cósmico sobre o qual se reclina são a manifestação dual de uma única essência: Viṣṇu é tanto oceano quanto forma humana. Além disso, como na mitologia hindu a água é simbolizada pela serpente (*nāga*), Viṣṇu é comumente representado a repousar entre as espirais de um ofídio prodigioso que é seu animal simbólico: a serpente Ananta – "Infinita". Portanto, Viṣṇu é não apenas a gigantesca forma antropomórfica e o elemento infinito, mas também o réptil. É sobre o ofídico oceano de sua própria substância imortal que transcorre a noite universal do Homem Cósmico.

Dentro do deus está o cosmos, como uma criança a desenvolver-se no ventre da mãe; ali tudo é restaurado em sua perfeição primordial. Embora no exterior exista apenas a escuridão, dentro do divino sonhador floresce a visão ideal do que deveria ser o universo. O mundo, recobrando-se do declínio, da confusão e da catástrofe, retomará outra vez seu curso harmonioso.

É agora, durante o intervalo encantado, que, segundo a lenda, ocorre um evento fantástico:

Um santo de nome Mārkaṇḍeya está vagando dentro do deus, sobre a terra pacífica; peregrino sem destino, contempla com alegria o espetáculo edificante da visão ideal do mundo. Mārkaṇḍeya é um notório personagem mítico, um santo dotado de vida eterna. Embora tenha milhares de anos, possui a força de um jovem e a mente alerta. Errando pelo interior do corpo de Viṣṇu, em visita aos eremitérios sagrados, alegra-o a pia atividade dos sábios e de seus discípulos. Nos santuários e lugares sagrados detém-se em adoração, e seu coração regozija-se com a piedade que encontra nas regiões percorridas.

Mas ocorre um acidente. No decorrer de sua caminhada errante e infindável, o forte ancião resvala, sem querer, da boca do deus todo-abrangente. Viṣṇu dorme, com os lábios entreabertos; o som harmonioso e profundo de sua respiração ressoa no imenso silêncio da noite de Brahmā. O perplexo santo, tombando dos imensos lábios adormecidos, precipita-se nas águas do oceano cósmico.

A princípio, devido à Māyā de Viṣṇu, Mārkaṇḍeya não discerne o gigante adormecido; vê apenas o trevoso oceano estendendo-se para além da noite sem estrelas, que tudo envolve. Tomado de desespero, teme por sua vida. Chapinhando na água escura, pensativo, reflete e começa a duvidar: – Estou sonhando? Estou sob o feitiço de uma ilusão? Por certo esta situação tão estranha é produto da minha imaginação. Porque o mundo, tal como o conheço e cujo curso harmonioso tanto observei, não merece a aniquilação que parece tê-lo atingido de súbito. Não há sol, nem lua, nem vento; desvaneceram-se as montanhas, a terra desapareceu. Em que espécie de universo estou?

Essas perguntas reflexivas do santo são uma espécie de comentário à ideia de Māyā, ao problema "O que é o real?" tal como o concebem os hindus. A realidade é uma função do indivíduo. É o resultado de virtudes e limitações específicas da consciência individual. Enquanto o santo perambulava pelo interior do gigante cósmico, sua percepção apresentava-lhe uma realidade que via como adequada à sua natureza; considerava-a sólida e substancial. Entretanto, era apenas um sonho, uma visão interior da mente do deus adormecido. Ao contrário, durante a noite das noites, a realidade da substância primeva do deus parece à consciência humana do santo uma miragem perturbadora. – É impossível – reflete –, isto não pode ser real.

O objetivo da doutrina da filosofia hindu e da prática iogue é transcender os limites da consciência individual. O propósito das histórias míticas é transmitir a sabedoria dos filósofos, expondo de forma popular e pictórica as experiências ou resultados da ioga.[7] Apelando de modo direto para a intuição e a imaginação, são acessíveis a todos, enquanto interpretação da existência. Não são explicitamente comentadas e elucidadas. Nos diálogos e discursos dos personagens principais, há momentos de exposição e interpretação filosófica, embora a história, em si, jamais seja explicada. Não se encontra nenhum comentário explícito sobre o significado da ação mitológica. O conto, sem rebuços, atinge o ouvinte por seu apelo à intuição, à imaginação criativa, agitando e alimentando o inconsciente. Através de uma eloquência, fruto mais dos incidentes que das palavras, a mitologia hindu cumpre sua função como veículo popular de sabedoria esotérica constituída pela experiência iogue e pela religião ortodoxa.

É ponto pacífico o efeito imediato das histórias, porque não provêm de experiências e reações individuais. São produzidas, entesouradas e controladas pelo trabalho e pelo pensamento coletivo da comunidade religiosa. Enriquecem-se com a sanção sempre renovada das sucessivas gerações. São reelaboradas, recebem novas formas e são impregnadas de novos significados por um processo criativo anônimo da coletividade e por uma aceitação intuitiva. São eficazes, primeiramente, em nível inconsciente, atingindo a intuição, o sentimento e a imaginação. Seus detalhes gravam-se e são absorvidos pela memória, dando forma às mais profundas estratificações da psique. Seus episódios, quando para eles se volta a reflexão, mostram-se capazes de revelar várias gamas significativas, de acordo com as experiências e necessidades vitais do indivíduo.

Os símbolos e mitos da Índia resistem à intelectualização e à redução a significados fixos. Tal tratamento apenas lhes tornaria estéril a magia. Porque são mais arcaicos que aqueles que conhecemos através da literatura grega – os deuses e mitos de Homero, os heróis das tragédias atenienses de Ésquilo, Sófocles e Eurípedes – tendo sido estes últimos reelaborados por mestres da poesia; trata-se, pois, em grande parte, de criações individuais; sob esse aspecto, assemelham-se às nossas modernas tentativas de lidar com as formas tradicionais. Como nas obras de Shelley e Swinbume, ou de Wagner, sobretudo, existe sempre, nas obras gregas posteriores a Homero, a tentativa de dar aos símbolos mitológicos ancestrais novos significados e interpretações da existência, baseados na experiência individual. Já, dos mitos da Índia, extraímos a coletiva sabedoria intuitiva de uma civilização atemporal, anônima e múltipla.

Por isso, ao nos propormos comentar um mito indiano, a timidez deveria pôr-nos em guarda. Há o risco permanente de a abertura de uma visão implicar o fechamento de outra. Têm que ser explicados certos detalhes familiares ao ouvinte hindu, porque fazem parte de sua experiência e tradição, mas que são estranhos ao leitor ocidental; tanto quanto possível, deveria evitar-se também formular interpretações definidas. Respeitosos, permitamos que o embaraço em que se encontra Mārkaṇḍeya fale por si mesmo.

O santo, abandonado em desespero na imensidão das águas, distinguiu por fim a forma do deus adormecido; maravilhado, encheu-se de beatífica alegria. Meio submersa, a imensa forma assemelhava-se a uma cadeia de montanhas a irromper das águas. Do seu interior irradiava-se uma luz maravilhosa. Nadando, foi-se aproximando da divina presença para observá-la; mal abrira a boca para lhe perguntar quem era, quando o gigante, agarrando-o, engoliu-o. Mārkaṇḍeya viu-se, no interior do deus, numa paisagem que já conhecia.

Assim, voltando de modo abrupto ao mundo harmonioso do sonho de Viṣṇu, Mārkaṇḍeya foi tomado de extrema confusão. Só conseguia lembrar-se de sua rápida e inesquecível experiência como de uma espécie de visão. No entanto, ele, um ser humano incapaz de aceitar qualquer realidade que transcendesse os poderes interpretativos de sua consciência limitada, achava-se agora, por paradoxo, encerrado no interior daquela divindade de cujo sonho universal era uma imagem. Para Mārkaṇḍeya, agraciado de maneira inesperada por tal visão do Ser Supremo, contemplando-o em e por si mesmo, na sua solidão e tranquilidade todo-abrangentes, essa revelação também não passava de um sonho.

Ao retornar, retomou sua vida anterior. Como santo peregrino que era, vagou de novo pela imensidão da Terra. Observava iogues, em práticas ascéticas nos bosques. Assentia com a cabeça, aprovando, quando os devotos da casa real, ao realizarem dispendiosos sacrifícios, doavam pródigas oferendas aos brâmanes. Via como estes, celebrando os sacrifícios rituais, recebiam generosas recompensas pela eficácia de sua magia. Presenciava todas as castas devotando-se piedosamente às suas tarefas e testemunhava a plena vigência, entre os homens, da sagrada sequência dos Quatro Estágios da Vida[8]. Encontrando graça e alegria nesse ideal estado de coisas, perambulou em segurança por mais cem anos.

Mas então, outra vez de forma inadvertida, ele deslizou da boca do adormecido e tombou no negro mar de azeviche. Desta vez, na terrível escuridão silenciosa do deserto líquido, viu uma criancinha luminosa, um menino divino que dormia, tranquilo, sob uma figueira. Outra vez sob o efeito de Māyā, Mārkaṇḍeya viu como a criança solitária brincava, alegre e sem sombra de medo, no meio do imenso oceano. Embora a curiosidade tivesse se apossado do santo, seus olhos não puderam suportar o esplendor ofuscante do menino. Mantendo-se, pois, a uma distância prudente, ia ruminando, refletindo, a flutuar sobre as profundezas trevosas: – Parece que me lembro de já ter visto algo semelhante – há muito, muito tempo. – Mas sua mente apercebeu-se então da insondável profundidade do oceano sem fim, e um calafrio percorreu-o.

O deus, sob o aspecto do menino divino, dirigiu-se a ele com amabilidade: – Bem-vindo sejas, Mārkaṇḍeya! – A voz tinha a suave gravidade melodiosa da nuvem que, troante, anuncia a chuva. O deus repetiu: – Bem-vindo, Mārkaṇḍeya! Não tenhas medo, meu filho: aproxima-te!

O venerável santo perpetuamente jovem nem conseguia lembrar-se há quanto tempo ouvira alguém chamá-lo de "filho" ou apenas pelo nome, sem nenhuma outra respeitosa alusão à sua santidade e nascimento. Ficou profundamente ofendido. Embora muito fraco, afligido pela fadiga e em grande desvantagem, teve uma explosão de cólera: – Quem se atreve a ignorar minha dignidade e santidade e a menosprezar o tesouro dos poderes mágicos que acumulei com práticas ascéticas? Quem é que assim desconsidera minha venerável idade, igual a mil anos na contagem divina? Não estou habituado a esse tratamento insultante. Até os deuses supremos tratam-me com respeito excepcional. Nem mesmo Brahmā ousaria dirigir-se a mim com essa irreverência: é com cortesia que me chama, dizendo: "Ó tu, O de Longa Vida!". Quem é que agora corteja a desgraça, lançando-se às cegas no abismo da destruição e atirando fora a própria vida ao dizer simplesmente "Mārkaṇḍeya"? Quem é este que merece a morte?

Quando o santo acabou de manifestar sua ira, a criança divina continuou seu discurso, impassível: – Criança, sou teu progenitor, teu pai e ancestral, o ser primevo que concede a vida. Por que não vens a mim? Conheço muito bem quem te gerou. Em tempos idos, teu pai praticou a austeridade mais severa para gerar um filho, encontrando graça aos meus olhos. Por agradar-me sua santidade perfeita, disse-lhe que lhe atenderia um pedido; pediu-me então que tu, seu filho, fosses agraciado com uma inexaurível vitalidade e que jamais envelhecesses. Teu pai conhecia a essência secreta de tua existência, da qual te originaste. Por isso tens agora o privilégio de verme reclinado sobre as águas cósmicas primevas omniabrangentes, brincando como uma criança sob esta árvore.

O rosto de Mārkaṇḍeya iluminou-se de alegria. Seus olhos arregalaram-se como flores se abrindo. Em humilde submissão, curvou-se e suplicou: – Contai-me o segredo de vossa Māyā, a razão de aparecerdes como uma criança que brinca, deitada sobre o oceano infinito. Senhor do Universo, qual é o nome por que sois conhecido? Acredito que sejais o Ser Supremo de todos os seres, pois quem mais poderia existir como existis?

Respondeu Viṣṇu: – Sou Nārāyaṇa, o Homem Cósmico Primevo, que é as águas, o ser primeiro, a fonte do universo. Tenho mil cabeças. Manifesto-me a mim mesmo como a mais sagrada das oferendas sagradas. Manifesto-me como o fogo sagrado que leva aos deuses no céu as oferendas dos homens e, simultaneamente, manifesto-me como o Senhor das Águas. Nas vestes de Indra, rei dos deuses, sou o primeiro dos imortais. Sou o ciclo do ano, que tudo gera e dissolve. Sou o divino iogue, o malabarista e mago do cosmos, com seus maravilhosos ilusionismos. As ilusões mágicas do iogue cósmico são os *yugas*, as idades universais. A manifestação da miragem do processo fenomenal do universo é o trabalho do meu aspecto criativo; mas sou, ao mesmo tempo, sorvedouro, vórtice destrutivo que reabsorve tudo o que foi manifestado e extingue a sucessão dos *yugas*. Ponho fim a tudo o que existe. Meu nome é Morte do Universo.

Pela autorrevelação de Viṣṇu parece que o privilégio de Mārkaṇḍeya foi maior que o de Nārada. Ambos os santos mergulharam na água – aspecto substancial da Māyā de Viṣṇu –, Nārada intencionalmente e Mārkaṇḍeya por inadvertência. A ambos as águas revelaram "o outro lado", "o aspecto diferente por completo", o *totaliter aliter.* Mas Nārada, que em sua fervorosa devoção e entrega afetuosa (*bhakti*) parecia tão próximo da essência secreta do deus, irrompeu em outra existência, em outra trama mundana de sofrimento e alegria. A transformação prendeu-o com os mesmos laços que ele, em seu fervoroso ascetismo, vinha-se esforçando para ignorar e superar. As águas foram uma iniciação para o aspecto inconsciente de seu ser; mergulharam-no em desejos e atitudes ainda pulsantes dentro dele, velados à percepção de sua consciência pelo unidirecionalismo de seu esforço. "Não és o que imaginas ser", era a lição implícita na espantosa experiência que o subjugou no curto instante em que esteve sob as águas.[9]

Mārkaṇḍeya era outra espécie de santo. Encerrado no sonho do mundo, no corpo do deus adormecido, era apenas uma entre tantas outras configurações, sentindo-se, mesmo assim, deliciado com a representação de seu papel eterno de santo peregrino, e deleitando-se com o estado ideal das questões humanas. Não experimentava o anseio obsessivo de transcender o feitiço de Māyā penetrando no milagre da miragem.

Ao escorregar da boca do deus, Mārkaṇḍeya saiu da existência – compreendida e suportada como tal. Viu-se confrontado pelo que correspondia ao Grande Nada: o deserto do vasto oceano ilimitado. Desvanecera-se o mundo que conhecia. Em rápida sucessão, experimentava dois aspectos contraditórios e incompatíveis da mesma essência. Quando sua mente humana não conseguiu coordená-los, Viṣṇu ensinou-lhe a identidade dos opostos, a unidade fundamental de todas as coisas em Deus. Originário da divina substância única, florescendo e perecendo em Deus, tudo se funde outra vez na fonte una.

Viṣṇu ensina a identidade dos opostos, primeiro manifestando-se sob a forma de criança, destemida apesar da completa solidão das infinitas águas abismais e da noite sem estrelas; depois, ao chamar de "criança" o velho santo, tratando-o com familiaridade pelo nome, como a um velho amigo ou parente, embora o peregrino não se lembrasse de jamais tê-lo visto.

O segredo de Māyā é a identidade dos opostos. Māyā é uma manifestação simultânea e sucessiva de energias conflitantes, de processos que se contradizem e aniquilam reciprocamente: criação *e* destruição, evolução *e* dissolução; sonho idílico da visão interior do deus *e* desolação do nada, terror do vazio, pavor infinito. Māyā é o ciclo total do ano, que tudo gera e dissipa. O "e" que une essas incompatibilidades expressa o caráter fundamental do Ser Supremo, senhor e controlador de Māyā e cuja energia (oh, paradoxo!) é Māyā. Os opostos têm fundamentalmente uma única essência; são dois aspectos do mesmo Viṣṇu. É essa a sabedoria que este mito tenta revelar ao devoto hindu.

A voz profunda e ressoante da criança continuou a ouvir-se; de seus lábios jorrou uma confortadora e maravilhosa torrente: – Sou a ordem sagrada (*dharma*), sou o fervor ardente do esforço do asceta (*tapas*), sou todas as aparências e virtudes através das quais se manifesta a verdadeira essência da vida. Sou o Senhor-Criador-e-Gerador-de-todos-os-Seres (*prajāpati*), a ordem do sacrifício ritual e sou chamado de Senhor da Sagrada Sabedoria. Manifesto-me como luz celestial, vento e terra, como água do oceano e espaço que se estende pelos quatro quadrantes, entre eles jazendo e acima e abaixo deles espraiando-me. Sou o Ser Primevo e o Refúgio Supremo. Sou a origem de tudo que é, foi e será. O que quer que vejas, escutes ou saibas em todo o universo conhece-me como Ele, o que habita o todo. Ciclo após ciclo, gero da minha essência as esferas e criaturas do cosmos. Reflete nisso com teu coração! Obedece às leis da minha ordem eterna e perambula em felicidade pelo universo do interior do meu corpo. Nele vivem Brahmā e todos os deuses e santos profetas. Conhece-me como Ele, o que se manifesta, embora a magia da manifestação permaneça não manifestada e incompreensível. Estou além dos objetivos da vida humana – da satisfação dos sentidos, da busca da prosperidade, da realização piedosa dos deveres sagrados – ainda que os aponte como as três metas apropriadas à existência terrena.

A seguir, num gesto rápido, o Ser Primevo levou à boca o santo Mārkaṇḍeya, engoliu-o, e ele desapareceu novamente no interior do corpo gigantesco. Desta vez o coração do santo estava tão repleto de beatitude que, em vez de continuar perambulando, ele procurou um lugar solitário para descansar. Sozinho em sua quietude, ficou a ouvir com alegria "A Canção do Ganso Imortal"; era a melodia da respiração universal de Deus, a princípio envolta em mistério e difícil de distinguir: afluía e refluía. Foi esta a canção que Mārkaṇḍeya ouviu: "Muitas são as formas que tomo. Quando o Sol e a Lua se extinguem, eu flutuo e nado em movimentos lentos sobre a infinita imensidão das águas. Sou o Ganso. Sou o Senhor. Crio o universo a partir da minha essência, e habito o ciclo do tempo que o dissolve".

Esse canto, que traz a imagem do ganso cósmico, é a última de uma série de revelações arquetípicas feitas pelo deus a Mārkaṇḍeya, o santo devoto. Na mitologia hindu, o ganso selvagem é em geral associado a Brahmā. Tal como Indra monta um elefante, Śiva o touro Nandī, o deus da guerra Skanda-Kārttikeya, filho de Śiva, monta um pavão e "A Deusa" (*devī*), um leão, também Brahmā atravessa as alturas da atmosfera num esplêndido ganso. Tais veículos ou montarias (*vāhana*) são manifestações, no plano animal, dos próprios indivíduos divinos. O ganso é a aparência animal do princípio criador, que está, sob forma antropomórfica, incorporado em Brahmā. Como tal, é um símbolo da liberdade soberana alcançada através da imaculada espiritualidade. É por isso que do asceta hindu, do monge mendicante ou santo a quem se considera libertado do cativeiro do renascimento, diz-se que atingiu a condição de "ganso" (*haṁsa*), ou "ganso supremo" (*paramahaṁsa*). Esses epítetos são comumente aplicados aos santos-mestres ortodoxos do hinduísmo atual. Por que, somos forçados a perguntar, o ganso é um símbolo tão importante?

O ganso selvagem (*haṁsa*) tem uma atuação vital que revela, de maneira surpreendente, a natureza dual de todos os seres. Flutua na superfície da água, mas ela não o limita. Quando deixa o reino aquático, voa pelo ar puro e imaculado, onde está tão à vontade quanto no mundo lá embaixo. Voando pelo espaço, emigra para o sul e para o norte, acompanhando o curso das estações. É o vagamundo livre e sem lar, das celestiais esferas superiores e das inferiores esferas terrenas, movendo-se bem em ambas, sem que nenhuma o limite. Pousa quando deseja sobre as águas da terra e voa quando quer para o vazio das alturas. Simboliza, por isso, a essência divina, que, embora encarnada no indivíduo e a ele vinculada, permanece para sempre liberta dos eventos da vida individual e indiferente a eles.

Presos à terra, por um lado, limitados em termos de energia vital, de virtudes e de consciência, somos, por outro, manifestações da essência divina, que é ilimitada, imortal, virtualmente onisciente e todo-poderosa; e, tal como o ganso selvagem, somos cidadãos das duas esferas. Somos indivíduos mortais, possuindo dentro de nós um núcleo imortal e supraindividual. Encoberto pelas estratificações restritivas e particularizantes do arcabouço tangível de nossa natureza física e pela sutileza dos envoltórios que revestem nossa pulsante psique, está o Self (*ātman*); isolado e mergulhado em beatitude, lá está, intocado em seus fundamentos pelos processos e atividades das condicionantes camadas externas. Sem que o saibamos, somos imateriais, divinos, sublimes – embora também mutáveis, sujeitos a experiências, alegrias e tristezas, deterioração e renascimento.

O ganso macrocósmico, o divino Self no corpo do universo, manifesta-se através de um canto. A melodia da inspiração e expiração que o iogue indiano ouve ao controlar, através de exercícios (*prāṇāyāma*), o ritmo de sua respiração, é considerada uma manifestação do "ganso interior". Diz--se que a inspiração produz o som *haṁ* e a expiração, *sa*. Assim, através do sussurrar constante de seu nome – *haṁ-sa*, *haṁ-sa*, a presença interna revela-se ao iniciado iogue.

Mārkaṇḍeya está ouvindo este canto. Está ouvindo a respiração do Ser Supremo. É por isso que, sentado em solidão, não mais se preocupa em acompanhar o curso do mundo, não encontra mais prazer em perambular e observar o estado ideal das atividades humanas. Está livre do fascínio das visitas incessantes e prazerosas a tantos e tão belos lugares; livrou-se da compulsão de percorrer as paisagens celestes. A melodia mais divina que se possa imaginar absorve-lhe toda a atenção.

O canto do ganso interior tem um segredo final a ser descoberto. "*Haṁsa*, *Haṁsa*", canta ele; mas canta, ao mesmo tempo: "*sa-'ham*, *sa--'ham*". *Sa* significa "isto-este" e *ham* significa "Eu". A lição é "Este sou eu". Eu, o indivíduo humano de consciência limitada, imerso na ilusão, fascinado por Māyā, sou na realidade e fundamentalmente Este, ou Ele, isto é, o *ātmam*, o Self, o Ser Supremo, de consciência e existência ilimitadas. Não devo ser identificado com o sujeito efêmero, que aceita como absolutamente reais e fatais os processos e ocorrências da psique e do corpo. "Eu sou Ele, que é livre e divino". Essa é a lição que cantam ao homem os movimentos da inspiração e expiração, afirmando a natureza divina d'Ele, em quem ocorre a respiração.

As dúvidas de Mārkaṇḍeya – como o que é "real" – acalmam-se com este canto. "Muitas são as formas que tomo", canta o deus. Quer dizer que, através da energia criativa de sua Māyā, o ser divino transmuta-se e desfolha-se em hostes de efêmeras criaturas e universos – no universo, por exemplo, do qual Mārkaṇḍeya é parte. "E", canta o pássaro magnífico, "quando o Sol e a Lua se extinguem, eu flutuo e nado em movimentos lentos sobre a infinita imensidão das águas".

Assim, o santo pode agora reconciliar e identificar a unidade das visões opostas da realidade, que tanto o confundiram e perturbaram quando tombou do mundo familiar na noite sem estrelas e no oceano insondável. "*Sou o Senhor e sou o Ganso*". Sou o Supremo, Aquele que É Tudo, cuja transmutação lúdica é o macrocosmos, *e* no microcosmos sou o mais recôndito princípio humano; sou o divino princípio vital revelado na melodia da respiração. Sou o Senhor, o omniabrangente gigante cósmico e o Self, divino e imperecível núcleo vital do homem. "Crio o universo a partir da minha essência, *e* habito o ciclo do tempo que o dissolve". A atuação de Māyā foi revelada em Mārkaṇḍeya através de visões cósmicas alternadas. Enquanto Nārada vivenciou o enigma através de uma transformação onírica pessoal, Mārkaṇḍeya viu o milagre da ação em escala universal.

O mito começa com uma descrição da dissolução do éon e conclui com uma narrativa do reinicio:

O Ser Supremo, sob forma aquática, juntou e acumulou gradualmente dentro de si uma energia incandescente. Decidiu então, com sua força ilimitada, criar outra vez o universo. Ele, que é o próprio Universal, visualizou a forma do universo com seus cinco elementos: éter, ar, fogo, água e terra. Calmo estava o oceano insondável e misterioso. Viṣṇu, entrando nas águas, agitou-as com suavidade. As ondas se encresparam. Seguindo-se umas às outras, formou-se entre elas uma pequenina fenda. Era o espaço, ou éter, intangível elemento que não se vê, o mais sutil dos cinco, portador do invisível, incorpórea qualidade sensorial do som. O espaço ressoou e do som levantou-se o segundo elemento, o ar, na forma de vento.

O vento, força motora espontânea, dispunha de espaço para mover-se como quisesse. Espalhando-se através dele, expandiu-se, implacável, por todos os quadrantes. Precipitando-se com violência, soprando com fúria, elevou as águas a grande altura. Dessa comoção e fricção originou-se o terceiro elemento, o fogo – poderosa divindade cujo caminho é enegrecido por fumaça e cinzas. O fogo foi devorando uma quantidade cada vez maior de água cósmica. Onde a água desaparecia, fazia-se um imenso vácuo, em cujo interior ingressou na existência a esfera celestial superior. O Ser Universal, que permitira que os elementos se originassem de sua essência, regozijava-se agora ao contemplar a formação do espaço celeste. Concentrou sua mente, como preparação para gerar Brahmā.

É da natureza do Ser Supremo deleitar-se consigo mesmo no oceano cósmico. Logo, ele faz brotar do seu cósmico corpo um único lótus. Suas mil pétalas de ouro puro são imaculadas e radiantes como o Sol. E faz com que venha à luz, ao mesmo tempo que a flor, Brahmā, o Deus-Criador do universo, que ali está, sentado no centro do lótus de ouro, o qual difunde e irradia a ardente energia da criação.

A condição e o papel de Brahmā são confiados a um perfeito iogue, cujo controle sobre si mesmo e sobre os poderes do universo seja absoluto. Sempre que um ser humano, purificado pela fervorosa observação da austeridade e renascido espiritualmente, através da iniciação, para a sabedoria sagrada, atinge a iluminação suprema, tomando-se o iogue excelso, ele é reconhecido em sua absoluta dignidade pelo Ser Supremo. Quando o universo se expande outra vez os referidos processos da criação lhe são confiados.

Brahmā tem quatro faces, com as quais controla todos os quadrantes e todo o espaço do universo.

Os sábios versados nas tradições sagradas denominam o lótus bramânico "supremo aspecto ou forma da terra". É assinalado com os símbolos do referido elemento. É a deusa Terra, ou Umidade, da qual se erguem as altitudes das sagradas montanhas impregnadas da seiva vital do lótus: o Himalaia e os montes Sumeru, Kailāsa e Vindia. O Sumeru ou Meru é o pico central do mundo, o principal ponto do universo, seu eixo vertical Kailāsa é a morada do deus Kubera, rei dos espíritos denominados *yakṣas*; é também um dos lugares preferidos de Śiva. O monte Vindia, que separa a planície norte da Índia do planalto de Decã, é o cume sobre o qual o Sol se levanta para iniciar o seu trânsito diário pelo firmamento. Essas alturas são a morada das hostes divinas dos seres celestiais e sobre-humanos, daqueles que alcançaram a santidade; esses entes concedem aos devotos a realização de seus desejos. Além disso, a água que flui dessas montanhas é tão salutar quanto o elixir da vida imortal. Ela deságua naqueles rios que são as metas sagradas das peregrinações. E os filamentos do lótus são as inumeráveis montanhas do mundo, abundantes em metais preciosos. As pétalas externas contêm os continentes inacessíveis, habitados por povos estranhos. No lado interno das pétalas duelam os demônios e as serpentes. Mas no centro do pericarpo, no meio dos quatro oceanos que se estendem pelos quatro quadrantes, localiza-se o continente do qual faz parte a Índia.

Assim, ingressou outra vez na existência, emanado pelo poder da Māyā do deus procriador, todo o imenso sonho do universo, para recomeçar o majestoso percurso circular dos quatro *yugas*. Outro ciclo, idêntico a todos os outros que já se foram e àqueles que estão por vir; por ora, é orvalhado e radiante, por efeito da substância vivente de sua fonte original e expande-se, maravilhoso, na suavidade da aurora.

4. A Māyā na arte hindu

Numa caverna das montanhas da costa oeste da Índia, em Bhājā, perto de Bombaim, há um mosteiro budista do século II a.C. Na entrada, à direita, vê-se um magnífico alto-relevo de Indra, o rei dos deuses (ilustração nº 1). Ele monta seu gigantesco elefante Airāvata, ancestral celeste de todos os elefantes da terra, arquétipo animal da dadivosa nuvem que derrama a chuva das monções. Comparados com a terra que é vista sob ambos, que no alto-relevo tem um quarto das dimensões do total esculpido, o deus e sua montaria são de tamanho descomunal. Minúsculas figuras, parecendo de brinquedo, cobrem a paisagem da parte inferior. No centro vê-se uma árvore sagrada, com uma cerca à volta. A esquerda, há uma cena cortesã: um rei sentado num trono de vime, sob um guarda-chuva, assistido por músicos e dançarinos. O elefante divino, com a tromba erguida, carrega uma imensa árvore que arrancou em sua marcha, simbolizando a fúria irresistível da tempestade.

O relevo de Bhājā, executado num estilo claramente "fantástico", assemelha-se mais a uma pintura que a um trabalho esculpido em pedra. Sutil mas arrojado, de traços fluentes e vigorosos, ele atesta a longa tradição que o precede, cujos testemunhos mais antigos ainda não foram encontrados. As figuras emergem da rocha cobrindo-lhe a superfície em camadas finas e onduladas, como ondas tênues cuja substância lembra a das nuvens; portanto, apesar de cinzeladas na pedra sólida, sugerem uma espécie de miragem. É como se a substância pétrea adquirisse os delineamentos leves das emanações fugazes. A rocha informe, indiferenciada e anônima, está, por assim dizer, atravessando o processo de transformação rumo a formas individualizadas e animadas. É assim que a concepção básica de Māyā se reflete neste estilo. Ele representa a aparição das formas viventes emanadas pela substância primeva e informe, ilustrando o caráter fenomenal e ilusório da existência como um todo, terrena e divina.

Mas a visão do universo, enquanto Māyā, não é a única interpretação do mundo elaborada pelos hindus da qual temos conhecimento. Na verdade, essa visão, essa forma de experiência, representa uma vitória filosófica considerável, conseguida durante o primeiro milênio a.C. sobre o sistema religioso anterior. Este era estritamente concretista e dualista, tal como se vê até hoje na doutrina da seita jaina; é possível que, em termos gerais, tenha sido assim na pré-história, entre as populações pré-árias do subcontinente indiano.

Os jainas somavam, em 1931, apenas 1 252 105 membros; eram em sua maioria comerciantes prósperos, banqueiros e mercadores habitantes das grandes cidades; essa rica comunidade laica mantinha um círculo interno de importância essencial, constituído por monges e monjas, avançados ascetas extraordinariamente austeros. Mas houve época em que os jainas cresceram em número, tendo seus ensinamentos desempenhado importante papel na história do pensamento indiano. Seu último grande profeta, Mahāvīra (*circa* 500 a.C.), era contemporâneo de Buddha (563-483 a.C.). Era seguidor de outro profeta jaina muito anterior, Pārśvanātha (872?-772? a.C.), considerado o vigésimo terceiro sábio jainista. Diz-se que o vigésimo segundo, Neminātha, precedeu-o 84 000 anos. O primeiro, Ṛṣabhanātha, viveu numa época anterior do mundo, na qual marido e mulher nasciam juntos, gêmeos, com 64 costelas cada um e 3 200 metros de altura. Por muitos séculos, o jainismo desenvolveu-se lado a lado com o hinduísmo ortodoxo, atingindo o apogeu no século V da nossa era. Mas desde as invasões e massacres muçulmanos, alguns séculos mais tarde (especialmente desde a conquista da região do Gujarāt por Alā-ud-dēn, "O Sanguinário", em 1297-8), a seita começou a declinar. Seu estado atual, quase um vestígio do que foi, foi previsto há muito tempo por seus profetas: com o declínio da virtude no mundo, durante a lenta e irreversível marcha do ciclo das eras, a verdadeira religião iria enfra-

quecer-se até desaparecer, por fim, quando o mundo sucumbisse à degradação total. O nome do último monge jaina deveria ser Duppasahasūri; da última monja, Phalgushrī; do último leigo, Nāgila; da última leiga, Satyashrī[10].

O jainismo caracteriza-se por um pessimismo absoluto e profundo quanto à natureza do mundo. A matéria não é consequência de uma transformação do espírito, mas uma substância dotada de existência permanente, concreta e inerradicável, formada de átomos e capaz (como a argila) de assumir muitas formas. Diferentes da matéria, aprisionadas dentro dela e atuando em seu interior para dar-lhe forma, como um fermento, estão as almas (*jīva*, "as vidas"); são, a bem dizer, inumeráveis (o mundo está literalmente repleto delas) e, como a própria matéria, jamais se dissolvem. A meta da prática religiosa jainista é libertar esses *jīvas* da matéria (matéria é "não jīva", *ajīva*). Para atingir esse objetivo, um sistema elaborado de votos e regras de vida de moderada graduação é observado com cuidado, a fim de que os leigos sejam encaminhados a passos lentos até o último estágio do ascetismo avançado. O homem está agrilhoado porque está sempre agindo e fazendo, e cada ato gera uma acumulação de novos liames; o caminho para a vitória reside, portanto, na completa inação. Quando esse estágio tiver sido atingido de modo adequado e bastante gradual, qualquer vestígio de *ajīva* será afastado no momento da morte. O *jīva* torna-se então absolutamente livre (*kaivalya*, "isolamento perfeito"). Esse estado não é considerado pelos jainistas como reabsorção em qualquer substância universal fundamental; não reconhecem nenhum estado de ser não dual, omnincludente. Pelo contrário, o *jīva* individual, a mônada, simplesmente ascende, como um balão a vogar em liberdade até o zênite do organismo do universo, lá permanecendo para sempre, junto a todos os outros balões livres – cada um deles por si próprio existente e autossuficiente de modo absoluto, imóvel sob o teto do mundo. O espaço ocupado por cada uma dessas perfeições é infinito e os perfeitos são omniconscientes[11].

Embora o estado perfeito, *kaivalya*, esteja muito além e acima das esferas do mundo regidas pelos deuses, os jainas admitem nas suas devoções populares domésticas (para ajuda e consolo da vida cotidiana dos leigos, até que os desígnios superiores dos esclarecimentos espirituais sejam atingidos) algumas das divindades do panteão hindu. Consideram, porém, que elas integram um modo de ser nitidamente inferior. Como o mundo que presidem, estão impregnadas do peso da matéria que constitui a existência temporal. Esse peso, a materialidade dessa duração, reflete-se e está representado nas obras de arte jaina.

A ilustração nº 2 mostra uma imagem jaina de Indra, o *rāja* celestial, rei dos deuses. É uma obra datada de cerca de 850 de nossa era; está num santuário jaina em Elūrā, que é um templo monolítico escavado na rocha viva, num penhasco. A arte jaina de todos os períodos é caracterizada

por uma falta de flexibilidade semelhante à dos títeres, por uma árida rigidez. De sua estreita proximidade com a arte popular, extrai às vezes certa vitalidade vigorosa: suas imagens assemelham-se, com frequência, às dos fetiches das populações primitivas. Como a doutrina e a experiência de vida que representa e interpreta, ela é arcaica, básica e inflexível – sem que nenhuma percepção, suavizando essas características, lhe propicie uma maior complexidade. Nada jamais se dissolve numa essencialidade sutil, indiferenciada e transcendente. Nada cessa, por fim, de existir. A perene oposição entre a matéria fundamental e as oprimidas almas viventes jamais é solucionada.

Indra, rei dos deuses, com o peso de sua dignidade quase ameaçadora, está sentado sobre sua montaria, o elefante. Flanqueiam-no dois acólitos e ele se abriga à sombra de uma árvore, a "árvore da realização dos desejos" (*kalpa-vṛikṣa*): os habitantes do paraíso de Indra colhem dos galhos desse símbolo vital arbóreo os frutos dos seus desejos – joias, roupagens luxuosas e outros deleitosos agentes de vaidade e prazer. Mas o deus, a árvore e tudo o que podem oferecer estão carregados do peso da corporeidade. Nos nítidos contornos e ornamentos dessa obra, o vigor e a sólida resistência da rocha são utilizados para conseguir-se o efeito pretendido. A pedra da imagem mantém sua solidez. Peso mineral e animal é o que vemos. Não se dá a transformação da pedra em matéria sutil e efêmera, não há vestígios de transitoriedade. A energia vital é expressa em termos de solidez e volume, com um realismo muito respeitável e uma devoção extremamente prosaica. Estão presentes a grandiosidade e a beatitude vegetal e animal, mas da maneira como as quer o estilo supremo de um deus imortal. Esse Indra é o forte e vigoroso senhor do mundo sensual vivente, de cujo âmbito o santo jaina é instado, com energia, a fugir. Não admira que os monges fossem levados às mais extraordinárias e extremadas formas de autoflagelação para liberar-se. Uma vitória que marcou época em termos filosóficos e psicológicos sobre essa religiosidade de limites estreitos está representada no efeito de miragem, na sutileza da arte de Bhājā. Nela todo o mundo manifesto é dissolvido e ainda assim permite-se a ele que permaneça – "como um filamento ardente, que o sopro da brisa faria desvanecer-se".

NOTAS

1. Em sânscrito, a expressão comum para "é" é "torna-se" (*bhāvati*). *Asti* ("é") tende a restringir-se a formulações lógicas (por exemplo, *tat tvam asi*, "isto és tu; tu és isto"). Comparativamente, o termo sânscrito para "mundo" ou "universo" é *jagat*, uma modificação da raiz *gam*, "ir, mover-se"; *jagat* tem a conotação de "aquilo que se move, transitório, em permanente mutação".

2. [*Māyā é* precisamente o poder ou a arte do criador, "magia" na concepção de Jacob Boehme: "É uma matriz em todos os três mundos e faz cada coisa segundo o modelo de sua vontade. Não é a compreensão, e sim aquela que cria de acordo com a compreensão, que se inclina tanto para o bem quanto para o mal [...] tendo a eternidade por base e sustentação de todas as coisas [...] Em suma: "magia" é a atividade no espirito da Vontade". (*Sex Puncta Mystica*, V.) – AKC.]

3. O mais antigo documento clássico do *bhakti-mārga* – submissão sincera e humilde à infinita graça do Ser Divino – é a *Bhagavad Gitā.* Os meios ou técnicas (*mārga*) observados durante as idades mais remotas, quando o *Dharma* era mais efetivo no universo e no homem, tornaram-se inadequados às necessidades humanas durante o *Kali Yuga. Karma-mārga* – o caminho ritualístico e de atividade vocacional – e o *jñāna-mārga* – compreensão intuitiva da divindade e de sua identidade com o que o homem tem de mais recôndito, o self – fundamentam-se nas técnicas do *bhakti-mārga*, a trilha da devoção fervorosa. O devoto rende-se, em piedoso amor, à personificação da divindade representada por Viṣṇu, notadamente antes Kṛṣṇa e Rāma, encarnações ou avatares do deus.

[O sentido literal de *bhakti* é participação, compartilhar; *bhakta* é aquele que oferta sua parte – à deidade, neste caso –; essa doação – de si mesmo, em particular – envolve amor, como nos versos bem conhecidos de Mīrā-Bāī:

> "Ofertei integralmente, até o último grão,
> Meu amor, minha vida, minha alma e tudo meu".
>
> – AKC.]

4. *The Sayings of Sri Ramakrishna* (Mylapore, Madras, 1938), livro IV, capítulo 22.

5. *Ṛg Veda*, X. 129.3. Ver também *ib.*, X.121.8., *Sátapatha Brāhmana*, XI. 1.6.1, etc.

6. *Matsya Purāṇa*, CLXVII. 13-25.

7. *Yoga*, da raiz *yuj* – unir, juntar, pôr sob jugo; estabelecer união ou conjunção com; concentrar ou fixar a mente; conceder ou conferir algo a alguém. A ioga é uma disciplina espiritual rigorosa, praticada com a finalidade de exercer controle sobre as forças interiores de nosso ser, obter poderes ocultos, dominar certas forças específicas da natureza; por fim – e principalmente – é alcançar a união com a Divindade ou com o Espírito Universal.

Os três estágios principais da ioga são: 1 – fixar a atenção (*dhāraṇā*); 2 – contemplação (*dhyāna*); 3 – absorção (*samādhi*). [Esses três estágios correspondem aos latinos *consideratio*, *contemplatio* e *excessus* ou *raptus*. – AKC] A atenção é dirigida, de modo exclusivo e por longo tempo, para um único objeto (pode ser escolhido qualquer objeto, concreto ou abstrato, mortal ou divino, de acordo com o caráter ou propósito do iogue). São prescritas várias disciplinas físicas, como o controle da postura, da respiração, da alimentação e a abstinência. O propósito imediato é a concentração, num só ponto, de todas as energias psíquicas e uma identificação total da consciência com o objeto; essa identificação é o *samādhi.*

A ioga é descrita nos *Aforismos de Patañjali* (cf. *Rāja Yoga*, do Swāmī Vivekānanda, Nova York, 1897, 1920), na *Bhagavad Gitā* (tradução do Swāmī Nikhilānanda, Nova York, 1944), e nas obras *Sat-cakra-nirūpaṇa* e *Pādukā-pañcaka* (dois textos fundamentais traduzidos, prefaciados e comentados por Arthur Avalon (Sir John Woodroffe), sob o título de *The Serpent Power*, 3ª edição revisada, Londres, 1931). É extensamente discutida por W. Y. Evans-Wentz em *Tibetan Yoga and Secret Doctrines* (Oxford University Press, 1935).

8. Os Quatro Estágios (*āśrama*) do plano de vida hindu são: 1) estágio do estudante (*brahmacārī*), isto é, do jovem; é um discipulado praticado sob a orientação espiritual de um sacerdote versado na sabedoria revelada, no qual o estudo da religião corresponde a uma iniciação sacramental aos rituais da vida; esse período é marcado pela castidade e obediência; 2) estágio do chefe da casa e da família (*grhastha*); é a etapa da virilidade e compreende: a vida conjugal, a procriação de filhos, o exercício da profissão hereditária, o cumprimento dos deveres sacramentais para com os deuses e ancestrais, sob a autoridade espiritual dos brâmanes, e o sustento, através de dádivas, dos brâmanes e santos; 3) estágio do eremita (*vānaprastha*), equivalente à maturidade espiritual; ocorrem a renúncia às posses terrenas e à vida familiar (quando os filhos tornam-se adultos); a retirada para a floresta – para a vida solitária no ermo – e a introversão de uma existência de eremita; a alma é purificada de suas tendências seculares, através de práticas ascéticas e vida simples; pratica-se a concentração da mente: em exercícios devocionais, na prática da ioga, na compreensão plena do Eterno no homem e no universo; 4) e, na velhice, o estágio do mendicante itinerante (*sannyāsī*): o cremita abandona a choupana e a floresta idílica, convertendo-se em esmoler itinerante, em santo pedinte, a andar pelas estradas como que sem destino, mas percorrendo, na realidade, o caminho da libertação da servidão terrena do renascimento.

9. As imagens do mito hindu permitem uma leitura prudente e intuitiva em termos de psicologia – da psicologia do consciente e do inconsciente. Entre outras, essa interpretação é de fato necessária, pois *māyā* é um termo que pode referir-se tanto ao psicológico quanto ao cósmico.

As formas individualizadas e diferenciadas do universo – tanto a terra quanto as esferas superiores e inferiores, os céus e os mundos ínferos – são mantidas pelo elemento fluido e informe das profundezas. Tudo evoluiu e expandiu-se a partir do fluido primário e é mantido por este, por sua circulação. Da mesma forma, nossa personalidade individual consciente, a psique da qual nos apercebemos, o personagem que representamos em sociedade ou a sós, é mantido, enquanto microcosmo mental e emocional, pelo elemento fluido do inconsciente. Este último representa uma potencialidade da qual desconhecemos a maior parte, distinta do nosso ser consciente, muito mais abrangente e estranha do que a personalidade cultivada. Não obstante, sustenta e serve a esta base profunda, comungando com ela e através dela circulando, como fluido que vivifica, inspira – e perturba, com frequência.

A água representa o elemento mais profundo do inconsciente; nela se contém tudo – tendências, atitudes – que a personalidade consciente, em seu esforço – no caso de Nārada, por uma santidade perfeita –, ignorou e pôs de lado. Representa a potencialidade indiscriminada e abrangente da vida e da natureza, presente no indivíduo, embora apartada da atuação conscientemente perceptível e compreensível.

10. Deve-se observar que o ciclo jaina difere do ciclo do mundo maiávico de Viṣṇu. O universo jamais se dissolve, mas sim, depois de um longo período de absoluto horror, começa gradualmente a aperfeiçoar-se, até que a religião dos jainas reaparece, a estatura humana cresce, cresce a beleza universal, e tudo retorna ao estado perfeito, recomeçando o declínio. – Cf. a Sr.a Sinclair Stevenson, *The Heart of Jainism*, Oxford University Press, 1915.

11. O universo é representado, no simbolismo mitológico dos jainas, por um gigante em forma humana, o Gigante Cósmico, que pode ter aspecto masculino ou feminino. Na parte inferior do seu corpo, da cintura até a planta dos pés, estão os mundos ínferos, os purgatórios e as moradas dos demônios. O mundo humano localiza-se no nível da cintura. No tórax, pescoço e cabeça estão as moradas divinas (*mokṣa* – liberdade, liberação); o lugar dos *Jivas* Puros situa-se no topo do crânio. A relação de *mokṣa* com os ciclos históricos e de renascimento é representada diagramaticamente desta forma: 

CAPÍTULO III

OS GUARDIÕES DA VIDA

1. A serpente, protetora de Viṣṇu e Buddha

Enquanto os mitos de emanação e dissolução refletem uma impessoalidade fria e implacável, que reduz a uma virtual inexistência o grande mundo das alegrias e das dores humanas, a tradição popular é pródiga em divindades e espíritos dotados de cálida simpatia pelas ilusões da vida. Se aos sábios Nārada e Mārkaṇḍeya foram concedidas as mágicas experiências da intangibilidade de Māyā, milhões de seres humanos vivem e labutam presos a essa teia de sonhos. Em sua existência, são iludidos, rodeados, protegidos e confortados por uma numerosa hoste de protetoras imagens domésticas; estas têm como função presidir a eficácia local e contínua do poder cosmogônico que nos começos conformou o mundo. Os espíritos denominados *yakṣas* representam as forças do solo e seus tesouros minerais, os metais e pedras preciosas da terra; reis e rainhas-serpentes (*nāga, nāginī*) personificam e conduzem as águas terreais: lagos e lagoas, rios e oceanos; há as deusas dos três rios sagrados, Gaṇgā (do Ganges), Yamunā (do Jumnā), Sarasvatī (do Saraswatī); as dríades ou três deusas (*vṛkṣa-devatā*) são as padroeiras do mundo da vegetação; há os elefantes sagrados (*nāga* – o mesmo termo usado para "serpente"), que originalmente tinham asas e conviviam com as nuvens, e que, mesmo hoje, na terra, conservam o poder de atrair tais portadoras das chuvas, suas companheiras de outrora: estas concedem aos filhos do mundo todas as bênçãos da felicidade terrena – colheitas e gado abundantes, prosperidade, prole, saúde e vida longa.

O calor terrível e calcinante do sol é visto na Índia como um poder mortal. A lua, ao contrário, por trazer o orvalho refrescante, é morada e fonte de vida. Ela controla as águas; estas, circulando pelo universo e mantendo vivas as criaturas, são a equivalência terrena de *amṛta*[1], o licor divino e bebida dos deuses. O orvalho e a chuva transformam-se na seiva vegetal e esta no leite da vaca, que se transforma em sangue – *amṛta*, água, seiva, leite e sangue representando diferentes estados de um único exilir. O vaso ou taça desse fluido imortal é a lua. Suas mais perceptíveis e, em geral, benéficas manifestações terrestres são os pujantes rios, em particular as três grandes correntes sagradas: o Ganges, o Jumnā e o Saraswatī.

A mitologia da Índia é rica em personificações das forças aquáticas como geradoras de vida. A principal delas é o próprio Viṣṇu, o supremo procriador do universo. Em segundo lugar vem a deusa Padmā ("Lótus"), sua esposa e rainha – também chamada Lakṣmī e Śrī ("Prosperidade", "Fortuna", "Beleza", "Virtude"). Nos santuários hindus, as representações do deus e da deusa estão estreitamente relacionadas com os inumeráveis espíritos locais que caracterizam a atividade das águas viventes no mundo criado.

Um belo alto-relevo do templo de Deogarh (ilustração nº 3) mostra Viṣṇu reclinado sobre as ondulações de Ananta, a serpente cósmica (*Viṣṇu Anantāśāyin*). A obra – no estilo Gupta de cerca do ano 600 d.C. – é do mesmo período das clássicas narrativas purânicas que enumeram e descrevem os dez avatares ou encarnações dessa divindade suprema. A figura antropomórfica, o ondular da serpente que lhe serve de leito e a água sobre a qual o ofídio flutua são manifestações trinárias de uma única e imperecível divindade, da substância cósmica e da energia fundamental que habita todas as formas de vida.

Numa postura graciosa e relaxada reclina-se o deus sonolento, como que absorvido no sonho do universo existente em seu interior. A seus pés, no lugar que a modéstia designa à esposa hindu, está Lakṣmī-Śrī, sua esposa, a deusa Lótus. Com a mão direita ela lhe segura o pé esquerdo e com a esquerda acaricia-lhe suavemente a perna. A carícia faz parte da reverência que, por tradição, a esposa hindu dedica aos pés do seu senhor.

No umbigo do deus cresce um lótus que é uma duplicação da imagem da deusa a seus pés. Na corola da flor está Brahmā, o criador demiúrgico de quatro faces. Acima, dispõem-se as maiores divindades do panteão hindu. A figura à direita do Brahmā quadricéfalo é Indra, que monta seu elefante Airāvata. Śiva e sua consorte, "A Deusa", cruzam o espaço cavalgando um touro. Um personagem de características infantis pode ser visto na extremidade à direita, exibindo vários perfis; trata-se, é provável, de Skanda-Kārttikeya, a divindade da guerra, com suas seis faces.

Alinham-se abaixo cinco figuras masculinas e uma feminina: parecem ser os cinco príncipes pāṇḍavas, heróis da epopeia *Mahābhārata*, e a esposa. São associados a Viṣṇu e celebrados como favorecidos pelas graças do deus. Conta a grande epopeia que uma aposta astuciosa fez com que perdessem o reino para os kauravas, seus primos. Na luta travada para retomá-lo foram auxiliados pelo próprio Deus Supremo, Viṣṇu. Este tomou a forma humana de Kṛṣṇa, conselheiro, cocheiro e aliado dos pāṇḍavas, a cujo líder, Arjuna, revelou, antes do início da batalha final, a verdade sagrada da *Bhagavad Gitā*. Dessa maneira, concedeu a Arjuna a liberdade eterna e a vitória terrena. No relevo do templo de Deogarh, o personagem central parece ser Yudṣṭhira; as duas figuras à esquerda são Bhīma e Arjuna e à direita, os gêmeos Nakula e Sahadeva. Na extremidade vê-se Draupadī, esposa comum dos cinco.[2]

Retomando a questão do grande leito ofídico, podemos reavaliar a abrangência do símbolo da serpente na iconografia indiana. Os ombros e a cabeça de Viṣṇu estão rodeados e protegidos por nove cabeças de serpente com capelos volumosos; sobre suas poderosas ondulações ele descansa. Esse ofídio multicéfalo é o correspondente animal do próprio ser antropomórfico do adormecido. Chamam-no de Infinito (*ananta*), e também de O Remanescente, O Resíduo (*śeṣa*). É uma imagem representativa do resíduo posterior à criação, depois de a terra, as regiões superiores e infernais e todos os seus seres terem sido formados com as águas cósmicas do abismo. Os três mundos criados flutuam acima do lençol aquático, equilibrando-se sobre os capelos volumosos. *Śeṣa* é o rei e ancestral de todas as serpentes que rastejam sobre a terra.

O escudo protetor formado pelos capelos que rodeiam os ombros e a cabeça do deus ilustra um traço característico dos gênios-serpentes na arte indiana. Descobriu-se uma representação típica durante a escavação do grande mosteiro-universidade budista de Nālandā, no nordeste da Índia. É uma obra da maturidade do estilo clássico do período Gupta tardio, que ocorreu por volta do século V da nossa era. O príncipe-serpente ou *nāga* está representado sob forma humana, sentado em postura meditativa, em atitude devocional; um rosário envolve-lhe a mão direita e a palma desta. Das costas irradia-se o halo característico: um número ímpar de ofídios de capelos volumosos forma-lhe parte do corpo, cobrindo-lhe a cabeça. Há representações em que se vê um sinuoso corpo de serpente a descer pelas costas de uma figura humana; noutras, a própria figura humana torna-se sinuosa na altura dos quadris, lembrando uma sereia. Num gigantesco relevo retratando o mito da descida do Ganges à Terra (vamos abordá-lo no final deste capítulo), são vistas duas dessas imagens, uma masculina e outra feminina.

Os *nāgas* são espíritos superiores ao homem. Habitam paraísos subaquáticos localizados no fundo dos rios, lagos e mares; seus palácios resplandecentes são cobertos de pérolas e de pedras preciosas. São os guardiões da energia vital armazenada nas águas terrestres das fontes, poços e lagoas. Guardam também as riquezas das profundezas marinhas – corais, conchas e pérolas. Acredita-se que usem à cabeça uma gema preciosa. As princesas-serpentes, famosas por sua inteligência e encanto, figuram entre os ancestrais de muitas dinastias do sul da Índia: uma *nāginī* ou um *nāga* numa árvore genealógica confere à pessoa o suporte de uma tradição.

Uma função importante do *nāga* é a de "guardião das portas" (*dvāra-pāla*). É assim que aparecem com frequência nos portais dos santuários hindus e budistas. Assumem nesse papel uma atitude de pia devoção (*bhakti*), de ardente e amorosa concentração na visão interior do deus ou do

Buddha, cujos recintos guardam. É muito interessante e importante observar que as representações budistas e hindus dessas divindades populares não diferem entre si, nem em essência nem nos detalhes; porque doutrina e arte, fossem elas budistas ou hindus, eram basicamente unas, na Índia[3]. O príncipe Gautama Siddhārta, o Buddha histórico que pregou nos séculos VI e V a.C., era um reformador; um reformador monástico que, aceitando o contexto da civilização indiana, permaneceu nele inserido. Jamais negou o panteão hindu nem rompeu com o ideal tradicional indiano de libertação através da iluminação (*mokṣa*, *nirvāṇa*). Sua obra específica não consistiu numa refutação, mas numa reformulação; baseou-se em sua profunda vivência pessoal dos atemporais preceitos indianos que instruem sobre a libertação dos laços de *māyā*. A ordem de monges mendicantes que fundou para a prática de suas regras disciplinares foi uma entre outras inumeráveis ordens surgidas na Índia. Atribuem-se-lhe estas palavras: "Vi o Antigo Caminho, a Velha Estrada palmilhada pelos Despertos de outrora: é esta a senda que sigo".[4]

Como todos os santos importantes da Índia, Gautama foi venerado, mesmo enquanto viveu, como veículo humano da Verdade Absoluta. Depois de morto, sua memória foi vestida com as roupagens exemplares do mito. Quando a seita budista expandiu-se, passando de uma condição essencialmente monástica para a de uma comunidade, em ampla medida, secular,[5] o grande fundador tornou-se cada vez menos um exemplo a ser seguido (pois como seria possível a um leigo seguir um asceta e ao mesmo tempo cumprir os deveres familiares?) e, cada vez mais, um símbolo digno de veneração – representativo do poder redentor da iluminação latente em todo o ser enredado pela ilusão. Durante os séculos dourados que sucederam na Índia ao período de Buddha, e que perduraram até a belicosa chegada dos seguidores de Muhammad*, budismo e hinduísmo desenvolveram-se paralelamente, sofrendo influências comuns, intercambiando argumentos e discernimento. Na arte budista posterior encontramos o Bem-Aventurado no supremo trono – representando a suprema personificação do Absoluto –, entre as antiquíssimas presenças demoníacas e divinas da terra fecunda, dos céus e dos infernos.

Os primeiros monumentos de pedra da Índia datam do período Maurya (320-185 a.C.), em particular do memorável reinado do imperador Aśoka (272-232 a.C.). Aśoka converteu-se à crença budista, da qual foi um patrono imensamente poderoso. Estendeu-a não apenas a todo o norte da Índia, expandindo-a inclusive até o Afeganistão, à Caxemira e ao Decã, mas enviou também missionários para o sul até o Ceilão e para o oeste, até a Síria e o Egito. Fundou, por todo o império, inumeráveis mosteiros, sendo-lhe atribuída a construção de mais de 80 000 *dāgabas* ou *stūpas* (santuários e relicários budistas). Foi entre as ruínas de sua era que a tradição pictorial

* Em geral transliterado incorretamente como Maomé.

simbólico-mitológica hindu irrompeu ante nossos olhos pela primeira vez à luz do dia, como uma torrente.

É evidente, entretanto, pela sofisticação, grau de perfeição e variedade das obras que surgem, repentinas, na época de Aśoka, aumentando depois seu número com rapidez, que já nos séculos anteriores (embora se trate de obras inacessíveis para nós, por terem sido realizadas em material perecível, como marfim e madeira) a torrente de arte religiosa indiana deve ter sido caudalosa. Os artesãos que lavraram os portões de decoração tão elaborada da "Grande Stūpa" de Sāñcī (ilustração nº 63), e os santuários hoje em dia destruídos de Bhārhut, Bodhgayā e Amarāvatī, estavam, em grande parte, traduzindo em pedra e adaptando com perícia às exigências e lendas da nova seita os temas ancestrais de sua arte tradicional. A escultura de Indra, representada quase como uma miragem, que abordamos no capítulo anterior, embeleza a entrada de um mosteiro budista do século II a.C. *Nāgas*, *vṛkṣa-devatās*, *yakṣas* e *yakṣirīs* (reis-serpentes, deusas das árvores, espíritos terrestres e suas rainhas) positivamente fervilham nos inúmeros monumentos budistas. Sua posição, em referência ao santuário principal ou à imagem do próprio Iluminado, não pode ser distinguida sem dificuldade daquela com que ladeiam Viṣṇu e Śiva, as ortodoxas personificações hindus do Absoluto. A ilustração nº 5, por exemplo, mostra um *nāga* ao pé de uma longa escadaria que conduz ao Ruanweli Dāgaba, no Ceilão. O gracioso príncipe *nāga* exibe nas mãos os símbolos da fertilidade da vegetação, pela qual, como guardião e corporificação ofídica semidivina mantenedora da vida, ou seja, encarnando as águas terrestres, é responsável direto. Na mão esquerda vê-se uma árvore, na direita um jarro de água – o vaso da abundância, do qual brota uma planta luxuriante. A atitude do príncipe-serpente, como guardião das portas e devoto, remonta aos primórdios da arte budista.

Não existe na Índia, entre o Buddha e os *nāgas*, o antagonismo que estamos habituados a ver no simbolismo ocidental entre o Salvador e a serpente. Na visão budista, todos os espíritos da natureza e deuses supremos regozijam-se com a aparição do redentor encarnado, e a serpente, na qualidade de principal personificação das águas da vida terrestre, não constitui exceção. Ansiosos para servir ao mestre universal, eles o assistem com solicitude em seu ascender rumo à iluminação final, pois ele veio para redimir todos os seres, sejam eles criaturas da Terra, dos céus ou dos infernos.

Há um Buddha que ressalta, de modo especial, a suprema harmonia entre o salvador que ultrapassou a servidão da natureza e a serpente que representa essa mesma servidão; é um Buddha que figura de modo conspícuo na arte budista do Cambodja e do Sião (ilustração nº 7). Tal qual a imagem de Viṣṇu sobre Ananta (ilustração nº 3), ele configura uma modificação peculiar da tradicional formulação hindu dos *nāgas* (ilustração nº 5). Não se encontra essa interpretação formal entre as obras de arte da própria Índia, embora a lenda que a explica faça parte da mais antiga tradição budista indiana, de acordo com importantes passagens do cânone ortodoxo preservado pela venerável comunidade budista do Ceilão. A história baseia-se num evento que, diz-se, ocorreu logo após Gautama ter atingido a iluminação.[6]

Quando o Bem-Aventurado, na última vigília da Noite do Conhecimento, compreendeu o mistério da originação dependente, os dez mil mundos ribombaram ao alcançar ele a onisciência. Por sete dias permaneceu em postura de meditação sob a árvore Bo (ou Bodhi, a "Árvore da Iluminação"), às margens do rio Nairañjanā, absorvido na iluminada bem-aventurança. Refletiu, com a compreensão que viera de adquirir, sobre a servidão de toda a existência individualizada; sobre o poder fatal da ignorância inata que subjuga com seu sortilégio todos os seres vivos; sobre a irracional sede de vida que se segue e que impregna tudo; sobre o círculo infinito de nascimento, sofrimento, declínio, morte e renascimento. Transcorridos sete dias, ele se ergueu e, após uma pequena caminhada, deteve-se junto a uma grande figueira, "A Árvore do Pastor de Cabras", sob a qual retomou sua postura de meditante; assim esteve por mais sete dias, mergulhado em bem-aventurada iluminação. Depois ergueu-se de novo, afastou-se da figueira, alcançando outra grande árvore – a terceira. Sentando-se outra vez, reverenciou por novos sete dias o estado de excelsa calma. Essa terceira árvore – da qual trata a nossa lenda – recebeu o nome de "Árvore de Mucalinda, o Rei-Serpente".

Mucalinda, uma serpente prodigiosa, vivia numa cavidade do chão, entre as raízes. Percebeu, assim que Buddha mergulhou em sua bem-aventurança, que uma grande nuvem de tempestade começava a adensar-se, embora não estivessem na estação chuvosa. Sem ruído, saiu no mesmo instante de sua morada escura e envolveu sete vezes, nas espirais de seu corpo, o corpo santo do Iluminado; sob o diâmetro do gigantesco capelo volumoso abrigou, como sob um guarda-chuva, a cabeça sagrada. Por sete dias choveu e soprou vento frio, mas Buddha permaneceu em meditação. No sétimo, dispersou-se a tempestade extemporânea. Mucalinda despiu-se de suas espirais, transformando-se num jovem de nobre aparência e, levando à testa as mãos unidas, inclinou-se para adorar o salvador do mundo.

A lenda e as imagens de Mucalinda-Buddha representam uma perfeita reconciliação de princípios antagônicos. A serpente, simbolizando a força vital que dá origem ao nascimento e renascimento, e o salvador, aquele que vence a cega ânsia de vida, que rompe os laços do nascimento e aponta o caminho da imperecível transcendência, desvendam aqui, em harmoniosa união, uma visão para além de todas as dualidades do pensamento. Alguns desses Mucalinda-Buddhas do ramo Mon-Khmer[7] (Sião e Cambodja, do século IX ao X d.C.) estão entre as mais belas obras-primas da arte budista. Com sua voluptuosidade fantasiosa e grácil, de um encanto sutil, sensual e etéreo, eles mesclam a uma espiritualidade perfeita um sereno alheamento. A bem-aventurança da absorção interior na vivência da iluminação triunfa sobre a servidão da vida; a paz suprema, a liberação nirvânica impregnam a substância da imagem e emitem uma terna, compassiva e doce radiância.

Dizem alguns que, logo que o Buddha começou a pregar sua doutrina, percebeu que os homens não estavam preparados para aceitá-la em sua integralidade. Esquivavam-se às severas implicações de sua visão do Vazio universal (*śūnyatā*). Por isso, submeteu a interpretação mais profunda da realidade a um círculo de *nāgas*, para que a mantivessem em segredo até que a humanidade estivesse preparada para compreendê-la. Apresentou então aos seus discípulos humanos, como uma espécie de treinamento preliminar e aproximação da verdade paradoxal, a doutrina relativamente racional e realista da escola budista Hīnayāna. Apenas depois de transcorridos cerca de sete séculos, o grande sábio Nāgārjuna, "O Arjuna dos *Nāgas*", foi iniciado pelos reis-serpentes na verdade de que tudo é vazio (*śūnya*). Assim, foi ele quem trouxe à humanidade, desenvolvidos em sua plenitude, os preceitos do budismo Mahāyāna.[8]

2. As divindades e seus veículos

Onde quer que encontremos uma sucessão de monumentos budistas que denote uma continuidade razoável, e que se refira aos séculos imediatamente anteriores à nossa era – aqueles que sobreviveram aos rigores do clima indiano e às vicissitudes históricas –, verificamos que as representações dos espíritos ofídicos estão associadas a inúmeros outros protetores divinos da fertilidade, prosperidade e vitalidade terrestre. Personificam, sob vários aspectos, a energia vital – benéfica, mas cega – que a mensagem do Buddha interrompeu e dissolveu. Em atitudes de concentração devocional, de fé profunda e êxtase, eles montam guarda ao santuário daquele que apontou o difícil caminho que os ultrapassa: as personificações dos poderes vitais terrestres prestam veneração ao mestre do ascetismo e da liberação.

São dignas de nota, entre essas figuras, três voluptuosas deusas ou dríades, que costumamos ver representadas numa atitude característica: com um braço envolvem o tronco de uma árvore e com o outro recurvam-lhe um galho; a deusa aplica ao tronco, perto da raiz, um leve pontapé (ilustração nº 19). Esse curioso procedimento tem origem num ritual de fecundação. Segundo uma crença ancestral, a natureza precisa ser estimulada pelo homem; as forças geradoras devem ser despertadas, por meios mágicos, de seu estado semiletárgico. Há na Índia uma árvore (*aśoka*), em especial, que se supõe não florescer a menos que uma menina ou mulher jovem a toque e lhe aplique um pontapé. As meninas e as jovens são consideradas encarnações humanas da energia materna da natureza. São representativas, são duplos, em proporção reduzida, da Grande Mãe de toda a vida, vasos de fertilidade repletos de seiva vital, fontes potenciais da geração por vir. Ao tocar e dar pontapés na árvore, transferem para ela seu poder genesíaco, tornando-a capaz de florescer e frutificar. Por isso, a representação mais adequada da deusa que configura a energia vital e a fertilidade arbórea mostra-a nessa atitude mágica de fecundação.

A deusa arbórea da ilustração nº 19 é vista de pé sobre um elefante. Tal relação entre uma figura antropomórfica e outra animal é característica da iconografia indiana. Interpreta-se o símbolo animal colocado abaixo, como o transportador da figura humana; é chamado de "veículo" (*vāhana*). É um duplo representativo da energia e do caráter do deus. Como tal, Śiva é representado sobre o touro; sua esposa-consorte, "A Deusa", sobre o leão. O filho de ambos, Gaṇeśa, o deus da cabeça de elefante, "Senhor e Comandante dos Exércitos de Śiva", também chamado "Amo e Senhor dos Obstáculos" (*vighneśvara*), assenta-se sobre um rato (ilustração nº 53). Se Gaṇeśa, em sua caminhada, supera como um elefante as dificuldades floresta adentro, o rato também é um vencedor de obstáculos; como tal, é a montaria adequada, embora fisicamente incongruente, para a gigantesca e roliça divindade de cabeça elefantina. O elefante atravessa a selva, esmagando arbustos, vergando e arrancando árvores, atravessando com facilidade rios e lagos. O rato consegue penetrar nos celeiros trancados. Ambos representam o poder que esse deus possui, de vencer todos os obstáculos do Caminho.

Kubera, senhor supremo de todos os espíritos (*yakṣas*), é com frequência representado de pé sobre um homem agachado. Chamam-no habitualmente de "Aquele Cuja Montaria ou Veículo É um Homem" (*naravāhana*). Kubera e seu séquito são espíritos da fertilidade, das riquezas e prosperidade, em particular daquelas relacionadas à terra, às montanhas e aos tesouros de pedras preciosas e metais do subsolo. São divindades protetoras dos lares hindus, originando-se da tradição nativa pré-ária e exercendo um papel importante no folclore dos primórdios budistas e também no folclore do país. O veículo antropomórfico sob seus pés distingue Kubera de todos os reis e príncipes super-humanos, do mesmo modo que os capelos ofídicos distinguem o *nāga* super-humano. Basicamente, o veículo é um determinante que nos permite saber com exatidão quem é o personagem representado em uma obra de arte.

É uma formalização que não teve origem na Índia; foi trazida da Mesopotâmia, num período anterior. A ilustração nº 10 mostra Assur, uma divindade assíria, de pé ou flutuando sobre um animal heterogêneo com cabeça de dragão, patas dianteiras de leão, garras de águia nos pés traseiros e cauda de escorpião. O deus está rodeado pelos símbolos de vários seres celestiais, bem como pelo Sol e pela Lua, pela constelação das Plêiades e pelo planeta Vênus. Nessa obra, o monstro híbrido ocupa o lugar do *vāhana* na arte indiana e exerce idêntica função. Ele representa e encarna, num plano inferior, as energias do deus antropomórfico a quem serve de veículo. Nas obras de arte da Mesopotâmia, esse recurso pode ser rastreado até pelo menos 1500 a.C. Nos primeiros monumentos da Índia (da civilização do vale do Indo, do terceiro e quarto milênios a.C.)[9] ele não se faz presente.

A origem do "veículo" determinante deve ser procurada na técnica de pintura ou nos logogrifos do Oriente Próximo primitivo. De acordo com uma convenção comum da escrita hieroglífica e pictográfica – tal como foi preservada nas inscrições egípcias e mesopotâmicas e conforme sugerem os alfabetos hebreu e fenício –, os caracteres que originalmente representavam objetos eram empregados para expressar valores fonéticos. Então, para evitar ambiguidade, acrescentou-se outro símbolo, o "determinante", a fim de especificar a que se referia o signo original. De maneira semelhante, nessas imagens de divindades, a simples forma régia ou feminina da figura antropomórfica é um tanto ambivalente; aquilo a que se refere é especificado pelo símbolo determinante ou paralelo, acrescentado sob ela.

Como veremos, o veículo animal não é, de maneira alguma, o único caso em que houve influência mesopotâmica no simbolismo indiano. Deve ter havido, num período anterior, um tráfego marítimo intenso entre as desembocaduras do Tigre e do Eufrates e a costa oeste da Índia. Os centros originais da civilização mesopotâmica localizavam-se nas proximidades dos deltas dos rios, na extremidade do golfo Pérsico, à distância de alguns dias, apenas, da Índia. Existem indícios de que tramitaram influências em ambas as direções. Um antigo alfabeto indiano, a escrita Brāhmī, foi o resultado da adaptação de um estilo de escrita semítico de cerca de 800 anos a.C.; e há uma lenda budista que descreve uma expedição de mercadores hindus à Babilônia, país que a lenda chama de "Baveru". Descreve-se a perplexidade que os naturais da Índia, por exibirem um pavão, provocaram nos habitantes da cidade ocidental.

3. A serpente e o pássaro

Entre os temas procedentes da antiga arte mesopotâmica que permaneceram nas tradições da Índia até os dias de hoje, está o motivo do par de serpentes entrelaçadas. Esse antigo padrão costuma figurar em lápides votivas erigidas a espíritos ofídicos. Tais tábuas de pedra, denominadas *nāgakals*, decoradas com vários motivos ofídicos, são oferendas de mulheres que querem ter filhos. São colocadas nos pátios dos templos, nas entradas de aldeias e cidades, perto de lagoas ou sob árvores sagradas (ilustração nº 8). Acredita-se que as lagoas sejam habitadas por *nāgas*.

Quando o escultor finaliza uma delas, coloca-a cerca de seis meses numa lagoa, para que se impregne da força vital do elemento aquático.

Também, pela mesma razão, são objeto de um ritual e de fórmulas mágicas (*mantra*). A pedra é colocada, de preferência, sob uma figueira-da-índia – a árvore Bo – ou sob uma árvore *nimba*[10]. É frequente ver-se juntas essas duas árvores, que são consideradas como esposo e esposa. Acredita-se que serpentes habitem entre suas raízes, na terra úmida.

Os *nāgakals* da ilustração nº 8 localizam-se no estado de Mysore, ao sul da Índia. Decoram-nos vários tipos de relevos. Em alguns vê-se uma rainha-serpente – que lembra uma sereia –, com cauda ofídica, corpo humano e um halo de capelos volumosos; nos braços cruzados ao peito segura dois filhotes ofídicos que se lhe erguem acima dos ombros. Outros mostram uma cobra multicéfala de capelos distendidos. Em outros vê-se o par de serpentes mesopotâmico, as cabeças a fitarem-se mutuamente, enlaçadas num abraço amoroso.

Na Mesopotâmia esse motivo aparece num modelo muito primitivo desenhado na taça sacrificai do rei Gudea de Lagash (ilustração nº 11). Nessa obra do período sumário (de cerca de 2600 a.C.) vamos encontrar o conhecido par de serpentes enlaçadas, fitando uma à outra. O motivo deve ter sido difundido na Índia em época muito remota, anterior à chegada dos árias. Com alguns outros traços nativos, não védicos e pré-árias, é preservado até hoje nas tradições locais mais ortodoxas, em particular na do folclore do centro e sul da Índia. É bastante interessante constatar que tanto nas tradições vivas indianas quanto na taça de ouro do arcaico passado sumário, o antagonista clássico da serpente fabulosa é o pássaro lendário.

Na taça do rei Gudea vê-se um par de monstros guerreiros alados, semelhantes a pássaros, eretos sobre garras de águia e patas dianteiras de leão. Tais seres alados representam o firmamento – o reino superior, celestial e etéreo – como as serpentes representam o elemento que concede a vida, as fecundantes águas terrestres. Mantêm-se em eterna oposição aos poderes ofídicos; em consequência, formam com eles um par arquetípico de antagonistas simbólicos, paladinos do céu e da terra, respectivamente.

A águia pertence ao Pai Céu, o pai Zeus da mitologia grega. As serpentes, por outro lado, servem à deusa Hera, Mãe Terra e esposa de Zeus. Muitos são os episódios mitológicos representativos da oposição entre ambos. Por exemplo: quando Héracles, filho de uma ligação clandestina entre Zeus e a mortal Alcmena, era ainda muito pequeno, a ciumenta Hera mandou-lhe ao berço, para que o matassem, suas súditas serpentes; porém, foi o infante filho do Pai Céu que as matou. Conta também a *Ilíada* de Homero que certo dia, durante o cerco de Troia, uma águia apareceu para os heróis gregos reunidos. O pássaro voou lentamente nos céus, carregando entre as garras uma serpente ensanguentada. Kalchas, o sacerdote-adivinho, interpretou a aparição como um presságio auspicioso, anunciador do triunfo dos gregos sobre os troianos. A destruição da serpente pelo pássaro celeste simbolizava, segundo ele, a vitória da celestial ordem grega, patriarcal e masculina, sobre o princípio feminino asiático troiano. Esse princípio era encarnado pela voluptuosa Afrodite, deusa asiática, e particularmente por sua ação imoral que dera causa à Guerra de Troia: ela persuadira Helena, esposa de Menelau, a romper os laços do matrimônio – que correspondia à ordem masculina patriarcal – e a deitar-se com Paris, um par escolhido por ela própria.

O símbolo dual da águia e da serpente está impregnado de uma vitalidade que sobrevive aos tempos. No Ocidente, ele ressurge na literatura moderna em *Assim Falou Zaratustra*, de Nietzsche, obra na qual a águia e a serpente acompanham o "Sábio Solitário". São "os mais soberbos e inteligentes dos animais", segundo o filósofo. Na qualidade de encarnação das virtudes principais do primeiro Super-Homem, simbolizam os poderes que, reunidos, abrirão caminho à Nova Era.

É provável que esse simbolismo seja muito mais antigo que o do cálice de Gudea, o antigo rei sumério. Entretanto, a Suméria mesopotâmica pode bem ter sido o berço de onde se irradiou essa formulação, rumando para o Ocidente, para a Grécia e a Europa moderna, e para o Oriente, rumo à Índia antiga, atingindo, um pouco mais tarde, a distante Indonésia. Na Mesopotâmia, estabelecia-se uma conexão simbólica entre as duas serpentes e o deus da cura, Ningishzida. Por isso, na Grécia ligavam-nas ao deus da medicina, Asclépio, e simbolizam hoje, para nós, a profissão médica.

Como um rio traçando seu curso, a serpente rasteja pelo solo; habita o interior da terra e, como uma fonte, emerge de sua cova. É uma encarnação da água da vida a fluir das profundezas do corpo da Mãe Terra. A terra é a primordial mãe da vida; com sua substância, nutre todas as criaturas para outra vez devorá-las; é o túmulo comum. Aperta ao seio a vida que fez brotar, negando-lhe a ilimitada liberdade do espaço celeste. Ao contrário, a infinitude do céu significa o livre flutuar do espírito, a voar com a liberdade de um pássaro desembaraçado dos grilhões terrenos. A águia representa esse princípio espiritual superior, liberto da servidão da matéria, elevando-se no espaço transparente para unir-se à sua família, os astros, e até ao supremo ser divino que está acima deles. Quanto à serpente, é a força vital no âmbito da vida material. Acredita-se que seja dotada de tenaz vitalidade; é agente do próprio rejuvenescimento, ao livrar-se da pele cambiante.

Enquanto na tradição ocidental é comum que o antagonismo *espiritual* entre pássaro e serpente seja aceito e enfatizado, na Índia ele é visto como uma oposição de elementos *naturais* e assim simbolizada: é a força do sol contra a energia líquida das águas terrestres. Abrasado pelo calor do sol incandescente, ressecando a umidade da terra, o "belo e alado" (*suparṇa*) senhor do céu ataca, como um grifo de asas de ouro, com impiedosa e eterna violência, a encarnação guardiã do líquido vivificante da terra que tudo alimenta. Diz-se, do pássaro, ser "aquele que mata *nāgas* ou serpentes" (*nāgāntaka*, *bhujagāntaka*), "aquele que devora serpentes" (*pannagāśana*, *nāgāśana*). Seu nome é Garuḍa, da raiz *gri* "engolir". Implacável aniquilador de serpentes, possui um poder místico que o defende dos efeitos do veneno; é, por isso, popular no folclore e objeto de adoração diária. Em Puri, na província indiana de Orissa, as pessoas que as cobras mordem são levadas ao salão principal do Grande Templo, onde abraçam um pilar dedicado a Garuḍa, carregado da magia do pássaro celestial. Garuḍa é representado, em geral, com asas, braços humanos, pernas de abutre e um nariz curvo em forma de bico. Dois divertidos exemplos podem ser vistos na parte final de uma balaustrada siamesa (ilustração nº 9): duas gigantescas serpentes de cabeças erguidas estão aprisionadas entre as garras de dois pequenos e resolutos Garuḍas.[11]

Garuḍa é o veículo ou *vāhana* de Viṣṇu, o Deus Supremo. Transporta nos ombros o deus, que leva na mão erguida seu disco de combate de bordas afiadas, "facilmente visível" (*sudarśana*), o ardente disco solar de mil raios, a roda (*cakra*) que lança contra seus adversários. Na arquitetura cambodjana não apenas Viṣṇu mas todo o seu templo apoiam-se sobre Ganida. O pássaro multiplica-se em fileiras de cariátides que sustentam a estrutura. O templo é considerado uma reprodução terrena de Vaikuṇṭha, a morada celestial do deus.

Portanto, Viṣṇu está ligado (como o Zaratustra de Nietzsche) aos dois eternos antagonistas. Śeṣa, a serpente infinita, emblemática das águas cósmicas, origem de todas as águas, é sua representação animal; mas também o é Garuḍa, o princípio conquistador, adversário da serpente. Esse paradoxo tem fundamento, pois Viṣṇu é o Absoluto, a Essência Divina todo-abrangente, compreendendo todas as dicotomias. O Absoluto torna-se diferenciado, em manifestações polarizadas, e através destas as tensões vitais do processo universal ingressam na existência e se sustentam.

4. Viṣṇu como vencedor da serpente

Já vimos Viṣṇu como equivalência antropomórfica da serpente cósmica; examinemos agora uma importante série de episódios mitológicos, nos quais ele desempenha o papel de vencedor da força ofídica.

Um mito um tanto isolado, sem conexão com os ciclos principais dos avatares de Viṣṇu, é o do resgate do elefante[12]. É representado num alto-relevo do templo de Daśa-Avatār de Deogarh (ilustração nº 13). Um magnífico elefante, que procurava talos e raízes de lótus para comer, embrenhou-se demais no elemento aquático e as serpentes das profundezas o capturaram. Em vão debateu-se o grande animal, que implorou, por fim, a ajuda do Deus Supremo. A chegada de Viṣṇu, montando Garuḍa, foi o suficiente. Nenhuma ação do deus é necessária: basta sua presença. O poderoso rei-serpente e também sua rainha o reverenciaram, curvando-se de mãos unidas diante do soberano Senhor do Universo, entregando-lhe sua presa. As patas do elefante estão ainda enredadas nas poderosas espirais. Nesse momento do período clássico Gupta (século IV a VI d.C.), a aparência do pássaro Garuḍa lembra um pouco a de um anjo. Viṣṇu, coroado com um diadema, tem quatro braços.

Um mito desenvolvido com maior amplitude é o da terceira encarnação ou avatar de Viṣṇu, isto é, sua aparição sob a forma de javali.[13] Neste caso, a história da vitória sobre a força da serpente está integrada ao grande ciclo da evolução universal. Dá-se o evento como tendo ocorrido na alvorada do presente *kalpa* e é denominado "A Criação pelo Javali".

A terra acabou de ingressar na existência e o mundo é o palco do maravilhoso drama da evolução. Sobre a superfície sólida aparecerão criaturas de sangue quente, e a partir delas vai desenrolar-se a história da humanidade. Como um lótus na superfície calma de um lago ou como a consciência humana sobre a escuridão do inconsciente, assim está a Terra em seu repouso, fresca e límpida, sobre as águas do abismo cósmico.

Mas o curso da evolução está sujeito a revezes. De acordo com a visão indiana, ele é pontilhado de repetidas crises, que exigem a intervenção do Deus Supremo. Há uma ameaçadora corrente contrária, que se opõe à tendência evolutiva e que periodicamente paralisa, subjuga e reabsorve o que já recebeu forma. Essa força é representada, na mitologia clássica hindu, como o gigantesco poder da serpente do abismo universal. Assim, aconteceu que, bem no alvorecer do dia atual deste Tempo, a Terra, recém-florescida, foi de repente arrebatada da superfície para as profundezas do mar cósmico.

Nesse momento, Viṣṇu assumiu a forma de um javali gigantesco. O javali é um animal que, embora de sangue quente, pertencente à esfera terrestre, regala-se nos charcos, sendo-lhe familiar o elemento aquático. Sob esta forma Viṣṇu mergulhou no mar cósmico. Vencendo o grande rei-serpente, inimigo a quem esmagou, este, ao fim, implorou-lhe misericórdia de mãos juntas. O Deus Supremo, encarnado sob forma animal, tomou nos braços o adorável corpo da Mãe Terra, ainda tão jovem, que se agarrava às suas presas, e a trouxe de novo à flor das águas marinhas.

Viṣṇu, como encarnação do absoluto, não está intrinsecamente em desacordo com o princípio ofídico aquático; entretanto, em episódios simbólicos como este, o deus tem de interferir na ação da serpente. É necessário detê-la, porque ela põe em perigo a continuidade da evolução universal: representa, de fato, a omniabrangente substância de Viṣṇu, mas num nível primitivo de diferenciação. Atuando além de seus limites, num estágio posterior do ciclo cósmico, ela ameaça fazer com que o universo retorne à condição informe e inconsciente dos primórdios. Não havia universo naqueles tempos, apenas a noite e o sono interminável do mar infinito. Viṣṇu neutraliza a tendência regressiva de sua própria substância, tomando a forma e desempenhando o papel de criador e conservador do mundo – neste exemplo, sob a forma de um animal de sangue quente, o javali.

O evento é representado de forma magnífica num alto-relevo de Udayagiri, em Gwalior, datado de 440 d.C. (ilustração nº 12). Nele, os seres celestiais que assistem à façanha do heroico javali alinham-se em fileiras regulares, segundo os padrões da antiga Mesopotâmia – como hieróglifos ou caracteres cuneiformes. Esse é um detalhe surpreendente, ainda inexplicado. Na realidade, ninguém até hoje manifestou surpresa pela aparição isolada dessa rígida obra ornamental – obviamente muito influenciada pelos hieróglifos do antigo Oriente Próximo – que convive com as formas do estilo clássico hindu, as quais dela diferem por completo.

Um terceiro exemplo de Viṣṇu como adversário e vencedor do princípio ofídico está relacionado com a história da vida de Kṛṣṇa, sua encarnação mais popular. A história é contada no *Viṣṇu Purāṇa*[14]; por ser rica em temas míticos de alta significação, merece ser vista com minúcia.

A narrativa começa retomando as circunstâncias em que Kṛṣṇa veio ao mundo[15]. É habitual, quando titãs ou demônios alcançam uma vitória sobre os deuses, que o nascimento de um salvador encarnado venha restaurar o equilíbrio dos poderes. Diz-se que o exemplo presente dessa crise periódica ocorreu no final do *yuga* anterior ao nosso, isto é, no fim do *Dvāpara Yuga* que terminou em 3102 a.C.[16] Uma geração de demônios veio à vida, espalhou-se por toda a superfície da terra e, destronando os deuses, instaurou um reinado de terror, injustiça e desordem. Os próprios processos vitais cósmicos ficaram em perigo. A deusa Terra sentia-se esmagada por um peso terrível que não podia mais suportar. Subiu ao pico do monte Mera, a montanha central e eixo do universo, e conseguiu permissão para ingressar, como suplicante, na Assembleia dos Deuses.

Prostrando-se diante de Brahmā e dos seres celestes, disse a deusa: – O deus do fogo é o paternal protetor do ouro, e o Deus-Sol, o protetor das vacas. Meu paternal protetor é Viṣṇu, venerado por todo o universo.

Meus senhores, sobre o reino dos seres mortais enxameia uma hoste de demônios. Dia e noite as cidades choram, a terra arde. Vis personagens, em número tão grande que é impossível identificá-los, demônios cuja perversidade é conhecida pelos *yugas* afora, vieram a renascer nas famílias de reis poderosos e nada lhes detém as ignóbeis façanhas. Renasceu até mesmo Kālanemi, o infame diabo há tanto morto por Viṣṇu. Agora ele é

Karhsa, filho do rei Ugrasena. É tanto o peso das iniquidades sobre meu corpo, que já não posso suportá-las. Minha força se extingue. Salvai-me, vós, os Poderosos! Olhai por mim ou afundarei, vencida, nas profundezas do abismo.

Brahmā ouviu. Como os deuses instaram-no a libertar a deusa, disse ele: – Ó entes celestiais! Eu próprio, como Śiva, como vós e como todos os seres, não sou mais que uma parcela de Viṣṇu. Sabemos que as manifestações da sua substância ilimitada são movidas por um fluxo em contínua mutação. Violência e fraqueza alternam-se com ordem e força; sua graça está em perene fluxo e refluxo. Vamos, então, até as margens do Oceano Lácteo, morada de Viṣṇu, para levar ao Ser Supremo, com humildade, esta queixa, esta súplica da Terra. Como vimos tantas vezes, Viṣṇu está sempre predisposto a enviar uma partícula de sua essência, por mínima que seja, ao mundo – mundo que não é mais do que uma manifestação do seu deleite; assim, repetidamente, restabelece ele o ordenado curso do Dia.

Brahmā, seguido pela Terra e por todos os deuses, foi até Viṣṇu. Curvando-se diante dele, cujo emblema é Ganida, o pássaro-sol, Brahmā recolheu sua mente em meditação e louvou o Ser Supremo.

– Adoração a Viṣṇu, às suas miríades de formas e braços, múltiplas faces e múltiplos pés! Adoração ao Ser Infinito que é a um só tempo a manifestação, a preservação e a dissolução do universo! Tu és sutil além de tudo o que podem perceber os sentidos. És prodigioso em tua essência. És a raiz de todas as coisas. És aquele que gera o espírito – substância primeva da qual brotou e brotam a palavra e os sentidos. Ó tu, entre todos, o Supremo, sê misericordioso! Procurando em ti seu refúgio, aqui está a Terra. A ti, fim infinito, início sem princípio, refúgio final de todos os seres, a deusa suplica que a redimas de seu peso. Demônios nascidos da terra estão a exaurir-lhe as forças. Indra, eu próprio, e todos os deuses, imploramos teu conselho: diz-nos, ó Senhor, essência da nossa imortalidade, diz-nos o que devemos fazer.

Viṣṇu arrancou da própria cabeça dois fios de cabelo, um louro e um escuro, e assim falou àqueles que se juntavam à beira do mar:

– Estes dois fios dos meus cabelos descerão à Terra para livrá-la do seu peso. Todos os deuses, cada um com uma porção de sua essência, devem também descer até ela e libertá-la, derrotando os demônios. Há uma certa princesa, Devakī, esposa de Vasudeva, que é como uma deusa entre os homens. Este fio de cabelo escuro vai converter-se no oitavo fruto do seu ventre; até ela descerei e dela nascerei, para outra vez matar o demônio Kālanemi na sua atual encarnação, Kaṁsa.

Viṣṇu desapareceu e os deuses, caindo de joelhos, veneraram o Invisível. Todos desceram, então, do alto do monte Meru.

Os fios de cabelo transformaram-se, em breve, em dois irmãos – um par de heróis salvadores; do escuro nasceu Kṛṣṇa; do louro, nasceu seu meio-irmão Balarāma, mais velho e mais claro que ele, cuja mãe foi Rohiṇī, outra esposa de Vasudeva. Karhsa tentou assassiná-los, mas eles foram salvos por estratagemas milagrosos. Numa tribo de pastores de vacas, passaram a infância a esconder-se do inimigo. Entre os filhos daquela boa e simples gente, guardando os rebanhos e brincando nos bosques e campos, passaram os anos idílicos que se converteram num dos temas favoritos da mitologia e da meditação hindu. O ciclo das façanhas juvenis desse período é uma das mais encantadoras passagens da mitologia mundial. O pequeno salvador, continuamente, confundia e punha atônitos os pastores, com façanhas maravilhosas, descabidas para sua aparência infantil, sem nunca revelar a ninguém sua origem divina. Por fim, interpretando de modo equivocado tais fenômenos, como prenunciadores de terremotos ou de algum outro mal, a comunidade inteira, como medida de segurança, partiu com rebanhos, carretas e tudo o mais, para a imensa floresta de Vrindāvana, às margens do sagrado Yamunā, em frente à cidade de Mathurā[17], residência de Karhsa. Ali, dispondo carretas e cercas em forma de meia-lua, montaram acampamento; puseram os rebanhos para pastar e as crianças para brincar, retomando suas lides imemoriais. Kṛṣṇa, o divino pupilo daquela boa gente, olhava com prazer para os novos arredores, abençoando-os com bondade e cuidando das vacas. Logo, embora estivesse no auge o impiedoso calor do verão, os campos atapetaram-se de relva tenra, como se fosse estação chuvosa.

Cumpre a um salvador sobre-humano, se nascido de mãe terrena, harmonizar-se com o meio que escolheu para viver. A julgar-se pelas aparências, ele está tão enleado em *māyā* como qualquer outro, até que, de súbito, uma façanha, um gesto sobre-humano, denota-lhe a essência sobrenatural. Assim ocorreu com Kṛṣṇa na floresta de Vrindāvana. Aconteceu que, embora fosse ainda um menino, derrotou o rei-serpente Kāliya, que habitava as águas do rio que corria próximo à sua casa.

Kṛṣṇa e seu irmão Balarāma brincavam entre os currais e guardavam os bezerros; iam pela mata trançando guirlandas de erva, folhas e flores silvestres. De folhas faziam tambores; Kṛṣṇa ia tocando sua flauta. Rindo e fazendo travessuras, corriam entre as grandes árvores, separando-se às vezes e às vezes juntos, ou reunindo-se a um bando de meninos.

Foi quando perambulava a sós, num passeio exploratório, que Kṛṣṇa chegou a um lugar onde as águas do rio turbilhonavam, brancas de espuma. Ali, sob as águas, ficava o covil de Kāliya, o grande rei-serpente, cuja respiração de fogo e veneno, ao espalhar-se, incendiava todas as arvores inclinadas sobre a correnteza. Mesmo os pássaros, ao voar sobre a medonha morada, tombavam incinerados, mortos.

Kṛṣṇa, tão temerário com seus sete anos, ao chegar àquele lugar perigoso espiou, com curiosidade, as profundezas. – Aqui mora o malvado Kāliya – pensou consigo mesmo – que tem no veneno sua arma. Vou subjugá-lo[18]. Se o deixar livre, ele desaparecerá no vasto oceano. Por sua causa todo o Yamunā, daqui até o mar, tornou-se impuro. Nem homens nem gado podem dessedentar-se nessas águas. Por isso, devo derrotar esse rei-serpente, libertando os habitantes da região de um temor constante. Foi para torná-los felizes e livres, e para punir os perversos que andam pelos caminhos do mal, que desci ao mundo. Muito bem: subirei naquela árvore de grandes galhos debruçados sobre a água e saltarei.

O menino, antevendo e preparando-se para o que viria, subiu na árvore e mergulhou, com um grande salto, nas profundezas. O impacto agitou o Abismo. Respingos da água flamejante atingiram o alto das árvores da margem, incendiando-as. O firmamento pareceu abrasar-se. Com as palmas das mãos, Kṛṣṇa pôs-se a bater na água, fazendo emergir o rei-serpente, provocando-o com o inusitado barulho. Este tinha os olhos vermelhos de cólera, e dos capelos derramava-se o ígneo veneno. Rodeavam-no rubras serpentes guerreiras, coleantes, em nós incontáveis. As rainhas e donzelas-serpentes o protegiam, às centenas. Os caracóis dos corpos adornados de cintilantes colares de pérolas reluziram, ao elevarem-se em espirais ondulantes, erguendo as inumeráveis cabeças. Com seu veneno, borrifaram Kṛṣṇa, mordendo-o com bocas que minavam peçonha e prendendo-lhe os ombros com as espirais.

Um pequeno grupo de pastores viu, horrorizado, quando Kṛṣṇa afundou, inconsciente e inerte, enleado pela multidão ofídica. Apavorados, correram para casa gritando: – Kṛṣṇa saltou, num ímpeto de loucura, para dentro do covil de Kāliya. Acudi, depressa! O rei-serpente o está devorando!

Os pastores, seguidos pelas esposas e filhos, correram para o rio: – Ai, ai! Onde estás? – gritavam as mulheres, tropeçando pela mata.

Balarāma os conduzia. Mostrou-lhes Kṛṣṇa, inerte no fundo das águas, encadeado pelas espirais. Nanda e Yaśodā, os pais adotivos dos dois irmãos, estacaram, terrificados, vendo a face do filho. As outras mulheres, ao vê-lo, choraram, tartamudeando em desespero: – Vamos juntar-nos a ti no abismo de Kāliya! – gritavam. – Sem ti, nunca mais voltaremos aos currais, belo menino! O que é o dia sem o sol, a noite sem estrelas, a vaca sem leite? E nossos lares, o que será deles sem Kṛṣṇa?

Balarāma viu desfalecer sua mãe adotiva, Yaśodā, enquanto Nanda, em mágoa profunda, não desviava do rio a fixidez do olhar. Então, conhecedor secreto que era da natureza divina de Kṛṣṇa, Balarāma falou-lhe, detendo nele os olhos penetrante: – Divino Senhor dos Deuses, por que mostrais tal fragilidade humana? Não estais consciente de vossa essência divina? Sois o centro do universo, o ânimo dos deuses, o criador, destruidor e guardião dos mundos. O universo é vosso corpo. Estes pastores e suas esposas, que têm sido vossa família desde que descemos ao mundo dos homens, estão tomados de desespero. Tende piedade deles! Desempenhastes os papéis de criancinha e de menino; representastes a fraqueza humana. Revelai agora vosso infinito poder: levantai-vos e derrotai o poderoso demônio!

As palavras ressoaram nos ouvidos de Kṛṣṇa. Lembraram-no de sua verdadeira essência. Em sua face desenhou-se um sorriso, e seus olhos abriram-se devagar. Seus braços moveram-se; as mãos começaram a golpear as espirais que o envolviam. Com um repelão, libertou os membros das cadeias ofídicas; de um salto, já livre, pôs sob seu pé o rei-serpente; erguendo o joelho, começou a dançar sobre a poderosa cabeça. Cada vez que o monstro tentava levantar o pescoço, o menino divino o pisava; vezes e vezes foi assim, até que a serpente, enfraquecida, desfaleceu. Kṛṣṇa continuou a dançar até que o sangue do rei esguichou, e ele ficou hirto como um ramo ressequido.

Apavoradas, vendo a cabeça de seu senhor pisoteada e ensanguentada, as rainhas-serpentes imploravam a Kṛṣṇa: – Divino Senhor dos Deuses, ó vós, que governais o universo, agora vos reconhecemos! Quem é digno de louvar-vos a grandeza que transcende o mundo? Tende piedade, salvai a vida de nosso rei! (ilustração nº 14).

O extenuado Kāliya, a quem a súplica recobrou ligeiramente, implorou ao vitorioso, em voz balbuciante: – Só o que fiz foi agir de acordo com a minha natureza. Ao criar-me, dotastes-me de força e veneno: portanto, procedi como vistes. Se outro tivesse sido meu comportamento, estaria violando as leis que impusestes e que determinam a cada criatura agir de acordo com sua espécie. Tivesse eu desafiado a ordem do universo e seria, sim, merecedor de punição. Mas, mesmo ao golpear-me, concedestes-me a dádiva suprema: o toque de vossa mão. Quebrada está minha força, e meu veneno, consumido. Imploro-vos que me poupeis a vida e que digais o que devo fazer.

Kṛṣṇa, em sua benevolência, respondeu: – Doravante não mais deveras habitar as águas do Yamunā, e sim a vastidão do oceano. Parte! Além do mais, declaro-te que Garuḍa, o pássaro-sol de ouro, arqui-inimigo de todas as serpentes e meu veículo através da imensidão do espaço, para sempre te poupará, a ti, a quem eu toquei.

O rei-serpente reverenciou e, com sua parentela, retirou-se para o oceano. Os vaqueiros abraçaram Kṛṣṇa, como a alguém que miraculosamente recobrara a vida. Derramando-lhe lágrimas sobre a cabeça, festejaram-lhe a façanha com a qual restituíra a benéfica qualidade das águas do rio. Celebrado pelos pastores, louvado pelas mulheres e moças que o cumularam de lisonjas e galanteios, Kṛṣṇa, o menino herói, encarnação da Suprema Excelsitude, retornou ao acampamento e às vacas.

Esta lenda, muito popular, repetida com frequência e de grande amplitude significativa, admite muitas interpretações. Em termos de história religiosa, significa que uma divindade local da natureza, um demônio que, como espírito de suas águas, habitava o rio Yamunā – espírito cujo poder colérico era muito difícil de ser aplacado –, foi vencido e expulso. Um primitivo culto à serpente foi substituído pela devoção a um salvador divino e antropomórfico. Através de Kṛṣṇa, aqui atuando como intermediário, o culto específico a um demônio local fundiu-se no culto amplamente disseminado de Viṣṇu, o Ser Supremo, vinculando-se a um contexto de maior importância simbólica, representando conceitos e intuições de validade universal.

Na mitologia grega e na história religiosa observa-se uma circunstância similar com a vitória de Apolo sobre o píton, senhor de Delfos, uma serpente terrena. Através de uma fenda rochosa, ele fazia suas revelações: uma sacerdotisa, a Pítia, inalando os potentes vapores, recebia a inspiração e dava voz a mensagens crípticas: as profecias do oráculo de Delfos. Mas o grande deus Apolo desafiou e venceu o demônio-dragão, a quem matou, tomando-lhe o poder. Delfos tornou-se então o santuário do olímpico antropomórfico, deus associado à força solar e que simbolizava a iluminação, a sabedoria, a moderação e o equilíbrio. Um princípio divino superior veio substituir, pois, a influência terrestre – sem, porém, anulá-la por completo. A sacerdotisa conservou sua antiga função; o poder benéfico da terra ainda falava ao homem, e o oráculo de Delfos continuou em atividade. A única diferença consistia em não ser mais o patrono e senhor do santuário um primitivo demônio terreno, mas um olímpico: Apolo, na qualidade de deus pítico. De maneira semelhante, Kāliya foi expulso por Kṛṣṇa. Neste caso, o demônio não foi morto; teve apenas de renunciar a seu poder e afastar-se para o oceano remoto, para que a idílica vida humana, representada pelo acampamento dos pastores, não fosse afetada por seu veneno ígneo. A função de Kṛṣṇa foi mais moderadora que aniquiladora. Libertou a humanidade de uma ameaça e de um perigo, defendendo a vida do bafejo assassino da serpente, reconhecendo, contudo, os direitos do poder destrutivo: pois, tanto como os piedosos pastores, o ofídio era uma manifestação do Ser Supremo. Manifestava um dos aspectos mais sombrios da essência divina e originara-se da todo-produtiva e divina substância primeva. Sua influência, vista pelo homem como totalmente negativa, não poderia ser eliminada de modo radical. Kṛṣṇa apenas fixou limites, por assim dizer, numa sentença equilibrada que levou em conta demônios e homens. Pelo bem do reino humano, Kāliya foi afastado para uma esfera remota, sendo concedido que permanecessem inalterados sua natureza e seu poder. Se tivesse sido transformada, redimida ou eliminada a oposição entre humano e demoníaco, teria ocorrido o desequilíbrio das energias produtivas e destrutivas – o que estava longe de ser o propósito do Ser Supremo.

O papel de Viṣṇu, enquanto preservador do mundo, envolve sua função de mediador ou moderador das energias antagônicas em atividade no processo vital do universo. Ele aplaca o impacto avassalador dos poderes destrutivos e desequilibrantes. Consegue-o descendo ao universo encarnado em algum de seus avatares, refreando ou subjugando as forças terríveis que ameaçam trazer a ruína geral, restaurando, por fim, o equilíbrio efetivo entre os opostos. Contudo, enquanto Ser Supremo e substância omniabrangente, ele não pode opor-se fundamentalmente aos demônios do reino aquático. De fato, uma de suas manifestações principais é Śeṣa, a serpente cósmica. Não nos deve surpreender, portanto, descobrir que Kṛṣṇa, avatar humano de Viṣṇu e vencedor de Kāliya, pode ser representado com os atributos típicos dos espíritos ofídicos.

A ilustração nº 6 mostra Kṛṣṇa associado ao símbolo *nāga*. Trata-se de uma imagem bengalesa em bronze, de estilo Pāla, da primeira metade do século IX d.C. A divindade tem quatro braços e segura o disco (*cakra, sudarśana*) e a clava de ferro (*kaumodakī*). Ladeiam-na as duas rainhas de Viṣṇu: Śrī-Lakṣmī, a deusa da prosperidade terrestre, e sua oponente, Sarasvatī, padroeira da fala, do canto e da sabedoria[19]. São rivais, como devem ser duas esposas de um mesmo varão. Diz-se que sempre que uma delas concede suas bênçãos a um homem, a outra permanece afastada: os sábios não são prósperos, e os prósperos não são sábios. Mas aos pés de Viṣṇu, ambas estão submetidas a uma cooperação antagônica. Aqui o encanto do jovem deus encarnado mescla-se à grandeza do ser cósmico. O aspecto humano revela aquele Kṛṣṇa por quem os corações de todas as mulheres e donzelas palpitavam de amor – primeiro, durante os anos de sua idílica juventude pastoril; mais tarde, nas cortes dos clãs régios. O símbolo *nāga*, que constitui o segundo plano, ao fundo, representa a natureza divina que o herói-salvador ocultava daqueles a quem alegrava com sua presença humana e assombrava com seus feitos. É um indício do seu verdadeiro caráter, do espírito que respira através da máscara humana. Pois o avatar humano é uma fusão de opostos. Isso é também o que nós próprios somos, ainda que inconscientes de nossa natureza dual: somos ao mesmo tempo o self ilimitado, incondicionado e divino, e os atributos que o velam, atributos referentes às experiências da personalidade e da consciência do ego.

No caso do meio-irmão de Kṛṣṇa, Balarāma, o caráter *nāga* é bastante salientado. Ele é uma corporificação humana, uma encarnação parcial de Śeṣa e esse aspecto é revelado, em particular, na história na qual se conta seu fim. Ela o descreve sentado sob uma árvore próxima do oceano, perdido em pensamentos; uma grande cobra, rastejando-lhe para fora da boca, deixa inanimado o corpo humano do herói-salvador. Essa é sua natureza Śeṣa, sua secreta essência vital que retorna às profundezas aquáticas. Enquanto coleia ao longo de seu caminho, em ondulações gigantescas, outras serpentes entoam preces. O próprio oceano eleva-se, assumindo a forma de um poderoso rei-serpente, para saudar o grande conviva, seu próprio self superior, a serpente das águas universais. A essência ofídica do herói divino regressa ao informe do Abismo – retornando a si própria, depois de cumprida a função temporária de companheira e arrimo de um avatar humano.

Nas mitologias do Ocidente podemos encontrar temas análogos, nos quais, porém, o antagonismo não é solucionado. Héracles, herói semidivino, filho do Pai Céu, Zeus, e portanto partícipe das energias celestiais, é um inimigo implacável dos ofídios terrestres. Ainda criancinha, estrangula as serpentes que a antiga deusa terrestre, Hera, coloca em seu berço. Mais tarde, subjuga a Hidra, um monstro destrutivo e quase invencível – energia vital cega, na qual brotam sete cabeças para cada uma que lhe é decepada. Cristo também esmaga a cabeça da serpente, embora seja vítima de sua picada.

No Ocidente, os heróis-salvadores que descem dos céus para instaurar uma nova era terrestre são considerados encarnações de um princípio moral e espiritual superior à cega vitalidade animal do poder ofídico. Na Índia, por outro lado, a serpente e o salvador são duas manifestações básicas de uma única e divina substância omniabrangente. E essa substância não pode estar em oposição a nenhum de seus aspectos polarizados e mutuamente antagônicos. Nela, ambos estão unidos e reconciliados.

5. O lótus

Quando a substância divina da vida está para criar o universo, brotam das águas cósmicas as mil pétalas de um lótus de ouro puro, radiante como o Sol. Ele é a porta, o portal, a abertura ou a entrada do útero do universo. É o primeiro produto do princípio criativo: o ouro, que prova sua natureza incorruptível. Abre-se para dar à luz, primeiramente, a Brahmā, o criador demiúrgico. De seu pericarpo brotam as hostes do mundo criado. De acordo com a concepção hindu, as águas são femininas; são o aspecto procriador e maternal do Absoluto e o lótus cósmico é seu órgão gerador. A flor cósmica é chamada de "A Suprema Forma ou Aspecto da Terra", e também "A Deusa Umidade", "A Deusa Terra". Ela é personificada como Deusa-Mãe, através da qual o Absoluto ingressa na criação.

Essa deusa não figura na tradição mais antiga – a tradição védica clássica[20]. Como a própria planta, o lótus, ela é um produto da vegetação da Índia, sendo, portanto, estranha aos invasores árias que vieram dos países do Norte. Entre os 1068 hinos do *Ṛg Veda* – o mais antigo monumento literário da tradição bramânica exclusivamente ária – não há nenhum dirigido à Deusa Lótus, ou que pelo menos a mencione. Tampouco a vemos entre as divindades do panteão védico.

A primeira obra literária que lhe assinala a existência é um hino mais tardio, um dos chamados *Khilas* ou "Suplementos", anexados ao ancestral *Ṛg Veda*[21]. Ali, em 29 estrofes, ela é descrita e celebrada. É significativo que todas as características que a situam no período "clássico" tardio da mitologia e arte hindus já sejam encontradas neste hino mais antigo. É provável que fosse conhecida pelo povo bem antes de os sacerdotes dos invasores condescenderem em reconhecê-la. Atemporal como as formas culturais básicas da própria Índia, ela como que passa de eternidade para eternidade, sem mudança essencial.

Nesse hino apócrifo anexado ao *Ṛg Veda*, a deusa Lótus já é designada por seus dois nomes clássicos, Śrī e Lakṣmī, sempre que possível associada ao símbolo do lótus. É venerada como "a nascida do lótus" (*padmasaṁbhavā*), "a que está de pé sobre o lótus" (*padmeṣṭhitā*), "a que tem a cor do lótus" (*padmavarṇa*), "a das coxas de lótus" (*padma-ūrū*), "a dos olhos de lótus" (*padmākṣī*), "a abundante em lótus" (*padminī*, *puṣkarninī*), "a enfeitada com grinaldas de lótus" (*padmamālinī*). Como deusa protetora do cultivo de arroz da Índia nativa, ela é chamada "Aquela que Tem a Posse do Esterco" (*kariṣiṇī*). Seus dois filhos são o lodo (*kardama*) e a umidade (*ciklīta*), personificações dos componentes de um solo rico. Ela é "como o mel" (*mādhavī*); dela se diz que concede "ouro, vacas, cavalos e escravos". Usa "grinaldas de ouro e prata". Confere saúde, vida longa, prosperidade, prole e fama. A personificação da fama é outro de seus filhos[22]. Ela é "feita de ouro" (*hiraṇyamayī*), "da cor do ouro" e (*hiraṇyavarṇā*) – imperecível, bela e valiosa como o ouro. Chamam-na de *harivallabhā* e *viṣṇupatnī*, "A Amada Esposa de Viṣṇu".

Como outras divindades representadas de forma humana sobre seus símbolos animais, também a deusa Padmā ou Lótus é vista de pé ou sentada sobre a flor que lhe dá o nome. Sua associação com ela é tão constante como a de Viṣṇu com o Oceano Lácteo. A deusa, "por quem o lótus é querido" (*padmapriyā*), está entre as principais figuras esculpidas dos portões e balaustradas ricamente adornados das primeiras *stūpas* budistas – as de Sāñcī e Bhārhut (séculos I e II a.C.). A ilustração nº 15, de Bhārhut, mostra-a em uma atitude clássica. De um jarro cheio de água, o vaso da abundância, saem cinco flores de lótus, duas das quais sustentam um par de elefantes. As trombas erguidas dos animais derramam água, com suavidade, sobre a padroeira da fertilidade de fartos quadris – "Gajā-Lakṣmī", "A Lakṣmī dos Elefantes" –, que sorri, erguendo com a mão direita os seios muito redondos, num gesto de benevolência maternal.

O hino anexado ao *Ṛg Veda* é dedicado a ela: *prajānām bhavasi mātā*, "Tu és a mãe dos seres criados"; como mãe, é chamada de *ksamā*, "Terra". Ela é, pois, um aspecto especial ou um desenvolvimento local da Mãe Terra dos tempos ancestrais: a grande Deusa-Mãe da Idade do Bronze, venerada em uma extensa parte do mundo, e de quem foram encontradas inúmeras imagens em todo o antigo Oriente Próximo, nos países do Mediterrâneo, no mar Negro e no vale do Danúbio. É uma irmã ou uma réplica das conhecidas deusas da antiga Mesopotâmia sumério-semítica; é, portanto, um indício das vinculações pré-árias entre a Índia e as fontes da nossa tradição ocidental mitológico-simbólica.

Uma imagem arcaica da deusa Lótus aparece numa placa esculpida de terracota de Basārh, datando aproximadamente do terceiro século a.C. (ilustração nº 16). De pé sobre um pedestal de lótus, ladeiam-na dois botões e duas dessas flores. Usa braceletes nos antebraços e ricas pulseiras, todos adornados de pérolas; são ornamentos hindus que vemos em outros momentos da época. Mas não se veem aqui os elefantes, animais que sempre a acompanham; vê-se, porém, que ela é alada – uma característica rara e espantosa, em se tratando da Índia.

As asas, comuns à tradição ocidental, não figuram entre os atributos dos deuses ou seres super-humanos hindus, com exceção de Garuḍa, o pássaro – veículo de Viṣṇu. Em geral, os seres divinos da Índia sobrevoam o espaço sem implementos visíveis, ou são transportados por seus veículos. Por outro lado, na antiga arte mesopotâmica, predominavam as divindades ou espíritos alados. Portanto, essa imagem indiana denota uma conexão com aquela tradição. Dessa esfera originaram-se as asas de nossas divindades ocidentais, das deusas gregas da vitória e dos anjos cristãos.

Já fizemos uma breve alusão ao intercâmbio comercial que deve ter florescido, em tempos arcaicos, entre a Índia e a Terra dos Dois Rios.[23] Um empolgante facho de luz foi atirado sobre a questão durante a segunda década deste século, quando uma série de escavações ao longo do rio Indo revelou, de súbito, um capítulo até então insuspeito da história da Índia ancestral. Até essa época, o Tigre, o Eufrates e o Nilo representavam para nós o alvorecer da civilização. Então, abrupto, o Indo fez sua reivindicação. Foram descobertas cidades antigas bastante desenvolvidas, que atestaram copiosamente o avanço de uma civilização cujo apogeu parece ter ocorrido 2500 anos a.C. Estendia-se sobre uma área muito maior do que o Egito e a Suméria. Dos três principais lugares investigados: Mohenjo-Daro, Harappa e Chanhu-Daro, os dois primeiros foram explorados pela Pesquisa Arqueológica da Índia dirigida por Sir John Marshall, e o terceiro pelo arqueólogo americano Dr. Ernest Mackay. Suas descobertas magníficas iniciaram uma nova época na arqueologia oriental, juntando à história da civilização um capítulo anterior, mais antigo, fascinante pelos problemas que propõe e pelos novos indícios que oferece.[24]

A época anterior da civilização do vale do Indo é confirmada pela configuração de certas características e por alguns selos inconfundíveis, mostrando animais e inscrições pictográficas, ainda não decifradas (ilustrações nº 21-23). Aparecem em grande número entre as ruínas; trata-se de obras hindus, sem dúvida; espécimes isolados foram encontrados também em Susa, capital do antigo Elam, e em diversos locais da Mesopotâmia, em estratificações que podem ser consideradas pertencentes ao período que antecedeu ao rei Sargão I (cerca de 2500 a.C.). Na antiga localidade mesopotâmica de Eshnunna (Tell-Asmar, cinquenta milhas a nordeste de Bagdá), num estrato geológico dos primórdios do período dinástico (cerca de 3000 a 2550 a.C.), foi encontrado um selo cilíndrico com um friso no qual figuram os mesmos elefantes e rinocerontes que só são encontrados nos selos de Harappa e Mohenjo-Daro.[25]

Equivalências em cerâmica decorativa e em desenho, colares de contas de aparente procedência egípcia descobertos pelas escavações em meio às ruínas hindus e outros fragmentos que parecem apontar a mesma conclusão sugerem algum tipo de comércio – cujas proporções são ainda impossíveis de avaliar – havido durante os primeiros séculos do terceiro milênio a.C.

Poços, esgotos, encanamentos – um sistema de instalações sanitárias sólido, elaborado e complexo, cujas características se aproximam das modernas – figuram entre os aspectos mais marcantes das ruínas da cidade de Mohenjo-Daro. Um alto grau de sofisticação é indicado por esse elaborado sistema de esgotos. A grande maioria das construções, edificadas em tijolos cozidos, parece ter sido de residências ou simples lojas. Estão divididas em compartimentos de boa distribuição interna. As casas dispõem de poços e banheiros próprios e seus esgotos, cobertos, ligam-se a outros externos e mais amplos, situados nas ruas. A arquitetura residencial e urbana de Mohenjo-Daro é muito mais desenvolvida do que a do Egito e da Mesopotâmia do mesmo período.

Mas é muito interessante observar que, entre os alicerces e os lineamentos das inúmeras casas escavadas em Mohenjo-Daro, não se encontrou nenhuma cujas proporções fossem grandes o bastante para sugerir um templo ou um santuário público. Por outro lado, entre as escavações mesopotâmicas, os locais onde houve templos são extraordinariamente visíveis. Entretanto, no centro da cidade de Mohenjo-Daro, foram descobertas as fundações de um imponente edifício onde se localizava uma ampla piscina. Tem 2,4 metros de profundidade, 11,7 de comprimento e 6,9 de largura; a parede externa tem mais de 2,4 metros de espessura; uma fileira de compartimentos alinha-se ao longo da parede leste. É provável que esse prédio não tivesse um propósito apenas secular: ele lembra muito os inúmeros balneários sagrados da posterior religião popular da Índia, como os que são encontrados hoje ao longo dos rios sacros e no centro dos recintos dos templos. São locais de peregrinação, onde a água purifica os pecados, males e sofrimentos, quaisquer que sejam. Temos aqui, aparentemente, indícios de uma tradição contínua, desde os locais dos balneários sagrados de Mohenjo-Daro até os santuários fluviais da atualidade.

Outros indícios de continuidade, através dos longos milênios, são a forma dos carros de boi e de ferramentas, bem como a arte de domesticar o elefante. Os selos de Mohenjo-Daro dão-nos as mais antigas representações conhecidas desse animal. Mostram-no em atitudes ligadas à vida local e à mitologia – o que corresponde à situação posterior, referente à tradição clássica da Índia. O paquiderme é representado diante de uma gamela de alimento, o que faz crer que já tenha desempenhado um papel no cotidiano doméstico.

O falo é um dos mais notáveis símbolos religiosos do vale do Indo – sendo, até hoje, o mais comum dos objetos de culto representativos da energia masculina do universo nos santuários hindus, simbolizando o grande deus Śiva (ilustração nº 25)[26]. O complemento do símbolo masculino, em Mohenjo-Daro e na Índia atual, é a deusa que traz o lótus nos cabelos (ilustração nº 24). Em sua conhecida atitude maternal, ela mostra os seios, fonte abundante do leite que dá vida ao universo e aos seus seres.

Parece, pois, que, embora o mais antigo indício literário da existência da deusa Lótus-Śrī-Lakṣmī seja um hino apócrifo, posteriormente anexado ao corpo do *Ṛg Veda* ária, essa mãe do mundo detinha a supremacia na Índia muito antes de os conquistadores chegarem do Norte. É provável que a oclusão da civilização do Indo e de sua deusa-rainha tenha sido causada pelo advento do estrito patriarcado dos pastores-guerreiros, que ali instauraram seus deuses (patriarcais). A Mãe foi retirada do lótus; em seu lugar sentou-se Brahmā, enquanto ela era relegada – como no santuário de Viṣṇu Anantāśāyin (ilustração nº 3) – à posição servil de esposa brâmane. Entretanto, no coração da população autóctone sua supremacia foi mantida, mesclando-se, no decorrer dos séculos, às tradições védicas e pré-védicas, e retornando gradualmente à sua posição honrosa. Ela é vista em todos os momentos da primitiva arte budista e predomina em toda a extensão das obras do período clássico. Ela é, hoje, o poder maior do Oriente.

O lótus onipresente é seu signo icônico, quando ela não é figurada sob o aspecto humano. Não é incomum que as próprias divindades masculinas copiem suas atitudes tradicionais. Seu gesto característico, o do "lótus na mão" (*padmahastā*, *padmapāṇi*), foi assimilado pela iconografia do budismo Mahāyāna através do salvador universal Padmapāṇi ("Lótus na Mão"), o maior entre os Bodhisattvas, auxiliares imortais dos Buddhas. Uma pequena e adorável estatueta de cobre dessa personificação compassiva exibe o estilo gracioso e refinado da arte clássica nepalesa – século IX ou X d.C. (ilustração nº 18). A mão direita volta-se para baixo, no "gesto da dádiva" (*varadā-mudrā*), enquanto a esquerda ergue o símbolo do lótus. A haste, que passa entre os dedos, quebrou-se até a altura do cotovelo. Mas a beleza não foi destruída. Na melodia suave dos contornos e proporções e na sutil musicalidade do gesto, as virtudes do Bodhisattva estão expressas de maneira adequada. Aqui estão, materializados, sua infinita misericórdia, a afetuosa compaixão, a celestial espiritualidade e o encanto angélico.

Na tradição budista indiana, Padmapāṇi ou Avalokiteśvara tem caráter ambi ou polivalente. Ele é, como Viṣṇu, o senhor de Māyā e possui o poder divino de assumir as formas que quiser. Se a situação exigir, pode aparecer como homem, mulher ou animal; pode surgir como o fabuloso cavalo alado "Nuvem" (*yalāhaka*), ou como um inseto. A forma de sua manifestação depende do grupo particular dos seres viventes que pretenda orientar ao longo do caminho da salvação através da iluminação. Padmapāṇi é o protótipo hindu de duas deusas: a chinesa budista Kwan-yin e a japonesa Kwannon; nessa versão que o Extremo Oriente fez do Bodhisattva, o caráter feminino prevalece – como que num retorno à sua natureza arquetípica.

Não apenas o "lótus na mão", mas também o "pedestal de lótus", ao destacar-se da deusa cujo nome é o da flor, é então consignado a outros poderes. O modelo pictográfico, adaptado do reino vegetal e "escrito" de forma hieroglífica sob a imagem antropomórfica de Śrī-Lakṣmī, obedecendo à forma do determinante, foi migrando ao longo dos milênios de uma deusa que era a princípio sua única referência para outros integrantes divinos ou sobrenaturais dos panteões hindus e budistas. Talvez a mais surpreendente das novas atribuições seja a de Prajñā-Pāramitā, a suprema personificação feminina do budismo Mahāyāna.

A sabedoria (*prajñā*)[27] que conduz ao nirvana é a suprema virtude (*pāramitā*): ela é a própria essência dos Buddhas – que são os completamente iluminados –, e aqueles que percorrem o caminho que conduz à condição de Buddha, os Bodhisattvas, devem levá-la à perfeição. Numa magnífica imagem javanesa do século XIII, vemos essa qualidade celestial em sua simbolização antropomórfica (ilustração nº 20). O motivo ancestral da deusa lótus – a qual tem essa flor sob si e em sua mão direita – passou por uma radical transformação. Sob a influência de concepções budistas desenvolvidas, e de posteriores conceitos hindus, a maternal deusa da felicidade, dos bens, da fertilidade e da vida terrena, a esposa-consorte e encarnação da energia de Viṣṇu, o adormecido cósmico cujo sonho é o mundo, converteu-se aqui na representante suprema da vigília que transcende o mundo; é o maior símbolo espiritual feminino de todas as iconografias do Oriente.

Prajñā-Pāramitā é "O Ápice da Virtude" (*pāramitā*) da sabedoria da iluminação transcendental (*prajñā*)[28]. Ou, de acordo com outra explicação etimológica sancionada pelos comentários de textos sagrados, ela é a "Sabedoria Iluminadora" (*prajñā*) que passou para a "Outra Margem" (*pāra*), onde habita (*itā*). Essa "outra margem" ou "margem mais distante" é o reino da verdade última e da realidade transcendental, à diferença "desta margem" na qual estamos nos movimentando e falando, prisioneiros dos desejos, submetidos ao sofrimento e mergulhados na ignorância – o reino dos seres não iluminados. Assim, nossa deusa Lótus, a atemporal Mãe Terra, a Magna Mater da Antiguidade, energia procriadora e doadora da fortuna no plano físico, agora transfigurada sob o aspecto de Prajñā-Pāramitā, converteu-se na soberana do reino espiritual ao qual se chega através da iluminação (*bodhi*), representando a extinção (*nirvāṇa*) tanto da consciência individual quanto da diversidade cósmica dos seres, no âmbito biológico, humano ou divino. Prajñā-Pāramitā é a genuína essência dos Buddhas e de "grandes Bodhisattvas" (*mahābodhisattva*) como Padmapāṇi-Avalokiteśvara; tomados de compaixão pelo mundo, adiam a própria extinção, para libertar incontáveis seres do ciclo do renascimento. Por um lado, ela representa o término do prazer haurido na existência terrena ou celestial, a extinção de todo o anseio pela continuidade individual; por outro lado (o que conduz a uma compreensão já descrita diferentemente), ela é a natureza indestrutível, inflexível e secreta de tudo o que existe, não possuindo nenhuma característica restritiva ou diferenciadora.

De acordo com o budismo tântrico da Idade Média, período em que as concepções budistas e hindus mesclaram-se em magnífica harmonia, os grandes Bodhisattvas e Buddhas históricos (sendo o histórico príncipe Gautama considerado apenas uma entre outras muitas manifestações de Buddha) vêm à terra como salvadores e descem até mesmo aos purgatórios para libertar aqueles que lá sofrem. Governam também os paraísos e difundem por toda parte o evangelho da libertação pela iluminação, pregando e fazendo milagres, num eterno trabalho de salvação: eles são apenas irradiações da eterna, única e indestrutível essência, denominada "O Buddha dos Inícios" (*ādi-buddha*), ou ainda "O Senhor do Universo" (*lokeśa*). No panteão budista, esse Buddha primevo ocupa quase a mesma posição que o Ser Supremo do hinduísmo. Ele é a fonte única de todas as aparências temporais – a única realidade real. Os Buddhas e Bodhisattvas emergem dele para ingressar na miragem fenomenal do universo, tal como os avatares emergem de Viṣṇu. E assim como Lakṣmī é a consorte do deus hindu, Prajñā-Pāramitā é o aspecto feminino do Buddha Universal. Na qualidade de energia criativa (*śakti*) da sabedoria suprema que guia e ilumina, ela não é apenas a consorte do Ādi-Buddha, mas também a virtude animadora de *todos* os redentores. Os Buddhas e Bodhisattvas não são mais do que projeções de sua atuação, reflexos nas esferas especulares da existência fenomênica. Ela é o significado, a verdade genuína da Lei budista.[29]

Vê-se um manuscrito sobre o lótus, ao lado da imagem de Prajñā-Pāramitā. Com frequência, Brahmā, o demiurgo espiritual quadricéfalo, é representado levando nas mãos manuscritos dos *Vedas* sagrados; os chamados "Textos Prajñā-Pāramitā" são a manifestação literária da sabedoria transcendental do Buddha. Suplantam, na imagem em questão, o próprio Brahmā. Assim, o antigo cálice da espontânea energia procriadora tornou-se o portador do símbolo da sabedoria que o transcende, uma sabedoria que conduz para além da magia de Māyā. O lótus do mundo sustenta o símbolo da iluminação que dissipa a escuridão da ignorância primária inerente a todos os seres viventes. O símbolo do lótus, que originalmente foi a fonte dos seres e existências, em sucessão infinita, agora é portador da poderosa sabedoria do nirvana, da palavra que põe fim a toda existência individualizada, divina ou terrena.

Resumindo: tal como a deusa Lótus é caracterizada pelo símbolo vegetal que lhe vemos sob a imagem e conduz na mão esquerda sua flor homônima, também Prajñā-Pāramitā é, invariavelmente, caracterizada por ter o lótus como assento, e porque essa flor, à sua esquerda, apoia o manuscrito. Assim como Lakṣmī, consorte de Viṣṇu de quem representa a energia criadora, Prajñā-Pāramitā é a consorte feminina do transcendente Buddha Universal, representando-lhe a natureza de eterna e bem-aventurada quietude na iluminação – tendo-se extinguido a limitação e a individualização. Lakṣmī é a mãe universal da existência em seu aspecto benevolente, sob o qual concede e faz proliferar a vida. De maneira similar, Prajñā-Pāramitā emite os raios da sabedoria iluminadora que libertam do inexorável ciclo mortal do renascimento; dela emanam a vida e a realidade transcendentais, das quais é encarnação e fonte.

A estátua javanesa, como a maioria das imagens de procedência indiana, é de tamanho menor que o natural; mesmo assim, harmoniza, de maneira extraordinária, graça e monumentalidade. O fundo, um escudo de forma meio ogival, tem um halo de chamas delicadas, que irradiam a energia espiritual da iluminação. A cabeça oval é majestosamente alongada pela coroa imponente e suntuosa. A pureza da auréola ovalada expressa algo do supremo Vazio da essência transcendental. O semblante tem a perfeita simetria de um modelo de beleza feminina. Os dedos tocam-se uns aos outros, num gesto que denota meditação sobre o ciclo da causação – ciclo de vida, sofrimento e morte. Prajñā-Pāramitā é a versão budista de Sophia, mãe e fonte do conhecimento iluminador.

É interessante notar que essa representação da abstração mais sublime talvez seja também uma efígie. Entre os governantes e príncipes hindus e budistas de Java e do Cambodja, havia o costume de erigir "imagens consagradas" depois da morte ou durante a vida. Nas "imagens consagradas" a pessoa da nobreza é retratada na atitude e envergando os trajes, ornamentos e símbolos de um ser divino – de uma divindade hindu ou de um Buddha. Para expressar a assunção do ser humano, depois da morte, à essência divina, supramundana, ou para demonstrar que o príncipe vivente é uma emanação, encarnação, reflexo ou avatar da essência suprema, ele é identificado com o ser sobre-humano. A ideia é de que o príncipe e, fundamentalmente, todos os seres, nós todos, nascemos da essência divina criadora e fazemos, de maneira virtual, parte do Ser Supremo. Esse conceito persistiu tanto no hinduísmo como no budismo posterior. É tão só uma consequência lógica de conceitos básicos anteriores. Está contido na ideia monística desenvolvida na filosofia das *Upaniṣad* e ilustrado pela escrita pictórica da mitologia clássica hindu – refere-se à ideia de que o self do homem (*ātman*) é idêntico ao supremo Self Universal (*brahman*).

A imagem de Prajñā-Pāramitā em questão é um "retrato consagrado" que celebra a divinização de determinada rainha javanesa. É provável tratar-se da rainha Dedes, da dinastia de Singasari. Em 1220 o rei foi deposto por um aventureiro, Ken Arok, que desposou a rainha Dedes e subiu ao trono sob o título de Rajasa Anurva-bhumi. Ampliou suas conquistas até morrer, em 1227. Essa imagem representa, pois, uma enorme democratização do "pedestal de lótus" e do "lótus na mão". Antes atributos exclusivos da Grande Mãe Terra, da natureza fértil, tomaram-se então acessíveis a qualquer príncipe ou rainha.

O que o lótus expressa aqui, enfim, é a ideia de que todos nós somos Buddhas virtuais – emanações ou reflexos da transcendente esfera imperecível. Os não iluminados enxergam apenas Māyā, o reino diferenciado das formas e noções ilusórias; mas os iluminados vivenciam tudo como o Vazio que está além da diferenciação. O caráter inato e transcendente do homem é reafirmado pela designação do lótus como assento de governantes humanos. O segredo da existência intrinsecamente divina do homem é revelado com audácia, com o propósito de encorajar cada indivíduo a alcançar com sua mente aquela verdade tão difícil de realizar, a verdade suprema a respeito de si mesmo.

6. O elefante

O elefante como um "determinante" colocado sob os símbolos antropomórficos dos poderes divinos é uma característica comum dos primitivos relevos budistas de Bhārhut. A maioria das divindades não está classificada, não sendo possível sua identificação; outras levam os nomes de certos *yakṣas* e *yakṣiṇīs* – espíritos terrenos masculinos e femininos, padroeiros da fertilidade e da fortuna. A associação de uma parelha de elefantes à figura da deusa Lótus é também uma característica da arte budista dos séculos I e II a.C. (Bhārhut e Sāñci; ilustração nº 15). A partir daí pode ser traçado todo o percurso da iconografia hindu e budista, até os posteriores templos hindus do Sul. Nas miniaturas hindus e nos desenhos populares da atualidade, esse é um motivo recorrente. Além disso, nos selos ancestrais de Mohenjo Daro – que se contam entre as primeiras obras de arte não apenas da Índia, mas de toda a civilização –, o elefante é às vezes representado diante de uma manjedoura; não há, porém, nenhum indício de seu significado simbólico. Podemos perguntar-nos: qual é a função e conotação dessa forma majestosa?

É pouca a ajuda oferecida pelos monumentos religiosos, mas muito pode ser aprendido estudando-se as enciclopédias médicas tradicionais, dedicadas à domesticação e tratamento do elefante. Sua posse parece ter sido um privilégio de reis. Esses animais eram caçados e capturados na selva e mantidos em reservas florestais, ou em postos militares, com finalidades bélicas – atuavam como unidades de cavalaria de alta mobilidade, eram uma espécie de divisão blindada sobre pernas; nos estábulos reais, eram as montarias utilizadas nos eventos solenes, ou empregavam-nos em atividades ligadas à magia.[30]

A enciclopédia clássica que trata do assunto é o *Hastyāyurveda*, "A Sabedoria Sagrada (*veda*) da Longevidade (*āyus*) dos Elefantes (*hasti*)". É um compêndio de mais de 7600 pares de versos, além dos capítulos em prosa. Há também um tratado menor, "O Jocoso Tratado dos Elefantes" (*mātaṅgalīlā*), que contém uma série de extraordinários detalhes míticos.

Descobrimos nesta última obra[31], por exemplo, que quando Garuḍa, o Belo Emplumado (*suparṇa*), o pássaro-sol de asas douradas, ingressava na existência no início dos tempos, nasceram também os elefantes. No momento em que se quebrou o ovo de onde nasceu o pássaro celestial, Brahmā, o criador demiúrgico, tomou nas mãos as duas metades da casca e cantou sete melodias sagradas (*sāman*). Por virtude desse encantamento apareceu Airāvata, o elefante divino, que se tornaria a montaria de Indra.

O nome Airāvata soa como uma designação matronímica – como se, em conformidade com alguma tradição ainda por descobrir, aquele elefante fosse o filho de uma mulher chamada Irāvatī. Como se sabe, Irrawaddy é o nome do rio principal e da mais importante ferrovia de Burma; é também o nome alternativo de um grande rio do Punjab, o Rāvī. *Irā*, além disso, significa água ou qualquer líquido potável: leite, refresco, ou o líquido contido no cósmico Oceano Lácteo. Irāvatī seria, então, "Ela, A Que Possui os Líquidos" (*irā*). "Ela" seria o próprio rio; porque rios e águas são femininos, maternais, divindades nutridoras, e a água é um elemento feminino.

Avançando mais um passo na genealogia: *Irā* ("Fluido") é uma das filhas de um demiurgo arcaico ou deus-criador de nome Daksa, "O Destro", uma figura paralela a Brahmā, o Senhor Criador dos Seres (*prajā-pati*) e parcialmente idêntica a ele. Irā, em outro contexto, é conhecida também como a rainha-consorte de outro antigo deus-criador e pai das criaturas, Kaśyapa, O Velho Homem-Tartaruga; esta acepção a dá como mãe de toda a vida vegetal.

Airāvata está relacionado, pois, de várias maneiras, através da mãe, como fluido vital cósmico. Relação que é evidenciada por ser o nome

Airāvata designativo tanto do arco-íris – que é considerado como arma de Indra – como de um certo tipo de relâmpago: ambos, manifestações especialmente luminosas da tempestade e da chuva.

Airāvata foi o primeiro elefante divino a provir do ovo apoiado à mão direita de Brahmā; seguiram-se à sua aparição outros sete machos. Do ovo que Brahmā trazia à mão esquerda, saíram depois oito elefantes. Os dezesseis, que formaram oito pares, tornaram-se os ancestrais de todos os elefantes do céu e da terra. Converteram-se também nos Dig-Gajas, ou "elefantes (*gaja*) das direções do espaço (*dik*)"[32]. Eles suportam os quatro quadrantes do universo e os quatro pontos localizados entre eles.

Os elefantes são as cariátides do universo. É nessa condição que figuram no templo de Elfirã, santuário escavado na rocha e dedicado ao deus Śiva – "O Templo do Senhor do Monte Kailāsa" (ilustração nº 26). Esse, que é um dos grandes monumentos clássicos da arquitetura religiosa hindu, data do século VIII d.C. Em nenhum outro lugar exprimiu-se de modo mais adequado e digno a majestade grandiosa do elefante – único sobrevivente da antiga espécie do gigantesco mastodonte, anterior aos rinocerontes, hipopótamos e outros paquidermes. Essas imagens revelam uma acurada percepção, a um só tempo realista e monumental, do caráter do elefante, evidenciando uma associação secular e de muita proximidade dos hindus com o poderoso animal.

O celebrado mito da Batedura do Oceano Lácteo dá uma versão completamente diversa da origem de Airāvata e sua consorte Abhramū.[33] Depois de os deuses e titãs terem se ocupado de suas incumbências por mil anos, um curioso agrupamento de personificações e símbolos começou a brotar do leite do universo. Entre as primeiras figuras estavam a deusa Lótus e Airāvata, o elefante branco como o leite. Por fim, emergiu o médico dos deuses, portador do *amṛta*, o elixir da imortalidade, que era trazido numa jarra de alvura leitosa.

Atribui-se um valor especial aos chamados "elefantes brancos" – os albinos mostram manchas claras ou rosadas – porque lembram o ancestral cuja origem foi o Leite Universal. Acredita-se que possuam, em nível elevado, a capacidade de produzir nuvens – uma virtude mágica própria dos elefantes. O nome da consorte de Airāvata, Abhramū, faz referência a esse poder especial: *mu* significa "formar, fabricar, atar ou agregar"; *abhra* significa "nuvem". Abhramū significa "produzir nuvens", designa "Aquela que Ata ou Agrega as Nuvens" – especificamente, as benéficas nuvens das monções que vivificam a vegetação depois do escaldante calor do verão. Quando não são vistas é sinal de seca, de inexistência de colheitas e de fome generalizada.

Na idade maravilhosa dos primórdios mitológicos os descendentes dos oito elefantes originais possuíam asas. Como nuvens, vagavam em liberdade pelo céu. Alguns, porém, por negligência, perderam as asas e, desde então, a majestosa raça foi forçada a permanecer no solo. A história conta como uma manada de elefantes teve a má sorte de incorrer na ira abrupta de um santo asceta – um tipo de pessoa que deve ser abordada sempre com o máximo respeito e tratada com muita cautela, pois sua natureza é bem suscetível e irascível. Despreocupados, os alegres elefantes alados pousaram certo dia num galho de uma gigantesca árvore do norte dos Himalaias. Sob ela assentara-se um asceta de nome Dīrghatapas – "Longa Austeridade"; lá estava ele a pregar, quando o galho, incapaz de suportar tanto peso, quebrou-se e caiu na cabeça dos discípulos. Alguns morreram, mas os elefantes, não se importando nem um pouco, levantaram voo, céleres, e lá se foram para outro galho. Furioso, o santo amaldiçoou-os com toda a severidade. Desde então, eles e toda sua raça foram privados das asas e permaneceram no solo, subordinados ao homem. E o mais importante é que perderam, ao mesmo tempo que a capacidade de vagar pelo ar, o poder divino – próprio das nuvens e de todas as divindades – de assumir as formas que quisessem.[34]

Diz-se que os cavalos também tinham asas, a princípio; pastavam, livres, pelo mundo. Indra cortou-lhes as asas com seu raio, convertendo-os em dóceis alimárias para que puxassem as carruagens dos deuses e dos reis guerreiros da terra.[35] Também as altas cadeias de montanhas – cujos picos nevados confundem-se com as nuvens, assemelhando-se tanto a elas que se torna muito difícil saber se o que vemos é forma de nuvem ou montanha – eram aladas, a princípio; de fato, eram uma espécie de nuvem. Indra privou-as da capacidade de voar para que firmassem, com seu peso, a vacilante superfície terrestre.[36]

Assim como Airāvata pertence a Indra, os elefantes pertencem aos reis. Nas procissões solenes, eles são a montaria simbólica do monarca; na guerra, são torres de observação e cidadelas das quais o soberano controla a estratégia de combate. Têm como função mais importante, porém, atrair seus parentes celestiais, as nuvens, que são elefantes sagrados. Por essa razão, para o bem de seus súditos, os reis hindus mantêm os elefantes; desfazer-se de um elefante branco tornaria o governante muito impopular entre sua gente.

É esse procedimento, inspirado pela compaixão pelos sofredores de um reino vizinho, que se atribui a Buddha em sua penúltima existência. Naquela época, na condição de Bodhisattva, ou Buddha-em-preparação, ele nasceu como o príncipe Visvantara[37]. Praticando as virtudes supremas da renúncia, autossacrifício, generosidade e compaixão, ofertou o elefante branco do reino de seu pai a um país vizinho assolado pela fome e pela sede. Seus súditos, sentindo-se traídos e desamparados, forçaram-no a exilar-se. Esta lenda, que é muito popular, está entre as "Histórias das Existências Anteriores do Buddha" (*Jātaka*).[38] Retratada com frequência em pinturas e esculturas budistas, suas primeiras representações são vistas nos portões da Grande Stūpa de Sāñcī, do século I a.C.

Num ritual anual dedicado à chuva, à colheita, à fecundidade dos rebanhos, dos seres humanos e à prosperidade geral do reino, o elefante branco, tão constantemente associado à deusa Lótus, desempenha um papel significativo e notável. Essa festa é descrita no *Hastyāyurveda*[39]. O elefante é pintado de branco com pasta de sândalo e conduzido em procissão solene pela capital. Acompanham-no homens vestindo trajes femininos, brincando, à moda de palhaços, com ditos salazes e espirituosos. Com esse disfarce ritual, reverenciam o princípio cósmico feminino, a energia maternal, fecundante e nutridora da natureza; com a licenciosa linguagem ritual, estimulam a energia sexual latente da força vital. Observa-se em todo o mundo a ocorrência simultânea desses procedimentos. O elefante é, afinal, adorado pelos altos funcionários civis e militares do reino. O texto adverte: "Se não adorarem o elefante, tanto o rei como o reino, o exército e os próprios elefantes estarão condenados a perecer, pelo desrespeito com que foi tratada uma divindade. Ao contrário, adorando-o devidamente, todos florescerão e prosperarão: suas esposas e filhos, o país, o exército e os animais em questão. As plantações germinarão no tempo certo e no tempo certo Indra, o rei da chuva, fará chover; não haverá praga nem seca. Os homens viverão uma centena de anos (o completo decurso de uma vida), com muitos filhos, muito gado, e robusta será sua descendência. Quem quiser ter filhos terá filhos, e verá satisfeitos os anseios por riquezas e outros bens. À terra sobejarão tesouros, em metais e gemas preciosas".

Assim, o culto ao elefante branco como divindade a ser respeitada confere ao homem todas as bênçãos terrenas entesouradas pela deusa Lótus, Śrī-Lakṣmī, Fortuna e Prosperidade, Mãe Terra fértil e abundante em água e riquezas. O caráter e significado simbólico do animal são proclamados com clareza nas duas denominações com que é designado durante sua adoração como divindade; ele é chamado de Śrī-gaja, "O Elefante de Śrī", e Megha, "Nuvem". O elefante, digamos, é uma nuvem chuvosa a caminhar sobre a terra. Com sua presença mágica, conjura a se aproximarem suas afins, as nuvens aladas da atmosfera. Quando é prestada a veneração devida ao elefante terreno, isso leva seus parentes celestiais a demonstrar gratidão; cheios de alegria, concedem chuvas abundantes ao país.

Outro nome para o Elefante de Śrī é "Filho de Airāvata". "Filho", na linguagem mitológico-simbólica, significa sósia, alter ego, cópia viva do pai, a essência paterna em outra individualização.

7. Os rios sagrados

Os rios estão entre os mais potentes e extraordinários poderes doadores de abundância; nesse aspecto, destacam-se os três majestosos cursos d'água do Ganges, do Jumnā e do Saraswatī. Allāhābad (que os hindus chamam de Prayāg), onde a corrente amarelo-clara do Ganges encontra e funde-se com a água azul-escura do Jumnā, vem sendo há milênios um centro de peregrinação. Os rios são divindades femininas, mães que concedem vida e alimento; como tal, têm preeminência entre as divindades populares representadas nas obras de arte do período clássico. São encontradas – como os príncipes-serpentes e outros espíritos da natureza – nas entradas dos templos, no humilde papel de guardiões das portas, ou em nichos, no interior dos recintos sagrados. Acompanhadas de pássaros aquáticos e gansos selvagens, de pé sobre tartarugas, monstros marinhos ou flores de lótus, em atitudes de devoção fervorosa (*bhakti*), de doce repouso ou proteção benigna, suas imagens são às vezes dificilmente distinguíveis das da deusa Śrī-Lakṣmī.

Uma esplêndida amostra da arte medieval bengalesa tardia, no estilo do século XII da dinastia Sena, representa a deusa Gaṅgā numa atitude de graciosa solenidade e benigno repouso (ilustração nº 17). O material empregado é esteatita negra, a mais usada na escultura de Bengala. Gaṅgā é conhecida como "a mãe que, ao mesmo tempo que concede prosperidade (*sukha-dā*), assegura a salvação (*mokṣa-dā*)"; ela representa a alegria (desta vida) e a esperança (da vida por vir). Lava os pecados daquele cujas cinzas ou restos mortais são entregues às suas águas e garante a eles o renascimento entre os deuses, num reino de celestial bem-aventurança. Sendo a principal via fluvial da grande província de Bengala e a fonte de saúde e prosperidade do povo, o Ganges é uma graça divina que flui e chega de forma tangível até as portas das casas. Espalha fertilidade pelos campos de arroz e derrama pureza no coração do devoto que se banha em suas águas fecundas, em seu ritual matinal diário.

O próprio Śiva canta em louvor à deusa, num hino de um dos *Purāṇa*[40]. "Ela é a fonte de redenção [...] Os pecados que se amontoam, acumulados pelo pecador em seus milhões de nascimentos, são destruídos ao simples passar da aragem impregnada por sua bruma [...] Assim como o fogo consome o combustível, este rio consome os pecados do iníquo. Os sábios sobem as escadarias que levam ao terraço do Ganges; transcendem, ali, as alturas do céu do próprio Brahmā: livres do perigo, conduzindo carruagens celestiais, lá se vão, rumo à morada de Śiva. Os pecadores que expiram perto das águas do Ganges libertam-se de todos os pecados: convertidos em súditos de Śiva, passam a viver a seu lado. Tornam-se idênticos a ele na forma; jamais morrem – nem mesmo no dia da dissolução total do universo.

E, se o corpo morto de alguém cair nas águas do Ganges, há de permanecer com Viṣṇu tantos anos quantos poros tiver na pele. Se um homem, em dia afortunado, passar a banhar-se no Ganges, em alegria habitará Vaikuṇṭha, o mundo celestial de Viṣṇu, por um número de anos igual ao número de seus passos."

Gaṅgā é o protótipo de todos os rios da Índia. Seu poder mágico de salvação é compartilhado – apenas em grau menor – por todos os cursos de água do país. Em sua bela imagem negra bengalesa, a deusa Gaṅgā é representada como a encarnação da vitalidade e doçura celestial e terrena. É a personificação da saúde e abundância, dignidade e bravura. Um rico diadema lhe circunda a testa; um colar pende-lhe sobre os seios; os ricos ornamentos e as correntes que lhe cingem os quadris referem-se ao seu poder de conferir prosperidade. Está de pé sobre um monstro marinho (*makara*) que lhe serve de veículo. As ondulações suaves da corrente gigantesca, como se uma leve brisa lhe agitasse a superfície, tocam-lhe o corpo rijo e esbelto. Assemelhando-se a uma noiva bengali ou a uma jovem e feliz dona de casa, sua finalidade é procriar a nova vida e governar o lar. Na imagem da deusa deste rio está representado o idílico aspecto terreno da próspera vida camponesa hindu, em sua união devota com as forças divinas que permeiam o organismo vivente do universo; reconhece-se o gentil papel da divindade nas simples maravilhas do mundo circundante.

O contato físico com o corpo da deusa Gaṅgā tem o efeito mágico de, por si só, transformar a natureza do devoto. Como por um processo alquímico de purificação e transmutação, é sublimado o metal básico de sua natureza terrena; ele se torna uma corporificação da essência divina do supremo reino eterno. No hino que citamos, esse reino é concebido como a imagem da mansão celestial de Śiva e, além disso, como a forma divina do deus. Não devemos considerar essa localização como remota e distante do mundo dos homens, mas como o cerne de cada existência, por mínima que seja, e fonte de cada momento vital. Vê-se o próprio Ganges como oriundo direto desse reino – e assim, o cerne retorna, ao longo de seu curso abençoado, ao lugar do Princípio e do Fim. Costuma-se dizer que o Ganges nasce do dedo grande do pé de Viṣṇu: flui do corpo gigantesco de Nārāyaṇa, personificação antropomórfica da divina substância vital do Oceano Lácteo.

O trabalho escultórico – um relevo que por suas dimensões é o maior da arte indiana e um dos maiores, mais belos e dramáticos relevos de todos os tempos – é a representação de um grandioso e celebrado mito que descreve a descida do Ganges do céu para a terra (ilustração nº 27). Uma imensa parede de pedra, a elevar-se verticalmente sob a ardente luz solar do sul da Índia, foi convertida numa prodigiosa obra-prima, fervilhante de hostes de deuses, titãs, espíritos, príncipes-serpentes, seres humanos e animais, todos convergindo para a grande cavidade central da composição. A obra, medindo 27 metros de comprimento por 9 de altura e coberta por mais de uma centena de figuras, localiza-se, como um grande número de outras obras esculpidas, na costa do oceano Índico, em Mārnallapuram, perto de Madras. É o que resta da gigantesca atividade artística e religiosa empreendida pela dinastia Paliava, do sul da Índia, no século VII d.C. A intenção era transformar um impressionante agrupamento de penhascos e formações rochosas arredondadas num grupo de pequenos templos e vastos santuários, talhados na rocha viva.

A Descida do Ganges é representada em estilo realista. Na superfície superior da saliência situada logo acima da cavidade perpendicular central, encontramos hoje uma série de canais: ali havia, a princípio, uma cisterna de cerca de 6,9 metros quadrados, com paredes rebocadas; desde o chão, erguiam-se degraus cavados na rocha. Supõe-se que, em certas ocasiões festivas, enchia-se a cisterna e deixava-se a água escorrer pela reentrância, como uma cascata, simulando a descida de uma torrente de montanha – era Gaṅgā a descer do céu para os Himalaias e correndo para a terra.

O mito é contado no *Rāmāyaṇa*[41]. É uma lenda que exalta o poder miraculoso de certos santos super-humanos. O primeiro deles é Agastya, santo padroeiro do sul da Índia, a quem se atribui um importante papel na colonização dessa parte do país. É descrito como um grande filósofo, de coração bondoso, e insuperável na arte do arco e flecha. A tradição védica diz que nasceu da semente de dois deuses, Mitra e Varuṇa. Quando certa vez os montes Vindia, num excesso de orgulho, dilataram-se a ponto de eclipsar por completo o Sol, cujo curso terminaram por bloquear, o poderoso asceta, com o poder mágico de sua vontade, humilhou-os e obrigou-os a prostrar-se diante dele, o que salvou o mundo.

Tornaram-no famoso, em particular, as façanhas maravilhosas de seus sucos digestivos. Havia, por exemplo, certo demônio que, sob a forma de carneiro, acreditava ser absolutamente indigerível e desenvolvera uma cruel artimanha: disfarçando-se em apetitoso prato de carne, a maliciosa criatura permitiria que seu irmão o servisse à vítima em perspectiva. Ao chegar ao estômago do inimigo, o irmão que servira o guisado gritaria: – Sai para fora, irmão! E o demônio irromperia, explodindo a vítima. Entretanto, ao tentar o estratagema com Agastya, ele foi o enganado; o santo – que, de alguma forma, está relacionado com a energia solar do sul da Índia e com o seu violento e devorador poder – digeriu de imediato o prato saboroso. Quando o outro chamou: – Sai para fora, irmão! o que escapou foi só uma pequena ventosidade.

Certo dia, Agastya submeteu o devorador e tropical calor solar de sua energia gástrica a uma grande prova: engoliu o oceano inteiro. Embora suas intenções fossem boas e houvesse sido corajosa a façanha, a consequência foi privar a terra e todos os seus seres da água de que necessitavam para viver. Foi isso que fez com que Gaṅgā, o rio celestial – uma espécie de Via-Láctea –, descesse do céu. A história continua: um grupo de demônios andava incomodando certos eremitas brâmanes, perturbando-lhes constantemente as sagradas rotinas ascéticas. Afugentados para o mar, emergiam à noite mais fortes do que antes para molestar os devotos. Desesperados, estes apelaram para Agastya, o famoso santo, que resolveu o problema com um só gole, com o qual engoliu o oceano. Mas a terra ficou sem água, o que ameaçou de extinção todas as suas criaturas. Quando alguém é solícito demais, causa às vezes problemas maiores do que aqueles que soluciona. Assim acontecia com Agastya e com seu invencível fogo digestivo.

Coube a outro santo supra-humano pôr fim à terrível seca. Este herói, o devoto rei Bhagīratha, que pertencia a uma longa linhagem de monarcas descendentes de Manu Vaivasvata[42], desesperava-se por água que aplacasse e alegrasse as cinzas e almas de numerosos antepassados, perecidos em uma catástrofe mítica ancestral. Decidiu impor sua vontade aos poderes do céu e obrigá-los a libertar o próprio Ganges celestial, para que este, descendo, socorresse a terra. Confiando a administração do reino aos seus ministros, encaminhou-se a um famoso centro de peregrinação dedicado a Śiva, um lugar chamado Gokarna – "Orelha de Vaca", situado no Sul. Ali, dedicou-se por mil anos a severas penitências. Com inflexível determinação, acumulou energia super-humana, através de sofrimentos corporais autoinfligidos. De pé, com os braços erguidos (*ūrdhvabāhu*), fez a "penitência dos cincos fogos" (*pañcatapas*)[43]. Por fim, Brahmā, deleitado e atraído por seu fervor, manifestou-se, dizendo-se satisfeito com o ascetismo perfeito de Bhagīratha e prometeu satisfazer-lhe um desejo. Então o rei devoto pediu ao deus que permitisse a Gaṅgā descer à terra.

Brahmā concordou, mas declarou que seria necessário obter a graça de Śiva. Pois se o poderoso rio celestial, com seu gigantesco volume de água, caísse diretamente no solo, a torrente tremenda poderia fender a terra e despedaçá-la. Alguém teria de interromper a queda, recebendo o peso total da água sobre a cabeça, não havendo ninguém, além de Śiva, capaz de tal façanha. Brahmā aconselhou Bhagīratha a perseverar em suas austeridades até que o Deus Supremo, comovido, deixasse seu assento celestial.

Śiva é o iogue divino, paradigma e arquiasceta dos deuses. Está sentado, em esplêndida solidão, num pico afastado dos montes Himalaias, despreocupado com os problemas do mundo, imerso em pura e perfeita meditação, absorto no vazio supremo e cristalino de sua essência divina. Assediá-lo e induzi-lo a cooperar nessa questão temporal seria tarefa para um herói. Bhagīratha compreendeu perfeitamente a natureza do seu problema, rumou para os Himalaias e ali passou mais um ano em penitência, jejuando, alimentando-se de folhas secas e, por fim, apenas de ar e água; ereto, apoiava-se somente sobre um dos pés, mantendo ambos os braços erguidos e concentrando a força de sua vontade no deus. Śiva respondeu, afinal, à magia do santo, apareceu diante dele e aquiesceu. A cabeça da poderosa deidade recebeu todo o impacto da queda torrencial. Emaranhados, os cabelos amontoados no topo da cabeça enredavam e tornaram mais lento o ímpeto da torrente cascateante, que perdeu a força ao percorrer o labirinto. As águas desceram, suaves, pelos Himalaias, correndo, por fim, majestosas, pelas planícies indianas, espalhando sobre a terra e todas as suas criaturas a bênção que concede a vida.

Este mito glorifica a onipotência da força de vontade ascética. Suportando os sofrimentos autoinfligidos, o iogue acumula um imenso tesouro de energia física e psíquica. Nele a energia da vida universal concentra-se num foco de ardente incandescência, que dissolve a resistência dos poderes cósmicos divinos personificados nas deidades. Este armazenamento de energia concentrada é chamado *tapas*, calor corporal.[44] *Tapas*, o calor levado a tal tensão, é como uma carga elétrica de alta potência prestes a descarregar-se. Ao faiscar, rompe e dissolve qualquer resistência.

A produção de tal energia calorífera, seu armazenamento e uso para finalidades mágicas, é o objetivo da mais antiga forma de prática iogue[45]. Nos mitos védicos, tal energia é empregada pelos próprios deuses para inúmeros propósitos, em especial para o da criação. O deus-criador, ao aquecer a si mesmo, produz o universo: pela incandescência interna, ou emitindo uma emanação em forma de perspiração, ou ainda incubando o ovo cósmico.

A impassibilidade extrema sob a mortificação autoinfligida eleva um ser acima das exigências e limitações da natureza humana. Iguala-o à energia superior dos poderes cósmicos. Revela ser ele dotado da mesma suprema indiferença para com o deleite e a dor que, sendo inerentes às forças da natureza, são mitologicamente personificadas nas imagens impassíveis dos deuses. Esta atitude semidivina, desvinculada de si mesma e poderosa, compele os divinos poderes cósmicos a satisfazer os desejos supra-humanos – desejos que anulam o curso normal da ordem da natureza.

No gigantesco relevo esculpido da dinastia Paliava, a Descida do Ganges está representada de acordo com uma convenção que a História da Arte costuma chamar de "narrativa ininterrupta". O que está representado não é apenas o momento decisivo da história, o clímax dramático ou a conclusão de uma série de eventos; são descritos, num mesmo cenário, lado a lado, vários e diferentes instantes temporais, em fases consecutivas e sequenciais. O episódio culminante determina a cena e domina o quadro, mas dentro do campo são inseridas representações secundárias. Estas retomam as cenas mais importantes da ação, que conduzem ao momento dramático central. É neste que a atenção é centralizada, a princípio e no final.

O episódio central do relevo do Ganges é a descida do rio celestial. Está representado na cavidade central da grande parede de pedra. A água despenha-se lá de cima, da cisterna (que cabe a nós imaginar). Um gigantesco rei-serpente, coberto pela torrente, está se movendo para cima, seu portentoso corpo serpentiforme a ondular em movimentos lentos; protegido por uma auréola de cabeças e capelos ofídicos, ele saúda a água, no regozijo de uma arrebatada devoção (ilustração nº 27). Segue-o uma rainha-serpente, cujo gesto lembra uma atitude *bhakti* de arrebatamento devocional e êxtase religioso. Sob esta vê-se também um gigantesco espírito-serpente de forma animal a soerguer-se. De todos os lados afluem, em grande número, deuses, seres celestiais, demônios, espíritos, homens e animais, observando o milagre da salvação da vida terrestre.

Mas à esquerda da cavidade, no nível inferior, temos uma cena que precede temporalmente o evento final. Vê-se um santuário, a cuja frente está agachado um santo (ilustração nº 28). É Bhagīratha, em postura iogue, magro de muito jejuar, absorto em concentração; ele procura ganhar as graças de Brahmā. É uma das representações mais impressionantes de fervor ascético; caracteriza-se por seu estilo despojado, gracioso, vigoroso e sutil a um só tempo, parco em detalhes, convincente e brilhante. Bhagīratha está ajoelhado diante do santuário de Gokarna, que é mostrado como um pequeno templo de típico estilo Paliava. Acima, uma estrutura horizontal com ornamento nas janelas simuladas conduz a um teto em forma de cúpula. Por essas janelas em forma de ferradura, algumas faces espiam. São os rostos angélicos (*gandharvamukha*) dos habitantes dos palácios celestiais dos deuses. A palavra que corresponde a templo, *devakula*, *de-ul*, significa "a casa de um deus": o templo é uma cópia terrena, ou símbolo, da morada celestial de uma deidade.

Bhagīratha inclina-se, curvado, para seu próprio interior. Está invocando a aparição da divindade. Veem-se dois outros ascetas, em postura iogue, no lado oposto da porta do templo (o tempo lhes destruiu as cabeças). São os discípulos ou servidores de Bhagīratha, que o acompanham em sua prática ascética. O momento decisivo da prática foi atingido. Atraída e compelida pela concentração inabalável do santo, a divindade acaba de fazer sua aparição, vinda do escuro interior do santuário.

No santuário de Gokarna, no sul da Índia, essa cena importante da invocação de Brahmā está colocada junto da margem inferior do relevo. Perto do topo, à esquerda da cavidade central, vê-se a invocação de Śiva nas alturas dos Himalaias (ilustração nº 27). O santo barbado é Bhagīratha, novamente. Com o corpo emaciado pelos jejuns, ele está de pé numa típica postura *tapas-yoga*, equilibrado sobre uma só perna, rígido como um pilar, com ambos os braços erguidos (*ūrdhvabāhu*) e os dedos firmemente entrelaçados. Mais uma vez, acabou de atingir o objeto de seu fervoroso empenho: Śiva manifesta-se à sua frente; de pé, com quatro braços, estatura gigantesca, estende a mão esquerda inferior, num gesto de bênção (*varadā-mudrā*); é acompanhado pela hoste (*gaṇa*) de ventrudos espíritos anões que o servem. A cabeça do deus é encimada por uma imensa tiara de cabelos desgrenhados. Os emblemas em suas mãos não são bem discerníveis: a enorme arma em forma de bastão pode ser seu tridente (*triśūla*) ou sua lança.

À direita do santo veem-se grandes pássaros aquáticos, dois gansos selvagens, cruzando a corrente. Abaixo, um deus e uma deusa flutuam no espaço; saúdam, com alegria, o milagre que têm diante dos olhos. Um veado galhado caminha rápido para a água. A parte esquerda restante do relevo está repleta, de cima a baixo, de alegres multidões de seres e animais de toda espécie. Leões e veados comprimem-se na floresta. Titãs e demônios de porte atlético pavoneiam-se. Nas alturas da cordilheira himalaica um casal de leões está deitado, observando o milagre. Casais celestiais atravessam, ágeis, o espaço para saudar o aguaceiro. Macacos apinham-se na selva.

Num estilo ousado e de soberba vitalidade, que causa impacto apesar de sua delicadeza, as várias formas de existência – divina, titânica, humana, animal – estão perfeitamente diferenciadas e caracterizadas. Observando-se a minúcia de características e detalhes, vê-se que esta obra de arte pretende retratar as atitudes, movimentos ou gestos típicos de repouso dos seres figurados. Insiste no parentesco fundamental de todas as criaturas. Todas provêm do mesmo reservatório vital e sustenta-as, nos seus diversos planos, celestial ou terrestre, a mesma energia de vida. Esta é uma arte inspirada na visão monista da existência, que percorre toda a filosofia e mitologia hindu. Tudo vive. Todo o universo é vivente; apenas variam os graus de vida. Tudo, enquanto transmutação temporária, procede da substância e energia vital divina. Tudo é parte da manifestação universal da Māyā de Deus.

Um grupo de seres humanos aparece no nível inferior esquerdo, próximo do descendente fluxo do rio celestial. Em sua margem vemos um grupo de jovens brâmanes. O personagem central conduz sobre o ombro um jarro cheio de água. Outro, tendo acabado de banhar-se nas águas sagradas que lavam todas as manchas do pecado, espreme, para secá-los, os longos cabelos cacheados.

Na margem oposta vê-se uma família de elefantes: um macho gigantesco acompanhado de uma fêmea menor, e inúmeros filhotes a abrigar-se entre as pernas dos pais. Acima da cabeça do grande elefante empoleira-se, num penhasco, um casal de macacos, impassível e concentrado, a observar a correnteza. Acima deles, vê-se um par de seres fabulosos, meio humanos e meio ornitológicos: com pernas e asas de pássaro, são chamados *kinnaras* ou *kirhpuruṣas*, que significa "espécie (*kim*) de ser humano (*nara*, *puruṣa*)". Os *kinnaras* são músicos celestiais. Supõe-se que tais criaturas habitem uma região semiceleste no alto dos Himalaias, onde os santos terrestres que atingiram a perfeição (*siddha*) vivem em companhia de seres supra-humanos. Ainda mais ao alto, vemos outros casais de *kinnaras*, aproximando-se em voo veloz, e apressados grupos de deuses.

Nesta escultura maravilhosa, tal como no relevo de Indra em Bhājā, executado alguns séculos antes[46], a rocha transforma-se numa procissão impressionante de figuras cheias de vida, que passam com a fugacidade de nuvens luminosas. A substância anônima e indiferenciada traz à manifestação toda espécie de seres. Radiantes, as figuras produzidas e animadas pela essência divina, os personagens ilusórios do sonho cósmico do deus estão tomados pelo cego prazer de viver, que é o encantamento ou sortilégio de Māyā. Os pares celestiais de deuses e deusas movem-se com leveza. Não compartilham o volume e o peso das criaturas terrestres. São feitos de sutil estofo mental (*śūkṣma*), o mesmo que compõe as imagens de nossos sonhos e fantasias ou as aparições divinas que surgem ante a concentrada visão interior dos iogues e devotos. São figuras angélicas plenas de sensual espiritualidade e de uma sutil e sobrenatural voluptuosidade. Reluzem em seu deleite com a gloriosa impalpabilidade dos seus próprios corpos. Sua incorporeidade corpórea é uma forma sublime de Māyā. A melodiosa acepção musical de encanto corpóreo é manifestada pela articulação delicada e pela jubilosa jovialidade de seus membros e contornos. Traços físicos distintivos são, quando possível, ignorados; as figuras masculinas e femininas assemelham-se tanto quanto o permitem as diferenças sexuais; são como gêmeos, irmãos e irmãs, concebidos com o mesmo espírito de encanto sutil e êxtase sobrenatural.

No plano mais elevado, próximo à borda superior, estão representados deuses e mais deuses, que se aproximam do milagre saudando e venerando de mãos erguidas: o deus-sol é reconhecível por seu disco solar, e vê-se outra deidade, portando um portentoso diadema, acompanhada pela rainha-consorte, que é sua energia corporificada ou virtude específica (*śakti*). Não há nenhum detalhe particularizante ou atributo que permita uma classificação definida. Trata-se de um estilo que desdenha sobrecarregar a imagem com detalhes abruptos e de pouca importância. O que está expresso e o que predomina é o deslumbramento, o deleite de que estão tomados todos os seres que compartilham a experiência da renovação da vida.

A tônica dessa fervente devoção e piedoso arrebatamento é estabelecida pelo gigantesco e muscoso rei-serpente, na cavidade central. Dele emana uma atmosfera de entusiasmo religioso que inunda todo o quadro e anima a multidão de figuras. O estilo idealista – suprimindo todas as particularidades de menor importância – alcança uma simplicidade sublime e confere uma atmosfera de dignidade, gravidade e austeridade devocional, uma serenidade repousante plena de energia latente. O rei *nāga* e sua rainha-consorte, com as mãos postas num gesto de adoração, têm na expressão o sentimento manifestado pelo monumento como um todo. É um sentimento que lhe confere vida e que subjuga os espectadores-peregrinos reunidos à sua frente: o deslumbramento ante o fluxo da abundância de Deus a jorrar pelo universo de seu deleite.

NOTAS

1. *A* – significa "não" – e *mṛta* significa "morto"; essa palavra tem afinidade etimológica com o vocábulo *grego ambrosia* [Cf. A. M. Fowler: Um Comentário sobre o ἄμβροτος, Classical Philology, XXXVII, jan. 1942, e a tese "*Expressions for 'Immortality' in Earty Indo-European Languages, whith Special Reference to the Ṛg Veda, Homer, and the Poetic Edda*", Harvard. – AKC]

2. Esses heróis são tidos como encarnações: Yudiṣṭhira é uma manifestação humana do *Dharma*, a Ordem Sagrada da Vida. Bhīma, que representa o deus do vento (Vāyu), caracteriza-se pela enorme maça de ferro com a qual despedaçou, de um só golpe, num combate corpo a corpo, o fêmur do herói que comandava os inimigos; Arjuna é a manifestação humana de Indra; Nakula e Sahadeva encarnam os Deuses-Cavaleiros gêmeos, os *Aśvins* (paralelo hindu dos Dióscuros gregos); quanto a Draupadī, é uma equivalência de Indrāṇī, rainha dos deuses, consorte de Indra. Seu matrimônio poliândrico com os cinco irmãos é um caso extraordinário e excepcional na tradição brâmane.

3. Cf. Ananda K. Coomaraswamy, *Hinduism and Buddhism*, The Philosophical Library, Nova York, sem data.

4. *Saṁyutta Nikāya*, II. 106. Citado por Coomaraswamy obra citada, p. 45-46.

5. Percurso que se repetiria, meio milênio mais tarde, na história do cristianismo.

6. *Mahā-vagga*, i. 1-3.

7. Mon-Khmer: ramificação de grupo linguístico compreendendo a expressão Mon-Khmer e outras línguas estreitamente relacionadas entre si, do Sudeste Asiático. [N. da T.]

8. Para uma discussão do budismo Hīnayāna e Mahāyāna, ver, de Ananda Coomaraswamy, *Buddha and the Gospel of Buddhism*, Nova York, 1916.

9. Cf. p. 79-81, *infra*.

10. *Nimba* (*Azadirachta indica*): árvore cujo fruto é amargo e duro e que, perfurado no meio, usa-se para fazer terços ou colares. [N. da T.]

11. Na arte helenístico-budista de Gandhāra (noroeste da Índia, século I a.C. a IV d.C.) o símbolo greco-romano da águia, Zeus, arrebatando o jovem Ganimedes, é empregado para representar o tema indiano de Garuḍa, o pássaro solar que rapta e devora uma jovem *nāginī*. [Tanto Ganimedes (mais tarde substituído por uma extática figura feminina) quanto a *nāginī* são símbolos da psique arrebatada e assimilada pelo espírito, conforme diz Coomaraswamy em *The Rape of a Nāgī*, Boston Museum of Fine Arts Bulletin, n°s 35 d 36, 1937. – AKC]

12. *Bhāgavata Purāṇa*, VIII, 2-3.

13. Viṣṇu Purāṇa, 1.4.

14. Idem, V. 7.

15. Ibidem,V. 1-4.

16. Cf. p. 19-20, *supra*.

17. A moderna Brindaban, à margem do Jumnā, em frente a Muttra, é um grande centro de devoção a Viṣṇu e Kṛṣṇa.

18. Referência à batalha que se aproxima.

19. Sarasvatī (o rio Saraswatī) também é associada a Brahmā, que é sabedoria e revelação encarnada, embora a consorte preferida desse deus seja Sāvitrī, corporificação antropomórfica de uma prece sagrada do *Ṛg Veda* que confere a iniciação. Essa prece invoca a energia divina, suplicando-lhe que penetre a alma e dela tome posse.

20. [Ou seja, não como uma deusa, especificamente. Mas Vāśiṣṭha, isto é, Agni, nasce do lótus, equivalência terrestre de Urvaśī, daí seu epíteto constante de Agni, "nascido do lótus" (cf. *Ṛg Veda* VI. 16.13 e VIII.33.11); esse lótus é a posterior deusa Padmā. – AKC]

21. *Khila* nº 8. Cf. Scheftelowitz, *Zeitschrift de Deutsch-Morgenländischen Gesellschaft*, Bd. 75, 1921, p. 37 e ss., nas quais o hino é traduzido e analisado.

22. Dos reis hindus, que eram casados com sua rainha e com outras consortes, dizia-se que eram também casados com Śrī-Lakṣmī, representação da fortuna régia (*rāja-lakṣmī*) e da boa sorte. Quando essa "fortuna régia", a mando do Destino, o abandona, o soberano está condenado a perder o reino.

23. Cf. p. 64-65, *supra*.

24. Sir John Marshall, *Mohenjo-Daro and the Indus Civilisation*, Londres, 1931, em três volumes monumentais. Ernest Mackay, em *The Indus Civilisation*, Londres, 1935, dá um relato muito mais sumário.

25. H. Frankfurt, *Tell Asmar*, *Khafaje*, *and Khorsabad*, Oriental Institute Comunications, nº 4, Chicago, 1932.

26. Comparar as ilustrações nº 29 e 30, ver também p. 106-109, *infra*.

27. Pronuncia-se *pra-gyaa* (o *g* soa como na palavra gato).

28. *Prajñā* tem ligação etimológica com a palavra grega *prognó-sis* [implicando um conhecimento das coisas não derivado delas mesmas; é um conhecimento apriorístico, distinto de *saṁjñā*, que é o conhecimento empírico, resultante da observação. – AKC].

29. Os textos dedicados a Prajñā-Pāramitā datam do primeiro e segundo século d.C. A filosofia budista do idealismo transcendental, a doutrina de Nāgārjuna e de outros baseiam-se na concepção de Prajñā-Pāramitā; é o caso, também, do atual budismo do Tibete, da China e do Japão.

30. [Nos *Veda* o elefante simboliza o esplendor real; diz-se de Indra que ele é "como um elefante"; o simbolismo sobrevive em Gaṇeśa, e Buddha é, mais de uma vez, chamado de "elefante". AKC]

31. *Mātaṅgalīlā*, I, editado por T. Ganapati Shāstri, Trivandrum, Sanskrit Series, nº X, 1910 (tradução alemã de H. Zimmer, *Spiel um den Elefanten*, Munique e Berlim, 1929). Uma edição do *Hastyāyurveda* de Shivadattasharman aparece na Ānandāshrama Sanskrit Series nº 26, Poona, 1894.

32. Em sânscrito, o *k* final torna-se *g* antes de uma consoante inicial; por isso, *dik-gaja* torna-se *dig-gaja*.

33. *Mahābhārata* I, 17 e ss. Também *Viṣṇu Purāṇa*, I. 9, *Matsya Purāṇa*, CCXLIX, 13-38 etc. Cf. p. 18-19, *supra*.

34. *Mātaṅgalīlā*, I.

35. *Aśva-cikitsita*, I.8 (Cf. Jayadatta, Suri, *The Aśva-vaidyaka*, Calcutá, 1887, apêndice.)

36. *Rāmāyaṇa*, V.l.

37. "Completa (*viśvam*) salvação (*tara*)". A forma páli do nome é Vessantara.

38. Ver *The Jataka, or Stories of the Buddha's Former Births*, vertido do páli por vários tradutores e editado por E. B. Cowell; vols. I-VI, Cambridge, 1895-1907. A história acima mencionada é a de nº 547, a última da série.

39. *Hastyāyurveda*, IV. 22.

40. *Brahmavaivarta Purāṇa*, Kṛṣṇa-janma Khaṇḍa, 34,13 e ss.

41. *Rāmāyaṇa*, I. 38-44; também *Mahābhārata*, Vanaparvan 108-109, e ainda *Bhāgavata Purāṇa*, IX. 9.

42. Dinastia solar reinante em Oudh (Ayodhyā), cujo descendente mais famoso foi Rama, herói do *Rāmāyaṇa*.

43. Os assentos dos ascetas ficavam sob o sol implacável; quatro grandes fogos queimavam à volta do penitente, em cada uma das quatro direções.

44. A palavra *tapas* tem uma relação remota com a palavra inglesa *tepid* (tépido, morno). [Tapas é fervor, ardor, incandescência, jamais "penitência" no sentido de expiação; o Sol é "aquele que incandesce (*tapati*) lá longe". *Tapas* não envolve necessariamente a prática da austeridade física, podendo referir-se a atividades mentais ou vocacionais. No *Jaiminīya Upaniṣad Brāhmāṇa*, III, 32.4, vê-se com clareza que o calor desenvolvido é o do self (*antarātman*), um fogo abrasador, como o imanente νους, ἔνθερμον καί πεπνρωμένον πνεῦμα de Philo é o calor do nosso sol interior. O efeito final, análogo ao do refino do ouro numa fornalha, pode ser a consumpção do corpo, como no caso da primeira Satī, esposa de Śiva, de cuja incineração espontânea a prática do *suttee* (costume hindu de queimar a viúva como os restos mortais do marido) é um mimetismo, e como no caso da ascensão de Dabba, cujo corpo foi consumido enquanto ele ressuscitava – Udāna 93. – AKC]

45. A arte de produzir e armazenar calor (cf. *tapas*; em tibetano, *turno*), tal como é praticada hoje pelos iogues budistas tibetanos, é descrita por Alexandra David-Néel em *Mystiques et Magiciens du Tibet*, Plon, Paris, 1929).

[A produção do calor físico foi uma experiência vivida também por alguns místicos europeus, mas parece que o controle de seu efeito foi conseguido apenas no Oriente. – AKC]

46. Cf. p. 48-49, *supra* e ilustração nº 1.

CAPÍTULO IV

O REGOZIJO CÓSMICO DE ŚIVA

1. A “forma fundamental” e as “manifestações jocosas”

O substantivo *brahman* é neutro[1]: o Absoluto está além das classificações diferenciadoras de sexo e de todas as características limitadoras e individualizadoras, sejam quais forem. É a fonte omniabrangente e transcendente de todo o poder possível e de todas as formas. De Brahman, o Absoluto, provêm as energias da natureza, que criam nosso mundo de formas individualizadas, o mundo multitudinário de nossa experiência empírica, caracterizado por limitações, polaridades, antagonismos e cooperação.

Atendendo à inclinação da imaginação e da emoção humana, costuma-se personificar o Absoluto para fins cultuais. A mente o representa como divindade suprema e antropomórfica, como o Soberano Senhor que impregna todos os processos vitais do Universo. O “Senhor” é aquele que faz com que se manifeste o milagre mayávico da evolução, conservação e dissolução.

Já vimos Viṣṇu nesse papel; vamos agora examinar o simbolismo de Śiva. Entre as divindades do panteão hindu, apenas aquelas não associadas de modo muito estreito a funções especiais, atividades ou setores da natureza, podem servir de corporificação do Absoluto personificado. Agni, deus do fogo, aspecto específico do elemento ígneo[2], é por demais particularizante para representar a origem dos cinco elementos. Também Vāyu, deus do vento, é o específico representante do elemento ar quando em movimento, sendo, portanto, incapaz de representar o universal. Indra é, originalmente, o senhor das nuvens, dos trovões e da chuva. Mesmo a figura de Brahmā é inadequada, apesar de integrar a suprema tríade hindu, composta por Brahmā, o Criador, Viṣṇu, o Preservador, e Śiva, o Destruidor. Na mitologia hindu, Brahmā personifica apenas o aspecto positivo do processo vital do universo; nunca é representado como destruidor daquilo que criou. Simboliza, de maneira unilateral, apenas a fase criativa, a pura espiritualidade. Seus mitos não expressam, através de múltiplas e antagônicas atitudes e atividades, o caráter ambivalente, contraditório e enigmático que seria de esperar de uma personificação do Absoluto, cuja natureza é paradoxal e omniabrangente. Por outro lado, Viṣṇu, Śiva e a Deusa-Mãe do Mundo são vistos, e com intensidade, como terríveis e benignos, criadores e destrutivos, hediondos e belos. Portanto, os três estão eminentemente qualificados para representar a Plenitude Suprema.

Śiva e Viṣṇu aparecem no moderno hinduísmo como deuses de igual estatura: são aspectos ou atitudes destrutivas ou preservadoras do Supremo[3]. Nos seus mitos, Viṣṇu converte-se em Śiva, cuja aparência assume, quando faz suceder a dissolução periódica de todas as coisas. Quanto a Brahmā, é descrito como mero agente da função criativa do Conservador, como o primeiro Ser nascido; nasceu assentado sobre o lótus que brota do umbigo de Viṣṇu. É uma manifestação antropomórfica da energia demiúrgica deste último – o Grande Deus –, não sendo, porém, de maneira alguma, seu igual[4].

Quando Śiva, mais do que Viṣṇu, toma o centro do palco, o papel do Brahman personalizado ganha tintas de morte e destruição. Enquanto Viṣṇu evoca o aspecto mais luminoso dos atributos vitais – simbolizando melhor, portanto, o caráter do criador-preservador –, o ascetismo rigoroso de Śiva lança um sortilégio negativo sobre a esfera do renascimento. Sua presença nega e transcende o caleidoscópio de sofrimento e júbilo. Apesar disso, concede sabedoria e paz; não é tão somente terrível: é também de uma profunda benignidade. Tal como Viṣṇu é destruidor, Śiva é criador e conservador; sua natureza transcende e abarca, a um só tempo, todas as polaridades do mundo vivente.

A plenitude das funções e dos aspectos mutuamente antagônicos de Śiva revela-se quando seus devotos o invocam por uma centena de nomes. Descrevem-no também suas 25 "manifestações jocosas" (*līlāmūrti*) – que seriam 16, de acordo com outra tradição. Reduz-se a estes 5, às vezes, a multiplicidade de seus aspectos expressivos: (1) A Manifestação Benéfica (*anugrahamūrti*), (2) A Manifestação Destrutiva (*saṁhāramūrti*), (3) O Mendigo Errante (*bhikṣāṭanamūrti*), (4) O Senhor dos Dançarinos (*nṛttamūrti*), (5) O Grande Senhor (*maheśamūrti*). Entre os títulos integrantes das listas mais extensas estão: O Deus com a Lua no Cabelo (*candraśekhara*), Protetor do Ganges (*gaṅgādhara*), Matador do Elefante-Demônio (*gajasaṁhāra*), Consorte da Deusa Umā e Pai de Skanda, Deus da Guerra (*sornāskanda*), O Senhor Que é Metade Mulher (*ardhanārīśvara*), Senhor do Píncaro (*śikhareśvara*), Senhor dos Médicos (*vaidyanātha*), Destruidor do Tempo (*kālasaṁhāra*), Senhor do Rebanho (*paśupati*), Dispensador de Dádivas (*śaṅkara*), Auspicioso (*Śiva*), Uivador (*rudra*).

Mas o objeto de adoração essencial, o mais comumente encontrado nos santuários de Śiva, é o falo ou *liṅga*. Os primeiros registros dessa forma divina poderão ser encontrados nos antigos símbolos de pedra venerados no período neolítico. Já em Mohenjo-Daro[5] vê-se o *liṅga* ao lado de outros importantes símbolos, similares àqueles que figuram na iconografia hindu posterior (ilustração nº 25). O *liṅga* simboliza a energia viril criadora de Śiva; em contraste com todas as outras representações do deus, é chamado de "fixo ou imóvel" (*dhruva*), "forma fundamental" (*mūlavigraha*). Comparadas a ele, as outras representações são consideradas secundárias.

As imagens antropomórficas são conhecidas como "móveis" (*cala*), "figuras festivas ou cerimoniais" (*utsavamūrti*), "imagens para o regozijo festivo" (*bhogamūrti*). São levadas em procissão, nas celebrações, ou colocadas nos átrios e galerias dos templos para edificação moral dos fiéis. Enfileiram-se ao longo dos corredores que circundam ou conduzem ao santuário principal, ostentando os vários aspectos ou manifestações do deus e compondo uma galeria de imagens para instrução do peregrino devoto.

O grande templo subterrâneo escavado na rocha de Elefanta, perto de Bombaim, um dos mais impressionantes e belos monumentos da arte religiosa hindu, é adornado com inúmeras representações antropomórficas de Śiva e com cenas de sua rica mitologia. No centro desse grande templo há um santuário de despojada monumentalidade; de forma quadrada, tem uma entrada em cada um dos quatro lados, cada uma delas guardada por um par de guardiões divinos (ilustração nº 29). No interior, vê-se o símbolo austero, o *liṅga*, a emanar para os quatro quadrantes sua energia omniprodutiva. Este *liṅga*, na qualidade de principal imagem de pedra, constitui o coração da cela central, o santuário dos santuários, a "casa uterina" (*garbha-gṛha*). No mais recôndito recesso do organismo do templo posta-se com serenidade, como centro vital da caverna subterrânea.

Como símbolo da energia criadora masculina, o *liṅga* é associado com frequência ao símbolo primário da energia criadora feminina, a *yoni*, que forma a base da imagem de cujo centro ergue-se o emblema masculino. É uma representação da união criadora, que procria e mantém a vida do universo. *Liṅga* e *yoni*, Śiva e sua deusa, simbolizam as antagônicas e cooperantes energias sexuais. Esse casamento sagrado (*hieros-gamos*, em grego) tem múltiplas representações nas várias tradições da mitologia mundial. É o caso dos arquétipos Pai e Mãe do universo, que são também os primogênitos dos pares de opostos, primeira bifurcação da realidade primal cosmogônica, depois reunida em harmonia produtiva. Sob a forma de Pai Céu e Mãe Terra, os gregos conheciam como Zeus e Hera, Urano e Gaia, e os chineses como T'ien e Ti, Yang e Yin.

Uma história ilustrativa narra a origem do *liṅga*[6]. Ela explica uma curiosa imagem fálica conhecida pela tradição medieval posterior do sul da Índia (ilustração nº 30). Este mito descreve como Śiva obteve uma grande vitória sobre as duas outras divindades supremas da tríade hindu, Brahmā e Viṣṇu, a qual, considerando-se os registros literários disponíveis, refere-se a um processo histórico factual. Pois nos primeiros *Purāṇa* clássicos[7] Śiva não era mais que uma função ou aspecto assumido por Viṣṇu sempre que se aproximava o momento de reabsorção do universo. Apenas numa estratificação posterior do mito purânico[8], encontramos Śiva tomando a frente para representar, por si só e de modo independente, todos os três grandes papéis da criação, preservação e destruição do mundo.

O mito da origem do *liṅga* (*lingobhava*)[9] inicia-se com a conhecida situação primordial: não existe universo, apenas as águas e a noite sem estrelas do interregno sem vida, situado entre a dissolução e a criação. No oceano infinito repousam todas as sementes e potencialidades da evolução subsequente, num estado de letárgica indiferenciação. Viṣṇu, corporificação antropomórfica deste fluido vital, flutua, tal como já vimos antes, sobre a substância de sua própria essência. Sob a forma de um gigante luminoso, reclina-se no elemento líquido, irradiando o brilho perene de sua energia abençoada. Mas eis, então, um novo e assombroso evento: Viṣṇu vê, de súbito, outra aparição luminosa, a aproximar-se com a velocidade da luz, reluzindo com o brilho de uma galáxia de sóis. É Brahmā, o quadricéfalo criador do universo, pleno de sabedoria iogue. Sorrindo, o recém-chegado pergunta ao gigante reclinado: – Quem és tu? Qual é a tua origem? Que fazes aqui? Eu sou o primeiro progenitor de todos os seres; sou Aquele que se Originou de Si Mesmo!

Viṣṇu, respeitoso, discordou: – Pelo contrário – contestou – sou eu o criador e destruidor do universo. Criei-o e o destruí vezes e vezes.

As duas poderosas presenças continuaram a contestar-se mutuamente e a discordar. Enquanto questionavam no vácuo infinito, viram que emergia do oceano um alto *liṅga* coroado de chamas. Rápido, este transformou-se no espaço infinito. As duas divindades cessaram a discussão, contemplando-o maravilhadas. Não conseguiam calcular-lhe a altura nem a profundidade.

Brahmā disse: – Enquanto mergulhas, eu o sobrevoo. Tentemos localizar-lhe as extremidades.

Ambos os deuses assumiram suas formas animais tão conhecidas: Brahmā, a de ganso; Viṣṇu, a de javali. O pássaro alçou voo rumo ao céu e o javali mergulhou nas profundezas. Em direções opostas, avançaram sempre e sempre, sem conseguir encontrar os limites do *liṅga*, pois enquanto o javali submergia e Brahmā ascendia, o prodígio elevava-se mais e mais.

De repente, numa face do extraordinário falo abriu-se um nicho, em cujo interior mostrou-se Śiva, a força suprema do universo. Enquanto Brahmā e Viṣṇu curvaram-se à sua frente em adoração, ele, solene, proclamou a si mesmo como a origem dos outros dois deuses. Proclamou-se ainda como Super Śiva, por simultaneamente conter e representar a tríade Brahmā, Viṣṇu e Śiva – Criação, Conservação e Destruição. Embora emanados do *liṅga*, continuavam, entretanto, sempre contidos nele. Eram suas partes constituintes: Brahmā o lado direito e Viṣṇu o esquerdo, estando no centro Śiva-Hara, "O Que Reabsorve, Retoma ou Dissolve".

É assim que Śiva é figurado no *liṅga*: expandido, elevado, intensificado, na condição de elemento essencial e omniabrangente. O papel do destruidor é agora apenas uma de suas três principais manifestações. Ao lado de Brahmā, o Criador, e de Viṣṇu, o Conservador, Śiva, o Destruidor, coexiste com Śiva, o Supremo.

2. O fenômeno da forma em expansão

Examinemos agora, brevemente, o monumento no qual essa ideia mitológica foi representada (ilustração nº 30). Há alguns anos visitei o Museu Guimet em Paris para ver uma obra de arte adquirida havia pouco. Já conhecia bem o mito. Ao deter-me diante da obra, tive de repente despertada a consciência de algo que logo identifiquei como uma característica de outros monumentos e símbolos hindus: é um fenômeno estilístico particular, um efeito estético que encontrei exclusivamente em algumas das mais notáveis e significativas criações indianas. Gostaria de denominá-lo "fenômeno da forma em crescimento ou expansão".

Hoje está bem claro para mim que o propósito daquele monumento particular não é o de ser visto, decifrado ou entendido como coisa estática, de dimensões concretas e permanentes. A lenda sugere que ele seria mais bem interpretado como um crescimento; que se veja como se dilata a extensão da coluna, enquanto o ganso-Brahmā alça voo e o javali-Viṣṇu mergulha nas águas. Esta escultura não apenas celebra ou significa um evento mítico, mas expõe, na verdade, o processo de sua ocorrência. Enquanto Brahmā e Viṣṇu, apressados, tomam direções opostas, a substância pétrea expande-se de forma equivalente, ultrapassando o movimento de ambos. A sólida rocha parece animada pela energia de um crescimento. A abertura-nicho em seu flanco parece alargar-se, desdobrar-se, para revelar a aparição antropomórfica em seu interior. A sólida e estática massa rochosa, por um sutil artifício do artista, foi transformada em um evento morfodinâmico e múltiplo. Nesse sentido, é uma escultura que parece mais uma obra cinematográfica do que uma pintura.

A ideia de que não há nada estático ou permanente, de que existe apenas o fluxo de um processo inexorável, no qual tudo se origina, expande, decompõe e desaparece – essa visão totalmente dinâmica da vida, do indivíduo e do universo é, como já vimos, uma das concepções fundamentais do hinduísmo posterior. Já a abordamos na história da procissão das formigas. Está na essência da concepção de Māyā. Vamos examiná-la mais uma vez na dança cósmica de Śiva, na qual todas as formas e criaturas do mundo vivente são vistas como lampejos momentâneos dos membros do Senhor da Dança.

No fenômeno da forma em crescimento ou expansão, é conferido ao monumento sólido um efeito desse "dinamismo total" tipicamente hindu; o elemento ilusório do tempo está entretecido, com seu fluxo imperceptível, na configuração e substância de um bloco de pedra.

Uma vez conscientes do efeito, podemos sempre redescobri-lo, pois os artífices indianos empregaram com generosidade esse recurso sutil. Considere-se, por exemplo, o famoso relevo de Bādāmī, mostrado na ilustração nº 31. É um exemplo da antiga arte Chalukya do século VI d.C., representando Viṣṇu sob a forma do seu quinto avatar, o anão que subitamente se transforma no gigante cósmico. Diz essa história que um poderoso demônio ou titã alijara do trono todas as divindades menores e, para salvar o mundo do seu terrível domínio, Viṣṇu, essência de todo ser e preservador do universo, desceu – como fizera com frequência e tantas vezes mais faria – de sua tranquilidade transcendental para a esfera agitada dos eventos cósmicos. Nascido de Aditi, a bondosa mulher que era mãe de Indra e de seus irmãos divinos, apareceu sob a forma de um brâmane, um anão cujo tamanho era o de uma criança raquítica. Essa figurinha inexpressiva, engraçada, a conduzir o guarda-sol característico dos brâmanes, solicitou – coisa cômica! – uma audiência com o demônio tirano, para fazer-lhe um pedido. Desejava, disse ele, apenas o espaço que três de seus pequeninos passos pudessem cobrir. Mas quando o titã, distraído, concedeu-lhe o insignificante favor, eis que o deus se transformou: seus membros se agigantaram tanto que ultrapassou Sol e Lua com o primeiro passo, com o segundo atingiu os limites do universo e com o terceiro, já de volta, calcou sob o pé a cabeça do inimigo derrotado.

No relevo de Bādāmī ambas as formas, tanto a do anão quanto a do gigante expandido ao infinito, estão representadas lado a lado, retratando respectivamente o início e o desenrolar do milagre. Vê-se Viṣṇu, o vitorioso, no momento em que está prestes a colocar o pé sobre a cabeça do adversário, para esmagá-lo ou (se ele reconhecer e venerar a Presença) para abençoá-lo com o toque de seu pé divino. O corpo dilatado do deus coroa, com sua tiara, a parte superior da composição, como se estivesse para explodir os limites do espaço. O caráter dinâmico do universo e de todas as suas criaturas, tal como o concebe a filosofia hindu, é revelado por esta impressionante figura central. A obra como um todo deve ser decifrada e compreendida não como um símbolo estático, mas como um evento; é a narrativa de algo que está de fato acontecendo. A qualidade do tempo permeia a matéria inerte da pedra. Fluxo e crescimento transformam a substância mineral num organismo que se expande sem cessar.

Em Parel, perto de Bombaim, há uma colossal imagem de Śiva, na qual este peculiar efeito escultórico é realizado de maneira particularmente surpreendente (ilustração nº 32). O grande bloco de granito branco, de mais ou menos quatro metros de altura, datando de cerca de 600 anos d.C., foi desenterrado por acaso durante a construção de uma estrada. Não há acabamento dos detalhes. Abaixo, ao centro, está a figura gigantesca do deus, plantada com firmeza sobre ambos os pés (*samapāda-sthānaka*). A mão direita, na qual se vê um rosário, está levantada num gesto de pregação (*vyākhyāna-mudrā*). O objeto que a mão esquerda abaixada segura foi deixado inacabado, como muitos outros detalhes secundários da imagem, e não estão definidos a ponto de podermos identificá-los. Da cintura aos tornozelos, o deus veste um traje ajustado de tecido fino, cuja parte superior foi dobrada e enrolada com cuidado. Traz peito e ombros desnudos. Adornam-no braceletes e um colar. O penteado consiste na tradicional cabeleira alta e desfeita do grande iogue dos deuses.

Acima, emergindo desta primeira divindade, há uma segunda, idêntica à anterior, que conduz na mão esquerda um atributo de Brahmā – a vasilha de água do asceta mendicante (*kamaṇḍalu*) – e que faz com a mão direita o gesto de meditação (*dhyāna-mudrā*). Dessa segunda imagem brota uma terceira, que estende dez braços num semicírculo em forma de coroa e porta acessórios emblemáticos: uma espada, um rosário, um objeto indefinível, um laço, um escudo, um objeto circular com alça e uma tigela de água – símbolos, por um lado, do herói cósmico vencedor dos poderes demoníacos e, por outro, do asceta arquetípico, representativo da espiritualidade. Todos são pertinentes a Śiva, o multiface.

Mas a essas três figuras centrais, que constituem uma coluna cuja forma lembra um *liṅga*, juntam-se outras que delas irrompem à direita e à esquerda. Com ímpeto violento e solene, brotam como galhos em ambas as direções. É provável que representem as hostes ou *ganas* do deus, formadas por seus adeptos e servidores, cujas feições, aparência, vestuário e atributos lembram os da própria divindade. Alguns portam instrumentos musicais, um tambor, uma flauta. No nível inferior do monumento, amontoam-se cinco dessas figuras, apenas esboçadas; só uma delas está mais ou menos acabada. Correspondem às cinco hostes dos seguidores de Śiva, cada uma delas representada por um único indivíduo. De ambos os lados das duas figuras superiores da coluna central, o motivo da emanação das formas laterais é intensamente retomado, quando estas emergem das personificações anteriores. Os múltiplos do deus repetem com ambas as mãos os gestos (*mudrā*) da presença central e exibem símbolos idênticos. Com as pernas em postura de voo, irrompem da coluna axial de Śiva, afastando-se do ponto de origem. Os rostos permanecem voltados para o centro, como se confirmassem sua identidade intrínseca com ele.

Nesta obra monumental e despojada, os acessórios (sóbrios anéis e braceletes), reduzidos ao mínimo, são de um estilo extremamente simples. Enquanto em muitas imagens hindus (destinadas à visualização interna) os detalhes descritivos e traços ornamentais são tão insistentes que sufocam a obra com seu rebuscamento estático, aqui eles foram sintetizados de modo notável, o que resultou num elã vigoroso, refulgente, arrebatador. Este relevo foi concebido como um processo infinito e como tal deveria ser apreendido pela visão. A enorme massa granítica parece estar em expansão vertical e horizontal, devido à força vital dos organismos que pulsam e arfam, atléticos, em sua superfície.

A força física das sete figuras principais concentra-se em seus tórax magníficos. São belos exemplos do tórax típico do herói leonino hindu, o super-homem indiano (*mahāpuruṣa*) de ombros largos e cintura estreita; é também o peito amplo do iogue perfeito, treinado pelos exercícios respiratórios e capaz de armazenar uma infinita quantidade do elemento vital do *prāṇa* – "o sopro".

A escultura é uma Śiva-Trimūrti[10], que narra o desdobramento do deus em três aparências ou aspectos (*tri-mūrti*). Os *Śiva-Purāṇa* declaram que este deus, que personifica o Absoluto, manifesta-se sob a aparência de *sattva*, o primeiro dos três *guṇas* ou qualidades da matéria cósmica – a qualidade da calma e da serenidade. Nesta fase de manifestação, Śiva é Viṣṇu. Em si e por si mesma a essência divina está então em repouso, sem que nenhum impulso criador a perturbe; todas as qualidades e energias equilibram-se mutuamente, num estado de harmonia isento de movimentação. Mas essa atitude de latência estática, esse omniabrangente sono do Absoluto que contém a si próprio, converte-se então em movimento: o lótus brota da água, Brahmā emerge em existência e o universo começa a evoluir. Sob o aspecto de Viṣṇu, Śiva emana de Brahmā, o criador – a figura localizada no centro da coluna axial do monumento. Aqui o deus assume a aparência de *rojas*, o segundo dos três *guṇas* ou qualidades – ou seja, da atividade, energia ígnea e emoção. Aqui o Ser Supremo desenvolve o mundo fenomenal a partir de sua própria substância. Por fim, é desenvolvido um terceiro aspecto: Kāla-Rudra, o tempo que tudo devora, engolindo todo o criado. Este é o aspecto estritamente destrutivo de Śiva, realizando a dissolução periódica do universo. Kāla-Rudra é uma personificação da substância divina sob o aspecto de *tomas* – a qualidade ou princípio da escuridão, obstrução, cólera, estupidez, sofrimento.

Śiva é chamado de Grande Senhor (*maheśvara*), quando considerado uma personificação da plenitude do Absoluto, caso deste relevo que o representa. A trindade da coluna central é uma única e mesma essência em três atitudes; as figuras secundárias são emanações dessa essência nos cinco elementos e formas universais[11]. Por isso todas as figuras do monumento mostram semblantes e feições idênticos; assemelham-se por serem uma mesma e única figura. A filosofia e a ortodoxia hindus esclarecidas são fundamentalmente monistas e monoteístas, apesar das multidões de deuses e seres supra-humanos em que é prolífica a mitologia do país. As múltiplas representações são apenas especializações, virtudes específicas, atitudes, componentes, facetas. Olhados sob o ponto de vista da própria divindade (um estado atingido pela iluminação da ioga), os aspectos da existência que nos parecem contraditórios – criação, duração, dissolução – são apenas um e o mesmo em termos de origem, significado e final. São as mutáveis autoexpressões fenomênicas da divina e única substância ou energia vital que, embora revelada de forma binária, transcende as mudanças que parece infligir a si mesma, não sendo afetada por elas. A compreensão dessa unidade é o objetivo da sabedoria hindu. Tal poder não deve ser confundido com a fluente ação da energia de Māyā, e sim ser exaltado, ainda que o vejamos manifestado da forma mais terrível, pois representa sempre a confortante vitória dessa concepção.

A sabedoria e a religião hindus aceitam a fatalidade da morte e suas tantas formas como entonações sombrias da sinfonia cósmica, essa música tremenda que expressa, paradoxalmente, a suprema paz e o silêncio do Absoluto. Cada instante da experiência difunde-se com um profundo regozijo dionisíaco, muito mais profundo do que as dores e calamidades que irrompem nas superfícies de nossas vidas e de nosso mundo. No espírito hindu, bem como na maravilhosa obra-prima granítica de Parel, há um maravilhoso equilíbrio fundamental entre o dinamismo da manifestação em permanente processo evolutivo e o repouso sereno e estático do ser eterno. O que esse monumento pretende ensinar-nos é que a união total e a convergência de todos os tipos de opostos localizam-se numa única fonte transcendente. Dela jorram e para ela retornam.[12]

3. Śiva-Śakti

Há muitas maneiras de representar a diferenciação do Absoluto, através de antagônicos, porém cooperativos, pares de opostos. Entre as mais antigas e habituais, encontramos aquela que se baseia na dualidade dos sexos: Pai Céu e Mãe Terra, Urano e Gaia, Zeus e Hera, e os chineses Yang e Yin. Essa convenção desenvolveu-se com peculiar intensidade na tradição hindu e nas posteriores tradições budistas, nas quais, embora a simbolização externa através de imagens distinga-se por um surpreendente erotismo, todas as conotações formais são quase exclusivamente alegóricas. As mais elaboradas e elucidativas versões dessa vívida escrita pictórica são os chamados *Tantra* – textos religiosos que representam as escolas śivaítas do último grande período do hinduísmo. No casal primitivo que engendra as esferas do ser, deve-se ver a personificação da essência divina em seu aspecto produtivo, polarizado, para que ocorra a fecunda autorreflexão[13].

Vê-se um esplêndido exemplo do Deus e da Deusa em atividade erótica num relevo bengali que representa Śiva com sua consorte (ilustração nº 34). A Deusa está sentada sobre a coxa esquerda do esposo, passando-lhe o braço direito à volta do ombro, enquanto o braço esquerdo dele lhe enlaça a cintura com suavidade. As duas faces, hirtas como máscaras, fitam-se com intensa emoção. Com um olhar de profundo e eterno enlevo, impregna-os a ciência de que, embora pareçam ser dois, são fundamentalmente um. Por amor ao universo e às suas criaturas, o Absoluto desdobrou-se, em aparência, nesta dualidade, dela derivando todas as polaridades vitais, todos os antagonismos, diferenciações de poderes e elementos que caracterizam o mundo fenomenal. Argolas nos tornozelos, pulseiras, braceletes, suntuosos colares e diademas reais ornam o majestoso par. Ambos estão sentados sobre o trono de lótus, que simboliza a divina energia criadora. Um pequeno lótus-almofada aparece sob o recurvado pé esquerdo de Śiva e vê-se outro par dessas flores sob os pés do casal divino, que pendem em direção ao solo. Mais abaixo, descansam seus veículos animais (*vāhana*): o leão correspondente à Deusa e Nandī, o touro de Śiva.

O Deus tem quatro braços. Com um deles abraça a esposa; com dois outros, mostra o tridente (sua arma de herói) e o rosário (seu emblema de asceta), objetos que simbolizam a união, em Śiva, do princípio ativo e do contemplativo – extroversão e introversão. A última mão direita, diante do peito, empunha um símbolo em forma de haste ao qual se entrelaça a gavinha de um lótus coroada com pétalas da flor. É evidente tratar-se de um *liṅga*, emblemático da essência produtiva da divindade. Em silêncio, ele o exibe à Deusa, que na mão esquerda eleva seu complemento, um símbolo convexo e intumescido, marcado por um sulco.

No plano inferior, à direita, vê-se, em escala diminuta, o filho de ambos, Gaṇeśa, o deus de cabeça de elefante, "Senhor (*īśa*) dos Exércitos (*gaṇa*)"[14]; sua trompa, a concha, repousa num trono trípode. Skanda-Kārttikeya, o outro filho do casal divino, é visto do lado oposto esquerdo, percutindo um tambor com os dedos da mão esquerda e brandindo uma espada atrás da cabeça. Logo acima de ambos estão retratados o ofertante e sua família oferecendo flores de mãos postas. O pai, cujo filho o acompanha, localiza-se, na composição, no mesmo lado onde está Śiva; a mãe, representada no lado em que figura a Deusa, está junto de duas filhas. Mostra-se, assim, o casal humano como participante da divina união mística; também eles são uma só carne.

Um par de serviçais divinos posta-se a cada lado do trono de lótus – à altura do peito do casal sagrado – com seus abanos voltados para baixo. Tais criados, portadores do *chowry*[15], costumam flanquear os membros da realeza em ocasiões solenes, mas é usual trazerem os abanos erguidos. Aqui, estão de tal modo tomados pelo arrebatamento religioso que esqueceram suas funções. A emoção com que se olham o deus e sua esposa afeta, por certo, todos os presentes, privilegiados espectadores humanos e divinos. Não apenas os ofertantes e serviçais, mas também a pairante multidão das hostes de Śiva, os músicos celestiais, estão plenos de exultante felicidade. O rosto no topo da moldura por sobre o trono é uma máscara demoníaca ornamental, comumente encontrada tanto nos santuários como acima das portas dos templos de Śiva. Trata-se de um recurso apotropaico chamado *kīrttimukha*, "A Face da Glória", uma manifestação do aspecto terrível do deus, cuja função é afastar o ímpio e proteger o devoto.

O tema clássico do Deus e da Deusa reaparece sempre, em pedra ou em bronze, nos monumentos da arte hindu, sob diferentes elaborações formais. O Deus e a Deusa são a primeira autorrevelação do Absoluto; o varão é a personificação do aspecto passivo que conhecemos por Eternidade e a mulher, da energia ativadora (*śakti*), do dinamismo do Tempo. Embora opostos na aparência, são uma única essência. O mistério de sua identidade é aqui expresso no símbolo. O Deus é aquele que vimos triplicado no monumento de Parel; é aquele que habita a "forma original" do *liṅga*. A Deusa é a *yoni*, útero materno dos ciclos perenes dos éons, de todos os universos que se expandem infinitos no espaço, de cada átomo de célula vivente. Ela é chamada de "O Poder Universal" (*śakti*), "O Mais Belo dos Três Mundos" (*tripura-sundarī*), sendo conhecida nos mitos como Umā, Durgā, Pārvatī, Kālī, Cāmuṇḍā, Gaurī, Haimavatī, Vindhyavāsinī. Ela tem em cada mulher sua correspondência vivente, como o Deus a tem em cada homem.

Mas esses casais que vemos sentados são uma representação estática do mistério. Um símbolo mais dinâmico – caracteristicamente indiano na sua versão de forma em crescimento ou expansão – é representado por Śrī Yantra, o "*Yantra* Auspicioso" ou "*Yantra* dos *Yantras*" (ilustração nº 36), obra de profunda eloquência expressiva. Embora pareça tratar-se apenas de uma geometrização, essa intricada composição linear foi concebida e planejada como suporte para a meditação – ou seja, destina-se à visualização concentrada e à profunda experiência interna do jogo dos opostos e do paradoxo alógico referentes à Eternidade e ao Tempo. Mas, antes que possa revelar-se seu significado e que seus efeitos comecem a ser sentidos pela mente, o observador precisa compreender, de modo claro, a relação de sua descrição concisa e sintética com os princípios básicos da metafísica oriental. É uma composição que resume, num momento único, o sentido global do mundo mitológico-simbólico hindu.

Comecemos perguntando: qual é o significado do termo *yantra*? O sufixo *-tra* é usado no sânscrito para a formação de substantivos que designam instrumentos ou ferramentas. Por exemplo, *khan* significa escavar; *khani*, escavação; *khanitra* é um instrumento para escavar – pá, enxada, picareta, um instrumento primitivo para lavrar a terra e fazer os sulcos nos quais são depositadas as sementes. De maneira similar, *man*, cuja etimologia relaciona-se com "mental", significa pensar ou ter em mente; portanto, *mantra* é um instrumento que evoca ou produz algo em nossa mente; falando de modo especifico, é uma fórmula sagrada ou conjuro mágico para evocar ou trazer à mente a visão e a presença interna de uma divindade.[16] De forma correspondente, o *yantra* é um instrumento com o qual o *yam* é feito.

Qual é, entretanto, o significado de *yam*? É refrear, subjugar, dominar, controlar. O verbo *yam* significa obter controle sobre a energia inerente a um elemento ou ser. Portanto, *yantra* indica, em primeiro lugar, qualquer tipo de mecanismo – compreendido num sentido pré-industrial, pré-técnico: uma represa captadora de água para irrigação, uma catapulta para arremessar pedras contra uma fortificação –, qualquer mecanismo construído para produzir energia com algum propósito definido pela vontade humana. Na tradição religiosa hindu, *yantra* é o termo geral para designar instrumentos de adoração, isto é, ídolos, quadros ou figuras geométricas. Um *yantra* pode servir como: (1) representação de uma personificação ou aspecto do divino; (2) modelo para a adoração interior e imediata de uma divindade, após ser dispensada, pelo iniciado adiantado, a parafernália para a devoção externa (ídolos, perfumes, oferendas, fórmulas expressas em voz audível); (3) uma espécie de mapa ou esquema para a evolução gradual de uma visão quando da identificação do Self com seus conteúdos, cujas alterações se processam lentamente, ou seja, com a divindade em todas as suas fases de transformação. Neste caso o *yantra* contém elementos dinâmicos.

Podemos dizer, então, que o *yantra* é um instrumento cujo propósito é refrear as forças psíquicas, concentrando-as de tal maneira em um padrão, que este possa ser reproduzido pelo poder de visualização do devoto. É um mecanismo destinado a estimular visualizações internas, meditações e vivências. Seu padrão pode sugerir uma visão estática da divindade objeto de adoração, da presença supra-humana a ser captada pela percepção, ou pode também desenvolver uma série crescente de visualizações, as quais, uma a partir da outra, desdobram-se como elos ou estágios de um processo.

Este último é o tipo mais interessante e rico, exigindo mais do iniciado. Atua em duas direções: primeiro para diante, enquanto processo evolutivo, retornando depois, num percurso de involução, desfazendo as visões antes expostas. Ou seja, restabelece, em escala miniatural, os estágios ou aspectos da manifestação do Absoluto na evolução e involução do mundo. Além do mais, o poder de visualização do devoto é necessário para que prossiga de duas maneiras esse processo dual de criação e dissolução: por um lado, como desenvolvimento temporal e espacial; por outro, como transcendência das categorias espaçotemporais, numa simultaneidade de aspectos antagônicos da única e mesma essência. Assim, ao passo que as geometrizações dinâmicas sugerem uma contínua expansão do centro da figura para a circunferência, requerendo certo tempo para o seu percurso, devem, por outro lado, ser compreendidas como uma perene hierarquia ou gradação de estágios simultaneamente manifestados de ser, tendo ao centro o valor supremo. Essas gradações simbolizam as várias transformações ou aspectos do Absoluto, no plano fenomenal de Māyā-Śakti[17], dando, ao mesmo tempo, provimento a uma análise pictórica da estrutura da alma e do corpo humano; pois a Essência Suprema (*brahman*), que é o núcleo do mundo, é idêntica ao Supremo Self (*ātman*), cerne da existência humana[18]. Portanto, as visualizações, meditações e vivências advindas do *yantra* devem ser consideradas não apenas como reflexos da essência divina na sua criação e destruição do universo, mas também e ao mesmo tempo (já que os processos universais e os estágios evolutivos são reproduzidos pela história e pela estrutura do organismo humano) como emanações da psique do devoto. Quando a eles se recorre no contexto da prática da ioga, os conteúdos do *yantra* representam aqueles estágios da consciência que conduzem à interiorização, partindo do estado cotidiano de ingênua "ignorância" (*avidyā*) e chegando, através dos estágios da experiência iogue, à compreensão do Self Universal (*brahman-ātman*).

Os elementos do Śrī Yantra (ilustração nº 36) são típicos de todas as classes de *yantra*: (1) uma moldura externa quadrada, composta de linhas retas interrompidas de acordo com um padrão regular; (2) uma disposição interna de círculos concêntricos e pétalas de lótus estilizadas; (3) uma composição concêntrica de nove triângulos que se interpenetram. A moldura quadrada externa é chamada, na tradição tântrica, de "trêmula" (*śiśirita*), ou seja, tremulante, como se a acometesse um calafrio. Esta curiosa expressão não se refere ao seu significado simbólico, mas à forma. A estrutura "trêmula" representa um santuário quadrado com quatro portas abertas nos quatro pontos cardeais; à frente de cada uma há um patamar e um pequeno lance de escadas que conduz do solo ao nível superior, onde se localiza o santuário propriamente dito. Este é o trono (*pīṭha*) da divindade, devendo ser considerado o centro do coração do devoto. É aí que habita sua particular "divindade escolhida" (*iṣṭa-devatā*), que deve ser entendida como a simbolização do núcleo divino de sua própria existência, seu eterno e supremo Self[19].

O caráter simbólico da linha trêmula, como representativo das quatro paredes de um santuário quadrado, torna-se particularmente óbvio quando o traçado básico linear é preenchido com formas e cores. Isso é comum no Tibete, onde uma tradição lamaísta de padrões circulares (*maṇḍala*) ampliados em pinturas majestosas produziu um tesouro inesgotável de formas magníficas. Essa tradição budista desenvolveu-se, ao Norte, sob a influência de doutrinas impregnadas, de maneira acentuada, por ideias hindus – em especial a de Śiva-Śakti. No belo teto do templo da cidade santa de Lhasa, por exemplo (ilustração nº 37), vê-se um perfeito diagrama *yantra*, nele figurando, porém, Buddha na condição de *iṣṭa-devatā* sendo estritamente budistas os detalhes da obra. No centro vê-se a personificação do primevo e eterno Ādi-Buddha ou Vairochana. Irradiando-se dele para os quatro pontos cardeais e entre os quatro pontos intermediários estão oito desdobramentos ou manifestações de sua essência, que diferem em cores, gestos e atributos particulares. Simbolizam os componentes específicos emanados do Absoluto imóvel em direção ao mundo. Iluminando e mantendo a expansão universal, são representados no interior e no centro da flor cósmica que os contém. Esta, por sua vez, está situada no interior do santuário quadrado, e em cada um dos quatro pontos cardeais há uma porta elaborada com meticulosidade. No exterior, há presenças ou menções menos importantes: guardiões das portas, guarda-sóis cerimoniais e outros símbolos do culto lamaísta. Finalmente, a borda externa do lótus do universo criado é representada como uma gigantesca corola de 64 pétalas multicoloridas.

Faz-se necessária uma pausa para, falando-se um pouco a respeito, explicar o significado da imagem de Buddha. Do ponto de vista do perfeito Bodhisattva ou mente búdica, há apenas uma essência: o estado de Buddha, ou seja, a própria iluminação, indescritível estado ou essência, compreendido e atingido quando todos os resultados e efeitos de Māyā-ignorância tenham sido transcendidos. É o absoluto "Este" ou "Isto" que transcende qualificações diferenciadoras e limitações ou características definíveis. É o *tatha-tā* – literalmente, "o estado (*-tā*) de ser 'assim' (*tathā*)". *Tathā* significa: sim, assim é, assim seja, amém. É a afirmativa cotidiana, plena de sinceridade. Em decorrência, o termo *tatha-tā*, "Este", representa o aspecto positivo por inteiro da iluminação nirvânica, o único estado ou essência que, por ser autenticamente real, não pode ser desfeito ou dissolvido. Todos os outros estados de consciência formam-se para depois dissolver-se – o estado vigílico com suas experiências sensoriais, pensamentos e sentimentos, o estado onírico com suas aparições sutis, e mesmo os estados nos quais se dão as experiências mais elevadas. Mas o estado *tatha-tā* é indestrutível; é, a um só tempo, a experiência e a realidade do Absoluto. É chamado de "adamantino" (*vajra*) porque não pode ser fragmentado, desintegrado, dissolvido e nem sequer afetado pela violência física ou pela força do pensamento crítico-analítico.

O único símbolo antropomórfico possível para *tatha-tā* é o Buddha, aquele que atingiu a vivência adamantina. O objeto ou instrumento simbólico mais apropriado é o raio, a arma do Pai Celestial e, em épocas posteriores, de Indra, rei dos deuses. Portanto, o raio (*vajra*, termo correspondente também a "adamantino") é o emblema característico de uma escola especial da doutrina budista autointitulada Vajrayāna, "O Veículo do Raio Invencível", "O Caminho Para a Realidade Adamantina da Verdade Transcendente". Nela, o *vajra* figura, comumente e sempre que possível, em todas as fases da decoração iconográfica. Aparece como varinha mágica para exorcizar as forças malignas ou como empunhadura do sino que marca o tempo da recitação dos textos sagrados (ilustração nº 47). No desenho do teto do templo de Lhasa, 8 *vajras* circundam o Buddha central, 16 rodeiam as oito emanações e 32 cercam a borda externa do lótus cósmico. Ele é também o principal atributo de um símbolo búdico alegórico muito importante, conhecido como Vajradhara, "Aquele que Empunha ou Governa (*dhara*) a Substância ou Arma (*vajra*) Adamantina". Esta figura é considerada a personalização suprema da realidade como tal; por isso, é chamada de Vajrasattva, "Aquele Cuja Essência ou Ser (*sattva*) é a Substância Adamantina". Tal como os "determinantes" animais dos deuses hindus são idênticos, em essência, às formas antropomórficas das quais são o veículo, assim também, no caso deste símbolo supremo da escola Vajrayāna, o raio adamantino é idêntico ao Buddha que o empunha.

Na qualidade de símbolo do Absoluto que engendra e mantém o mundo fenomenal, Vajradhara-Vajrasattva é representado sentado num trono de lótus. Tendo sido o lótus, originalmente, símbolo exclusivo e "veículo" da deusa Padmā – mãe ou *yoni* do universo –[20], ele representa o poder procriador (*śakti*) da Substância imortal, adamantina e eterna. Assim, um Buddha sobre o lótus, ou em seu interior, simboliza a essência da iluminação que permeia e sustenta o universo do Tempo.

Outro símbolo deste mistério, baseado no padrão hindu do Deus e sua *śakti*, costuma ser encontrado na iconografia do Tibete: Vajradhara e sua correlação feminina, estreitamente abraçados (ilustração nº 35). No idioma tibetano, esta formulação é conhecida como "Yab-Yum". As duas figuras, que se fundem uma na outra, em suprema concentração e absorção, estão sentadas num trono de lótus, em régia atitude de calma imortal. Têm as vestes adornadas de joias e usam as tiaras dos Bodhisattvas coroados. É de duvidar que a identidade suprema entre Eternidade e Tempo, *nirvāṇa* e *saṁsāra*, os dois aspectos do Absoluto revelado, possa ser representada de maneira mais essencial e majestosa.

Retornando ao Śrī Yantra, podemos distinguir, sob o desenho geométrico linear, este mesmo par primordial. Há na figura nove triângulos que se interpenetram, cinco apontando para baixo e quatro para cima. O triângulo voltado para baixo é o símbolo feminino correspondente à *yoni*; é chamado de *śakti*[21]. Os triângulos que apontam para cima são o masculino, o *liṅga*; são chamados "o fogo" (*vahni*). *Vahni* é sinônimo de *tejas*: energia ígnea, calor solar, esplendor régio, assustador fervor ascético, calor corporal dos organismos de sangue quente, força vital condensada no sêmen masculino. Os triângulos *vahni* simbolizam, pois, a essência masculina do Deus, e os triângulos *śakti*, a essência feminina de sua consorte.

Os nove triângulos significam a revelação primitiva do Absoluto, quando este se diferencia em polaridades graduais, estando a atividade criativa das energias cósmicas, a masculina e a feminina, em estágios sucessivos de evolução. O mais importante é que o próprio Absoluto, o Realmente Real, não é representado. Não poderia sê-lo, pois transcende forma e espaço. O Absoluto deve ser visualizado pelo devoto concentrado como um ponto de fuga, ou ponto (*bindu*), onde se dá a interação de todos os triângulos. O *bindu* é o ponto do poder, centro invisível e impalpável a partir do qual todo o diagrama se expande. Enquanto quatro dos triângulos *śakti* unem-se aos *vahni* (seus correlatos), o quinto, localizado no centro, permanece isolado, para unir-se ao ponto invisível. Ele é a Śakti primordial, consorte de Śiva transcendental, energia criadora em seu aspecto de manifestação feminina do Brahman puro e imóvel – a Grande Origem.

Como as imagens de Śiva-Śakti, o Śrī-Yantra simboliza a vida, universal ou individual, como uma incessante interação de opostos cooperantes. Os cinco triângulos femininos em expansão ascendente e os quatro masculinos que emergem em sentido contrário significam o processo contínuo de criação. Como uma sucessão ininterrupta de raios luminosos, fundem-se uns nos outros e espelham o momento eterno da geração – dinamismo que, não obstante, é apresentado num padrão estático de repouso geométrico.

O *Hieros Gamos* arquetípico, ou seja, o "Matrimônio Místico", é representado no diagrama não figurativo – o qual é uma chave do mistério da miragem fenomênica do universo.

4. O grande soberano

A mesma polaridade dos princípios masculino e feminino está expressa num dos mais extraordinários documentos da arte simbólica hindu, a grande trindade śivaíta de Elefanta, obra-prima do período clássico, criada no século VIII d.C. (ilustração nº 33). Não é a imagem central do templo o objeto principal de adoração e sim o *liṅga* de pedra que vemos na ilustração nº 29[22]. Trata-se, apenas, de um entre os inúmeros relevos decorativos do imenso salão subterrâneo escavado na rocha que circunda o santuário central. Entretanto, é uma obra de arte que dificilmente encontrará equivalente. Representa o mistério do desdobramento do Absoluto nas dualidades da existência fenomênica; essas dualidades são personificadas e atingem seu apogeu na experiência humana com a polaridade masculino-feminina.

A cabeça central da imagem tríplice é uma representação do Absoluto. Majestosa e sublime, ela é a essência divina da qual procedem as outras duas. Sobre o ombro direito desta entidade, brotando perpetuamente da forma central, vê-se o perfil masculino de Śiva, o Grande Deus (*mahādeva*) – há virilidade, força de vontade e desafio em seus contornos arqueados; altivez, bravura e ímpeto refletem-se no queixo, na testa e na base do nariz; a consciência da virilidade está representada nos bigodes retorcidos. Corresponde-lhe, à esquerda da máscara central, a silhueta do princípio feminino – atratividade inefável, poder sedutor da natureza, flor e fruto, delicado encanto a transbordar promessas da mais plena doçura. Estão presentes nesta fascinante máscara de feminilidade todos os prazeres dos sentidos: *das Ewig-Weibliche* (esta expressão intraduzível para a qual Gérard de Nerval, que pela primeira vez traduziu o *Fausto* para o francês, cunhou a deliciosa equivalência francesa, *le charme éternel*).

Mas a cabeça central está absorvida em si mesma, em sublime e sonhadora indiferença. Com sua impassividade, ela aquieta as duas atitudes laterais, ignorando por completo a manifestação das faces antagônicas. Enquanto os dois perfis diferenciados emergem e evoluem, perpétuos, esculpidos em relevo, da personificação axial, a cabeça central da qual brotam está esculpida de modo realista, isto é, com total tridimensionalidade. Na qualidade de forma central imóvel e maciça, autoabsorvida em magnífico, majestoso e impassível silêncio, ela subjuga, dissolve e funde em si mesma as características das duas fisionomias laterais: força e suavidade, vigor agressivo e expectante receptividade. Grandiosa em sua quietude transcendental, abrangente e enigmática, ela engloba a ambas, aniquilando-lhes em seu repouso eterno os efeitos da tensão criativa. Inconsciente da polaridade das outras duas, indiferente ao seu valor insubstancial, este poderoso Centro, magnífica manifestação do *bindu*[23], anula, sereno, a polaridade arquetípica primordial, sempre a gerar a Māyā do mundo. Parecem jamais tocá-la o júbilo e os tormentos de sua interação. É como se jamais tomasse conhecimento dos processos ocorridos no universo e no indivíduo vivente, tais como se refletem na consciência humana. Pelo menos, em seu repouso imperturbável, mostra soberana indiferença. Assim também o Self, o Ātman que habita o mais profundo do homem, repousa indiferente em meio aos sofrimentos e alegrias, aos processos orgânicos e psíquicos das estratificações que lhe envolvem o ser adamantino.

A cabeça central é a face da eternidade. Sem ater-se ao que quer que seja, contém, fundidos em sua harmonia transcendental, todos os poderes das duas existências que a ladeiam. Fluem – ou parecem fluir – de modo contínuo, de seu silêncio sólido, o tempo e os processos vitais: do ponto de vista do Centro, nada flui. Em frente à augusta presença da face da eternidade, nublam-se os dois expressivos perfis em relevo. O drama em que atuam no palco espaçotemporal afigura-se um efeito insubstancial, semelhante a um jogo de luz e sombra. Perpetuamente afirmando-se à direita e à esquerda

– ainda que descuidados por completo da própria essência que, sem cessar, lhes dá origem – são, ambos, os produtores e diretores do espetáculo do universo, automultiplicando-se numa infinitude de atores. Sua produção se faz visível apenas para a nossa ignorância (*avidyā*): desaparece ante olhos despertos. Existentes e não existentes, como a névoa, eles e sua criação ingressam no existir, fluem e desvanecem-se. Esta é a verdadeira natureza de Māyā, aspecto fenomênico do processo da vida – pessoal ou coletivo, histórico ou cosmogônico –, tal como o vivenciamos em nossa individualizada, limitada e efêmera consciência: na vigília ou no sono, na lembrança ou no esquecimento, como agentes ou pacientes, embora apreendamos as coisas com as mãos, não conseguimos apreender a nós mesmos com a nossa percepção.

Os dois perfis estão acontecendo; o universo está acontecendo; o indivíduo está acontecendo. Mas em que sentido isso se dá? Acontecem *realmente*? O propósito da máscara central é expressar a verdade do Eterno no qual nada acontece ou vem a existir, nada se transforma ou de novo se dissolve. A essência divina – a única realidade, o Absoluto em si mesmo, nosso mais profundo e supremo Self – reside em si própria, imersa em seu próprio Vazio sublime, onisciente e onipotente, abrangendo a tudo e a todos. Essa é a efígie de Ātman-Brahman. Nela está o paradoxo de Māyā: o universo e nossas personalidades são tão reais quanto as manifestações fenomenais dos perfis, o masculino e o feminino – mas, não mais reais que ambos; embora emerjam do centro, são por ele ignorados. Brahman e Māyā coexistem. Māyā é a contínua automanifestação e autodisfarce de Brahman – sua autorrevelação, embora seja também o véu de muitas cores com que ele se oculta.

Daí provém a dignidade de todas as coisas transitórias, em todos os níveis. Por isso a soma de ambos, sua unicidade, é venerada sob o aspecto da Deusa Suprema, Mãe e Energia Vital dos Deuses e Criaturas, sob a formulação de Māyā-Śakti-Devī.

5. A dança de Śiva

Śiva, o senhor do *liṅga*, consorte de Śakti-Devī, é também Naṭarāja, "Rei dos Dançarinos".

A dança é uma ancestral forma de magia. O dançarino ganha novas e maiores dimensões, torna-se um ser dotado de poderes sobrenaturais. Sua personalidade se transforma. Como a ioga, a dança leva ao transe, ao êxtase, à vivência do divino, à compreensão da própria e secreta natureza individual e, por fim, à fusão com a essência divina. Por isso, na Índia, a dança conviveu lado a lado com as severas práticas ascéticas dos eremitas –

jejum, exercícios respiratórios, introversão absoluta. Para exercer a magia, para lançar encantamento sobre outrem, é preciso que o indivíduo em primeiro lugar encante a si mesmo. Coisa que pode ser efetuada tanto através da dança como da prece, do jejum e da meditação. O que explica ser Śiva, portanto, não só o arqui-iogue dos deuses, mas também, necessariamente, o senhor da dança.

O propósito da dança pantomímica é transformar o dançarino no demônio, deus ou entidade telúrica que ele personificar. A dança de guerra, por exemplo, converte os homens que a executam em guerreiros; desperta-lhes as virtudes bélicas, transformando-os em heróis destemidos. A dança-pantomima da caçada antecipa e assegura, através da magia, o êxito da caça, convertendo os participantes em infalíveis caçadores. Para despertar de sua letargia os poderes naturais referentes à fecundidade, os dançarinos imitam, com sua mímica, os deuses da vegetação, da sexualidade e da chuva.

A dança é um ato criador. Suscita uma situação nova e desperta no dançarino uma personalidade nova e superior. Possui uma função cosmogônica, isto é, desperta as energias latentes para que confiram forma ao universo. Numa escala universal, Śiva é o Dançarino Cósmico; em sua manifestação dançante (*nṛitya-mūrti*) incorpora em si mesmo a energia eterna que, simultaneamente, torna manifesta. As forças reunidas e projetadas no seu girar frenético e incessante são os poderes de evolução, preservação e dissolução do universo. A natureza e todas as suas criaturas são efeito dessa dança eterna.

Śiva-Naṭarāja está representado numa bela série de bronzes do sul da Índia, que datam dos séculos X e XII d.C. (ilustração nº 38). Os detalhes das imagens devem ser interpretados, de acordo com a tradição hindu, como uma complexa alegoria pictórica. Ver-se-á que a mão direita superior porta, para a marcação do ritmo, um pequeno tambor, cuja forma sugere uma ampulheta. Ele sugere o som, veículo da fala e portador da revelação, tradição, encantamento, magia e verdade divina. Além disso, na Índia o som é associado ao éter, o primeiro dos cinco elementos. O éter é a manifestação primordial e mais sutilmente penetrante da Substância divina. Dele emanaram, durante a evolução do universo, todos os outros elementos: ar, fogo, água e terra. Portanto, som e éter, unidos, significam o primeiro e genuinamente verdadeiro momento da criação; são a energia produtiva do Absoluto, em sua prístina força cosmogenésica.

No lado oposto, a mão esquerda superior, cujos dedos formam uma meia-lua (*ardhacandra-mudrā*), mostra na palma uma língua de fogo. O fogo é o elemento da destruição do mundo. No término do *Kali-Yuga*, o fogo aniquilará o corpo da criação, sendo ele próprio então apagado pelo oceano do vazio. O equilíbrio das mãos ilustra o equilíbrio criação-destruição no bailado cósmico. Como exercício da crueldade dos opostos, o transcendental mostra-se através da máscara do mestre enigmático: criação incessante versus um insaciável apetite de destruição: som contra chama. O campo da terrível interação é o sítio onde ocorre a dança do universo, que o bailar divino torna esplêndido e horrendo.

O gesto de "não temas" (*abhaya-mudrā*), que confere proteção e paz, é feito pela segunda mão direita, enquanto a outra mão esquerda, na extremidade do braço transversal ao peito, aponta para baixo, para o pé esquerdo erguido. Este pé significa a liberação; nele o devoto encontra refúgio e salvação. Deve ser venerado, para que seja alcançada a união com o Absoluto. O gesto da mão que o aponta imita a tromba distendida ou a "mão" do elefante (*gaja-hasta-mudrā*), lembrando-nos o filho de Śiva, Gaṇeśa, o Removedor de Obstáculos.

A divindade é representada dançando sobre o corpo prostrado de um anão-demônio. Este é Apasmāra-Puruṣa, "Homem ou Demônio (*puruṣa*)", chamado "Esquecimento" ou "Imprudência (*apasmāra*)"[24]. Simboliza a cegueira da vida, a ignorância humana. Subjuga-o a obtenção da verdadeira sabedoria. Nesta está a libertação da servidão do mundo.

Um anel de chamas e luz (*prabhā-maṇḍala*) emerge do deus e o circunda. Diz-se que significa os processos vitais do universo e de suas criaturas, e a natureza em sua dança, a mover-se como se a impulsionasse um deus a dançar dentro dela. Ao mesmo tempo, diz-se que significa a energia da sabedoria, a luz transcendental do conhecimento da verdade, cuja dança emana da personificação do todo. Outro significado alegórico atribuído ao halo flamejante refere-se à sílaba sagrada AUM ou OM[25]. Considera-se esta expressão mística (*aye*, *amen*), enraizada na sagrada linguagem védica de prece e encantamento, como uma expressão afirmativa da totalidade da criação. A é o estado do despertar da consciência, envolta com seu mundo de experiência rudimentar. U é o estado de consciência onírica, que vivencia as sutis formas do sonho. M é o estado de sono sem sonhos, condição natural da consciência imóvel e indiferenciada, na qual toda experiência é dissolvida numa não experiência bem-aventurada, num todo de consciência potencial. O silêncio que se segue à pronunciação trinária A, U e M é a não manifestação última, na qual se reflete a perfeita supraconsciência, que se funde com a essência pura e transcendental da realidade divina – Brahman é vivenciado como Ātman, o Self. Por isso, AUM, fundido com o silêncio circundante, é um som simbólico da totalidade da existência-consciência, e ao mesmo tempo, sua afirmação voluntária.

É provável que a origem do anel flamejante se refira ao aspecto destrutivo de Śiva-Rudra; mas a destruição, em Śiva, é, afinal, idêntica à liberação.

Śiva enquanto Dançarino Cósmico personifica e manifesta a energia eterna em suas "cinco atividades" (*pañca-kriya*): (1) Criação (*sṛiṣṭi*)

– o derramar ou expandir; (2) Preservação (*sthiti*) – a duração; (3) Destruição (*saṁhāra*) – o retorno ou reabsorção; (4) Encobrimento (*tiro-bhāva*) – o velar do verdadeiro ser por trás das vestes e máscaras das aparências, da indiferença, da manifestação de Māyā; (5) Graça (*anugraha*) – a aceitação do devoto, o reconhecimento do empenho religioso do iogue, a concessão da paz através de uma manifestação reveladora. As três primeiras e as duas últimas são equivalentes, grupos cooperantes de antagonismos mútuos; todas são manifestadas pelo deus. Ele as revela de modo não apenas simultâneo, mas sequencial. São simbolizadas pelas posições das mãos e dos pés – sendo as três mãos superiores, criação, conservação e destruição, respectivamente; o pé plantado no Esquecimento é o "encobrimento" e o outro erguido, a Graça; a "mão do elefante" assinala a ligação entre as três e os dois, prometendo paz à alma que vivencia a relação. Todas as cinco atividades são manifestadas em sequência, simultaneamente à pulsação de cada momento, através das transformações temporais.

Ora: na Trindade śivaíta de Elefanta vimos que os dois perfis expressivos, representando a polaridade da energia criativa, estavam em contraposição apenas à silenciosa cabeça central, que significa a imutabilidade do Absoluto. Deciframos essa relação simbólica como uma expressão do paradoxo eternidade-tempo: o oceano tranquilo e o rio tumultuoso não são, afinal, distintos; o Self indestrutível e o ser mortal são, em essência, o mesmo. Essa lição maravilhosa pode ser também depreendida da figura de Śiva-Naṭarāja, na qual o movimento incessante e triunfal dos membros ondulantes estabelece um significativo contraste com a estabilidade da cabeça e a imobilidade do semblante de máscara, Śiva é Kāla, "O Negro", "O Tempo"; mas ele é também Mahā Kāla, "O Grande Tempo", "A Eternidade". Como Naṭarāja, Rei dos Dançarinos, os gestos do deus, arrebatados e cheios de graça, precipitam a ilusão cósmica; os braços e pernas velozes, o ondular do torso, produzem – e são, na realidade – a contínua criação-destruição do universo, a morte contrabalançando de modo preciso o nascimento, a aniquilação como fim de cada criação. A coreografia é o redemoinho do tempo. A história e suas ruínas, a explosão dos sóis, são lampejos da bailante e infatigável sequência gestual. Nas estatuetas de bronze medievais, não apenas uma única fase ou movimento, mas a totalidade dessa dança cósmica está miraculosamente representada. O ritmo cíclico, fluindo sempre e sempre no círculo irreversível dos *mahāyugas*, ou grandes éons, é marcado pelo percutir das batidas dos pés e calcanhares do Mestre. Mas a face mantém-se em calma soberana.

Mergulhada na quietude, a máscara enigmática encima o rodopio dos quatro braços elásticos; não a preocupam as pernas magníficas, que marcam o ritmo das idades do universo. Indiferente, em soberano silêncio, a máscara da essência eterna do deus permanece imperturbada pela tremenda demonstração de sua própria energia, pelo mundo que segue seu curso, pelo fluxo das mudanças do tempo. Esta cabeça, esta face, esta máscara, habita um isolamento transcendental, como espectadora desinteressada. O sorriso que se volta para seu interior, pleno da bem-aventurança da autoabsorção, refuta com sutileza, com mal disfarçada ironia, os gestos significativos dos pés e mãos. Há uma tensão entre a dança prodigiosa e a serena tranquilidade do semblante expressivamente inexpressivo: é a tensão entre eternidade e tempo, o paradoxo – mútua refutação silenciosa – do Absoluto e do fenomênico, do Self imortal e da psique efêmera, de Brahman-Ātman e Māyā. Pois nenhum é a totalidade que parece ser, ao passo que ambos, invisíveis e visíveis e de maneira quintessencial, são o mesmo. O homem, com todas as fibras de sua personalidade natural, aferra-se à dualidade, com ansiedade e prazer; entretanto, a dualidade na verdade não existe. A ignorância, a paixão, o egoísmo desintegram a experiência da Essência suprema (esta, clara como o cristal, transcende o tempo e as alterações, livre do sofrimento e do cativeiro), na ilusão universal de um mundo de existências individuais. Este mundo, entretanto, *existe*, apesar de toda sua fluidez, e jamais terá fim.

Os bronzes do sul da Índia e suas figuras dançantes insistem na identidade paradoxal da personalidade, arrebatada pelas experiências e emoções, ante o tranquilo Self onisciente. Nelas, o contraste entre a face extática, sonhadora e silenciosa, e a agilidade apaixonada dos membros representa, para aqueles que são capazes de compreender, o Absoluto e sua Māyā como uma forma simples que transcende a dualidade. Nós e o divino somos um e o mesmo, tal como a vitalidade desses membros ondulantes é una com a extrema indiferença do dançarino que os lança na atuação.

Mas ainda há mais a ser dito sobre o deus da dança, tal como o representam os bronzes do sul da Índia.

Os cabelos de Śiva, longos e revoltos, estão em parte soltos e em parte apanhados numa forma que lembra uma pirâmide. Assim é a cabeleira do modelar iogue dos deuses. Uma energia vital sobrenatural, correspondente ao poder da magia, reside nesses cabelos enredados que a tesoura jamais tocou. De maneira similar, a celebrada força de Sansão, que com as mãos nuas fez em pedaços a queixada de um leão e pôs abaixo o teto de um templo pagão, residia nos seus cabelos jamais cortados. É também digno de nota que, a julgar por esses mágicos gênios e demônios de assombroso fascínio, que exercem sua magia nos concertos, em cima dos palcos, o sortilégio da música exige de um *virtuose* uma juba leonina. Sem dúvida, muito do encanto feminil, do apelo sensual do eterno feminino – *das Ewig-Weibliche, le charme éternel* –, está na fragrância, no brilho cascateante de uma linda cabeleira. Por outro lado, quem quer que renuncie às forças geradoras do reino animal-vegetal, insurgindo-se contra os princípios procriadores da vida, do sexo, da terra e da natureza, para ingressar na via espiritual do ascetismo absoluto, deve, em primeiro lugar, rapar os cabelos. Simulará, assim, a esterilidade de um ancião cujos cabelos já caíram e que não mais constitui um elo da cadeia de geração. Deve, indiferente, sacrificar a ramagem que lhe encima a cabeça.

A tonsura dos sacerdotes e monges cristãos é um símbolo dessa renúncia à carne. (Religiosos e integrantes de congregações que não consideram o matrimônio incompatível com a santidade de seu ministério não usam a tonsura.) Os santos iogues e patriarcas budistas, que vemos, por exemplo, na China, nos inúmeros retratos dos *lohans*[26], rapam a cabeça por completo. Isso significa desprezo ao "fascínio"[27] do impulso gerador do ciclo vital de Māyā. Esses "meritórios", que representam a vitória da espiritualidade iogue, superaram toda a sedução ao tomar os votos monásticos e seguir a doutrina ascética. Com a calvície voluntária encontraram a paz, mais além das flutuações temporais de crescimento e transformação. É quase demoníaca a expressão triunfante da face do patriarca budista chinês retratado na ilustração nº 49. Ela fala do poder a ser conquistado através da vitória sobre si mesmo, de uma calma vigorosa e desafiadora, que reluz com o magnetismo das capacidades supranormais da ioga. Este é um retrato imaginário daquele que rompeu todos os grilhões mundanos, que transcendeu a escravidão despida de significado da incessante reprodução de si mesmo, que empunhou a espada afiada do conhecimento discriminador e cortou, libertando-se, todos os laços que atam a humanidade às exigências e necessidades do mundo animal e vegetal. Este "meritório" adquiriu, conquistou, um poder prodigioso. Soa aos nossos ouvidos o tema dos deuses, titãs e dos anões dos nibelungos, que Richard Wagner criou no *Anel*: *Nur wer der Minne Macht entsagt*... "apenas aquele que renuncia ao poder e fascínio do amor e do sexo pode adquirir o anel que confere ao seu possuidor poder imensurável".

O asceta indiano, seja ele budista, jainista ou brâmane, lutando para se libertar da servidão e das leis da natureza, equivale – apenas espiritualmente – àqueles demônios titânicos da mitologia que, em virtude de uma violenta automortificação, provando e aumentando de modo desmedido a própria resistência e força de vontade, lutam para obter poderes tirânicos sobre o mundo. O homem espiritualizado, que ultrapassou a tentação de governar o universo material, aspira, apesar disso, atingir a meta do profundo conhecimento cósmico, em cuja direção é arrebatado.

O Buddha foi Imperador do Mundo (*cakravartin*), mas no plano espiritual e não no plano político, físico. O pré-requisito para o conhecimento profundo, seja espiritual seja político, tal como provaram os conquistadores sagrados ou titânicos, é a lei de Alberico, o nibelungo wagneriano. Tanto os iogues quanto os tiranos aprenderam os ensinamentos das filhas do Reno, virgens divinas que deram voz à sabedoria primordial das infinitas águas cósmicas – a mesma sabedoria de Viṣṇu, reclinado sobre o infindo lençol líquido: *Nur wer der Minne Macht entsagt...*

O que ensina o significado da cabeça rapada pode ser depreendido da história da "grandiosa partida" (*mahā-abhiniṣkramaṇa*) do Buddha. Ao ingressar em sua última encarnação (durante a qual, como Bodhisattva, deveria atingir a iluminação, tornando-se o Buddha, salvador universal), nascera como filho de uma casa real. Mas seu pai, desejando proteger o extraordinário jovem de todos os riscos da desilusão, para que, permanecendo mundano, o filho se tornasse um rei poderoso, um "imperador do mundo" (*cakra-vartin*), diligenciou para que seus olhos jamais vissem nenhum sinal dos aspectos dolorosos da existência. Quando a hora chegou, entretanto, os sinais se apresentaram. No curso de quatro breves excursões que o levaram para fora dos muros idílicos e deleitosos do palácio encantador, rumo à vida tal como a viviam os homens, o sensível e jovem príncipe, intuitivo ao extremo, viu primeiro um ancião, depois uma pessoa golpeada pela doença, a seguir um cadáver e, afinal, um sábio asceta que havia renunciado ao mundo. De imediato, compreendeu e aceitou essas iniciações do Gênio da Vida[28]. Inspirado pela visão do asceta, abandonou naquela mesma noite o palácio paterno. Os espíritos da terra sustiveram-lhe os cascos do cavalo, para que o tropel não despertasse a cidade adormecida. Seu fiel cocheiro estava a postos. A divindade protetora do palácio abriu, em silencioso regozijo, os portões da capital. E o cavaleiro transpôs o grande rio que delimitava o reino paterno, lançando-se aos feitos que trariam, a mortais e deuses, a iluminação redentora.

A primeira atitude daquele que estava a caminho de ser o Buddha, depois que deixou sua terra – e que está representada em duas imagens do século XI, no grande templo de Ananda da cidade de Pagon, em Burma (ilustrações n°s 44-45) –, foi cortar os belos e longos cabelos com sua espada régia[29]. Nos primeiros registros canônicos budistas, no cânone páli, escrito no Ceilão durante o primeiro século a.C., o evento é descrito nos seguintes termos[30]:

Ele pensou: – Meus cachos não são próprios de um monge; mas não há ninguém digno de cortar os cabelos de um futuro Buddha. Por isso, eu próprio os cortarei com minha espada. E, tomando a cimitarra na mão direita, agarrou a mecha de cabelos com a esquerda; ao cortá-la, o diadema real também foi arrancado. Os cabelos ficaram com dois dedos de comprimento; os cachos encresparam-se para a direita, bem junto à raiz. Durante toda a vida, permaneceram do mesmo comprimento e a barba acompanhou-lhe a proporção. Jamais teve de cortar outra vez cabelo ou barba.

Então o futuro Buddha tomou de uma mecha de cabelos e da coroa e, atirando-os para o ar, disse:

– Se é que me tornarei um Buddha, que eles fiquem no céu; se não, que caiam no chão.

Cabelo e diadema cravejado subiram uma légua pelo ar afora, detendo-se então. E Sakka[31], o rei dos deuses, ao vê-los com seus olhos divinos, recolheu-os num escrínio cravejado digno deles, que dispôs para que fosse, no Céu dos Trinta e Três Deuses, o "Relicário do Diadema".

Seus cabelos, recendentes a doces aromas,
Ele, este Senhor de Homens, cortou e atirou ao céu;
E o deus Vasāva, o de mil olhos,
Inclinando a cabeça, em cofre de ouro os recolheu.

A ilustração nº 44 mostra o Bodhisattva cortando os cabelos com sua própria espada. Na ilustração nº 45, segura com ambas as mãos a mecha e o diadema cravejado; prestes a atirá-los para o ar, concentra-se numa conjuração: "Se é que me tornarei um Buddha, que eles fiquem no céu...". Indra, elevando-se nos ares, rumo ao seu paraíso celeste, o céu dos Trinta e Três deuses, porta com reverência o escrínio cravejado. Dentro dele repousa a inestimável relíquia que simboliza a suprema renúncia, o passo decisivo em direção à iluminação espiritual. A figura feminina da direita, numa atitude de deleite e devoção, aparenta ser a rainha-consorte de Indra, sua *śakti* ou energia corporificada, Indrāṇī-Śacī, soberana dos deuses.

Na base do pedestal, abaixo da borda do trono de lótus (*padmā-sana*), vê-se Channa, o fiel cortesão e cocheiro. Dormia, cumprindo seu dever, à porta dos aposentos do Bodhisattva, quando seu amo anunciou a grande partida; ele o seguiu, tomando as rédeas do cavalo Kanthaka. O único trabalho a ser ainda desempenhado por Channa é retornar ao palácio e anunciar aos pais que eles perderam o filho de modo irreversível. O príncipe renunciou à condição régia. O Bodhisattva ingressou no caminho do ascetismo anônimo e sem teto. A busca de Gautama será agora a do Absoluto, para além dos ciclos da vida e da morte.

Depois que o futuro Buddha cortou os cabelos e trocou as vestimentas reais pelo manto amarelo-laranja do asceta mendicante[32], despediu seu cocheiro fiel: – Channa, vai e diz por mim a meu pai e minha mãe que estou bem. Channa obedeceu ao futuro Buddha; mantendo o lado direito voltado em sua direção, partiu[33]. Mas Kanthaka, o cavalo, ao ouvir aquelas palavras, foi ferido por uma tristeza imensa. Pensou, ao ser levado dali: "Jamais verei meu amo novamente", e seu coração parou de bater; tombou morto. Renasceu, como o deus Kanthaka, no Céu dos Trinta e Três Deuses[34]. De maneira muito sensível, a atitude da pequenina figura equina do pedestal alude a este episódio. O profundo desalento do esplêndido animal, que tem às costas a sela mas não mais – nunca mais! – o cavaleiro[35], a inclinação de sua cabeça simples e expressiva e a súplica implícita na perna direita dianteira, erguida como que num protesto, configuram um delicioso exemplo da linguagem gestual hindu, de sua delicadeza discreta, espirituosa expressividade e grande simpatia pelas várias formas de vida.

Vemos na ilustração nº 46, num santuário budista do século II a.C., o detalhe de uma coluna entre as ruínas de Bhārhut. Vê-se o reino de Indra no momento da instauração do santuário da mecha de cabelos recolhida no céu. O ângulo esquerdo superior mostra, sob um domo, um tabernáculo recém-erigido, com uma inscrição: *devadhammā sabhā bhagavato cūḍā-maha* – "palácio da verdadeira lei dos deuses do Buddha, festival (*maha*) da mecha de cabelos (*cūḍā*)". Dois deuses o ladeiam, em atitude de adoração: o da esquerda, com a mão direita erguida, atira, como oferenda, uma flor de lótus aos pés do relicário, em obediência a uma prescrição não védica indiana: "Ninguém deve jamais acercar-se da presença de uma divindade (de uma imagem ou outro objeto de adoração) sem portar como oferenda uma mancheia de flores (*puṣpāñ-jali*)". Outros habitantes das mansões celestes, às janelas e terraços dos palácios dos céus, observam as cerimônias, com júbilo e entusiasmo. Enquanto isso, abaixo, veem-se as *apsarasas* – donzelas celestiais, bailarinas e cantoras do régio lar de Indra, que participam do festival: faz-se música e elas dançam. São estas as donzelas que, eternamente jovens e formosas, formam o harém dos habitantes do paraíso de Indra. São as amantes, sempre desejáveis e desejosas, das almas abençoadas que renascem no mundo celestial do rei dos deuses, como recompensa por uma conduta pia e virtuosa. As *apsarasas* são as perfeitas propiciadoras do prazer sensual e do êxtase amoroso, em escala divina e absoluta harmonia celestial. Personificam uma qualidade de amor sensual estritamente supraterreno – vendo-se o amor divino como distinto e oposto ao amor mundano[36], que é sobrecarregado de dramaticidade e tensões, de equívocos, disputas e reconciliações, e em cujos estratos profundos é difícil deixar de ver um ressaibo de majestosa e submissa resignação, que permeia até a mais perfeita compatibilidade matrimonial. As *apsarasas*[37] representam a "inocência da natureza", o "prazer sem lágrimas", a "consumação sensual sem remorsos, dúvidas ou ansiedades posteriores". São as sacerdotisas iniciadoras do sempre novo mistério ancestral da atração mútua dos sexos, "*mystagogues*" das múltiplas atividades que abarcam inclusive a celebração e a imersão nas miraculosas profundezas do mistério – sua colorida monotonia, estagnação repetitiva e sublime absurdo. As próprias forças da natureza e da vida saúdam o supremo sacrifício e a vitória do futuro Buddha, embora esta signifique a negação e o aniquilamento do poder e da existência dessas mesmas forças. Elas reverenciam-lhe o passo crucial, isto é, o corte dos cabelos, sua decisão de arrostar a aventura da conquista de si mesmo, que no final há de invalidar, aniquilar e simplesmente explodir todos os céus e abismos infernais e aqueles que os habitam, de modo tão sedutor quanto terrível – revelando-os a todos como meras projeções, miragens, externalizações de nossas tendências vegetativas, animalísticas, emocionais e intelectuais.

Lemos nos registros ancestrais que, quando o futuro Buddha cortou os "cabelos recendentes a doces aromas", eles "ficaram com dois dedos de comprimento, os cachos encrespando-se para a direita, bem junto à raiz". Os cachos cortados rente são até hoje o penteado canônico da imagem de Buddha. Na arte clássica budista javanesa do século XII, essa foi uma regra observada com fidelidade; inúmeras esculturas dos eternos Buddhas supramundanos, enfileiradas nas galerias superiores e terraços da gigantesca estrutura em forma de *maṇḍala* de Borobodur, o testemunham. Também nas obras de arte cambodjanas (Mon-Khmer) esse é um motivo frequente, tendo sido tratado com habilidade. Nos melhores trabalhos, converteu-se numa superfície ornamental de uma simplicidade impressionante, abstrata e anônima. No caso, por exemplo, de certa efígie de Buddha, que formalmente sugere uma máscara, e que vi numa exposição em Paris, esse tema constitui uma moldura das mais inspiradoras (ilustração nº 48). Trata-se de uma peça não muito maior do que uma palma de mão, que o tempo, o pó, a chuva, corroeram por completo. Frágil e quebradiça como uma folha de outono, é uma das mais solenes efígies esculpidas de Buddha, e uma das que mais denota inteligência; é empolgante, em seu silêncio e imersão em si mesma. Vendo através dos sofrimentos de todas as criaturas e discernindo-lhe a causa, ela transcende o sofrimento. É a manifestação da sabedoria redentora. A fragilidade de todos os seres e coisas transitórias, que é a origem do padecimento, penetrou e transfigurou essa face indescritível e quase a destruiu. Mesmo assim, ali está ela, como uma folha quebradiça que a fragilidade atual só fez realçar: com uma sublime indiferença e a posse de si própria mostrada por seus traços, ela afasta as forças do sofrimento e da corrupção. O processo inexorável do tempo, ao executar aqui sua sentença de destruição, essa fatalidade do lamentável *saṁsāra* redimido pela sabedoria do Buddha, colaborou com a inspiração de um artista desconhecido e imprimiu seu toque final a esse precioso documento do espírito humano.

Outra cabeça de Buddha, do Cambodja, é mostrada na ilustração nº 50. Possui a característica intimidade de um retrato. Porém, há nele uma sublime e etérea qualidade melódica, uma branda musicalidade, resultante de uma ausência eloquente de detalhes que causem impressão. Esse suave silêncio que a circunda advém, em particular, do tratamento dado ao crânio e aos cabelos. Lembro-me de que ao ver pela primeira vez esse símbolo majestoso da essência do budismo, entre uma coleção de obras-primas cambodjanas reunidas em Paris no Museu Guimet, ele me impressionou como algo muito singular.

Diz-se que quando o futuro Buddha nasceu, os adivinhos brâmanes, fazendo a leitura fisiognômica da criança, predisseram que ela conquistaria o mundo e declararam que seu poder poderia ser o de um monarca universal (*cakravartin*) ou de um salvador universal (*tathāgata*). Era a face de um predestinado. Eu estava olhando para a efígie daquele que recusara todos os reinos do mundo. Enquanto lhe observava os traços com esta ideia, lembrei-me da efígie de um outro personagem que ambicionara *todos* os reinos do mundo – Napoleão, cujo túmulo não estava tão distante de mim, bastaria cruzar o Sena e ir à Igreja dos Inválidos. Não obstante, diante dos meus olhos havia outra face, o perfil daquele outro Conquistador, o Buddha. Em ambas as cabeças, viam-se sinais de renúncia e determinação; nesta, o sinal simbólico e significativo do ascetismo converte-se num símbolo de espiritualidade suprema.

Na radical seita jainista, a hostilidade ascética para com as pilosidades do organismo humano é tão excessiva que não se tolera, em absoluto, nenhum fio de cabelo num santo homem, quando e após ordenado. Parte do seu ritual de ordenação consiste em extirpar todos os fios da cabeça e do corpo. Entre eles a ideia de tonsura é, por assim dizer, levada ao extremo; também a concepção jainista de renúncia é drástica para além de todos os limites. De acordo com sua doutrina arcaica, fundamentalista e radical, os jainas observam a tal ponto as normas de mortificação física que, na velhice, pretende-se que elas terminem – o que seria a conclusão ideal – por causar a morte, como consequência de um jejum absoluto. Como se faz com as pilosidades corporais, faz-se também com a última necessidade vegetativa da carne: a revolta contra o princípio de vida é levada às últimas consequências.

Mas, embora sejam altas as recompensas espirituais e mesmo terrenas da atitude ascética, Śiva não rapa ou tosa seus cabelos, "recendentes a doces aromas". Recusando-se a servir-se dos potentes e simbólicos recursos das autorrestrições e privações, o dançarino divino e arqui-iogue será para sempre o varão de cabelos jamais cortados. A longa cabeleira desfeita, que costuma trazer "empilhada" como uma pirâmide, solta-se durante o violento frenesi triunfal de sua dança incansável e, ao espalhar-se, parece formar duas asas, à direita e à esquerda, ou uma espécie de auréola – como se difundisse, na exuberância de suas ondas mágicas, a santidade da vida vegetal, o encanto, o fascínio, o solene domínio das forças da Māyā procriadora e geradora.

É habitual vermos, na cabeleira das imagens de Śiva, pequenas figuras simbólicas. As que aparecem com mais frequência são: (1) uma diminuta representação da deusa do Ganges (Gaṅgā), a qual lhe tombou sobre a cabeça, ao descer do céu para a terra[38]; (2) flores da figueira-brava (da qual é preparada uma bebida intoxicante); (3) um crânio, símbolo da morte – diadema real ou ornamento que Śiva leva à testa, comum tanto ao deus quanto às divindades menores que lhe integram o séquito e o reino (o *memento mori* do Senhor da Destruição); (4) uma lua crescente, chamada em sânscrito *śiśu*, "a que cresce rápido, a ansiosa por crescer", e também, "o bebê recém--nascido", pois, a cada semana, agarrando-se aos seios da mãe, desenvolve--se com a rapidez da lua crescente.

Śiva é a personificação do Absoluto; em particular, de sua dissolução do universo. É a corporificação da Supramorte. É chamado de Yamāntaka, "Aquele que Extingue o Domador, que Vence e Extermina Yama, o Deus da Morte, o Domador". Śiva é Mahā-Kāla, o Grande Tempo, a Eternidade que devora o tempo, todas as eras e seus ciclos. Reduz a nada o ritmo e a voragem dos fenômenos; dissolve todas as coisas, todos os seres, todas as divindades, no imóvel oceano de pureza cristalina da Eternidade – de cujo ponto de vista nada, nada de fundamental acontece. Porém, outra vez como *śiśu*, o bebê, a lua crescente, Śiva é puro deleite e a coisa mais auspiciosa de se ver, promessa de vida e força vital; suave, mas irresistível. A lua crescente, *śiśu*, é considerada a taça do fluido da vida imortal, estimuladora do reino da vegetação e de tudo o que cresce na esfera sublunar, instando também os imortais celestes para que estejam prontos a desempenhar seus benéficos deveres cósmicos, Śiva como *śiśu* é essa taça, essa lua.

Śiva parece ser, portanto, duas coisas opostas: asceta arquetípico e dançarino arquetípico. É, por um lado, a total tranquilidade – calma interior absorvida em si mesma e no vazio do Absoluto, onde todas as distinções se fundem e dissolvem e todas as tensões estão em repouso. Por outro lado, ele é atividade total – frenética e jocosa energia vital não direcionada. Esses aspectos são as manifestações duais de uma realidade suprema absolutamente não dual. Ambos estão representados lado a lado nos santuários do deus: a realidade conhecida dos iluminados, dos Buddhas, sábios e iogues, corre paralela à desfrutada pelos filhos de Māyā, aos quais ainda subjuga o fascínio do mundo.

É muito interessante observar que, entre os poucos remanescentes da civilização do Indo – a caminhar por uma estrada de uns bons seis mil anos, como o eco de uma religiosidade anterior à chegada dos árias védicos, religiosidade arcaica e antiga como as pirâmides do Nilo –, os dois aspectos do deus já se revelam. A ilustração nº 42 mostra uma pequena placa de faiança de Mohenjo-Daro, na qual está gravada uma deidade portando chifres, nua e tricéfala, sentada como um iogue, com os calcanhares pressionados um contra o outro, e com o falo ereto. O personagem usa muitos braceletes e um penteado em forma de leque – talvez se trate da alta cabeleira desfeita. Sentado sobre um pequeno trono ou altar, cercam-no dois antílopes, um elefante, um tigre, um rinoceronte e um búfalo. (Não se pôde decifrar a escrita pictográfica que corre ao longo da margem superior.) A figura em nada se assemelha a Śiva-Paśupati, "O Senhor dos Rebanhos"[39]. Entretanto, Śiva-Naṭarāja é fortemente sugerido pelo significativo torso que se vê na ilustração nº 41. A obra provém de Harappa, cidade do vale do Indo. A cabeça perdeu-se, assim como os braços e os joelhos, além de toda a parte inferior da perna esquerda. Todas essas extremidades, feitas em separado, eram fixadas no tronco com pinos que se desfizeram. Mas os orifícios nos quais estavam inseridas são nítidos. É evidente que a figura não foi esculpida num só bloco para possibilitar o movimento dos membros; graças a isso, talvez seja possível imaginar como era a atitude gestual dos membros que faltam. Eles não deveriam colar-se ao corpo; devido aos pinos, talvez fossem capazes de mover-se de um lado para outro. (Os brinquedos infantis de Mohenjo-Daro e Harappa são munidos de tais partes móveis. Veja-se por exemplo, a ilustração nº 43.) Particularmente significativo é o ponto acima do joelho no qual a parte inferior da perna esquerda foi fixada à coxa. A posição sugere que o pé não deveria estar em repouso no chão; é possível que estivesse erguido, como num passo de dança. De fato, há todas as razões para acreditar que o torso arcaico seja de um dançarino, não muito diferente em sua forma do Naṭarāja bem posterior[40]. Há a probabilidade de termos aqui um precioso indício da continuidade de uma tradição, continuidade que se estende por um período não inferior a 4 000 anos. O episódio da invasão dos árias, que estabeleceram seu panteão olímpico de divindades védicas ortodoxas, o gradual ressurgimento das formas indianas anteriores que reassumiram o poder em definitivo, com o triunfo de Viṣṇu, Śiva e da Deusa sobre Indra, Brahmā e seu séquito, devem ser vistos como um *episódio* titânico, nada mais que isso, ocorrido no teatro atemporal da alma hindu.

A força vital dos símbolos e figuras simbólicas é inexaurível, em especial quando pertinente a uma civilização conservadora em alto grau como é a da Índia. Nossas histórias convencionais do desenvolvimento da humanidade, a evolução das instituições humanas, da religião, das virtudes e dos ideais, não raro distorcem por completo a situação, descrevendo como concepções novas as retomadas de poder das formas arcaicas arquetípicas[41]. É de lastimar que, com frequência – como durante a maior parte da história da Índia – não existem testemunhos dessa continuidade; os materiais nos quais as formas foram criadas – madeira, cujo uso era mais difundido, e barro – eram perecíveis e desapareceram. A tradição oral, outrossim, e as festas populares, com sua característica fugacidade, são praticamente impossíveis de terem seus pormenores reconstituídos através dos séculos que as separam de nós. Contamos apenas com o presente vivo e com as relíquias que o acaso preservou – as quais, porém, na maior parte, provêm das camadas oficiais, superiores, da sociedade; como podemos dogmatizar a raça humana como um todo? É habitual que surja um testemunho tangível – como aquele que de súbito nos foi mostrado pelas escavações de Harappa, Mohenjo-Daro e Chanhu-Daro, que faz estremecer a imaginação por demonstrar uma continuidade jamais suspeitada pelos historiadores. Somos forçados a uma estimativa mais humilde de todos os nossos juízos a respeito do passado. Sem que nunca possamos ter certeza, em um ou outro dos inumeráveis séculos não documentados da história humana, num ou noutro cume montanhoso do mundo ainda por escavar, pode estar oculto um dado simples que, se descoberto, poderia refutar nossa crença mais inquestionável. Provas de existência, no terceiro milênio a.C., de formas que nossos eruditos acreditavam ter-se desenvolvido só bem mais tarde, não podem nem devem ser ignoradas. A perspectiva de *duração* que elas abrem, embora não justifique bem uma refutação completa de tudo o que nos habituamos a dizer sobre progresso e mudança, ao menos propõe à nossa visão estabelecida uma contravisão – sugerindo continuidades espirituais que persistem através de enormes extensões de tempo.

Portanto, é com a consciência de que algo foi perdido para sempre que devemos estudar as tradições vivas dessa divindade popular, talvez eterna, que é Śiva[42]. Associados ao Śiva Dançarino existem, para que os descubramos hoje, muitos mitos e lendas. Quão longe devemos buscá-los pelo passado afora, para que voltem à vida os séculos sepultados, jamais saberemos. É suficiente dizer que, com toda a probabilidade, as tradições são imensamente antigas.

Diga-se de início que há dois tipos principais e antagônicos de dança, aos quais correspondem a manifestação benigna ou irada do deus. *Tāṇḍava*, a dança feroz, violenta, incitada por uma energia explosiva e arrebatadora, é uma irrupção delirante, que precipita a destruição. Por outro lado, *lāsya*, a dança suave, lírica, é cheia de doçura e representa as emoções da ternura e do amor. Śiva é o mestre perfeito de ambas.

Em seu aspecto terno, o deus é Pāśupati, "O Pastor, Senhor dos Rebanhos, Senhor dos Animais". Todos os animais (*paśu*) pertencem ao seu rebanho, tanto os selvagens quanto os domésticos. Todas as almas humanas são também o "rebanho" desse pastor. O terno símbolo do pastor a cuidar de seus animais, com o qual nos familiarizamos através de Cristo, o Bom Pastor, tal como o representa a antiga arte cristã[43], é familiar também aos devotos de Śiva. Na condição de integrante do rebanho do pastor, o devoto relaciona-se com o aspecto benigno do augusto deus.

Dessa maneira, o termo *paśu* passou a significar "um seguidor de Śiva, uma alma". De modo específico, *paśu* designa o não iniciado, o devoto de Śiva situado num grau geral e inferior. No sentido espiritual, o não iniciado, por seu estado de grosseira obtusidade, precisa ser aguilhoado pelo deus. *Paśu* representa, pois, o grau oposto ao da suprema evolução espiritual – *vīra*, "O Herói".

Já no século VI a.C., o termo *vīra* deixara de ser empregado para designar o cavaleiro intrépido da épica feudal, o régio e heroico guerreiro do campo de batalha e dos combates míticos com demônios e monstros. O significado primitivo está representado pelos heróis das lutas feudais do *Mahābhārata* e, no *Rāmāyaṇa*, por Rāma, vencedor de monstros e demônios. Mas, conforme se vê, por exemplo, no século VI, com Mahāvīra[44], *vīra* designa o herói ascético, o homem absolutamente à prova de choques, impassível ante as torturas autoinfligidas das práticas ascéticas e as tentações e seduções exteriores, como também diante das ameaças de morte.

Entre os adeptos de Śiva, o grau de iniciação *vīra* representa a obtenção pelo devoto do estado do perfeito asceta vencedor das forças naturais, do vitorioso que transcendeu sua natureza de integrante do rebanho e que, em sua perfeição ascética, iguala-se ao próprio Śiva. O *vīra* converteu-se no perfeito iogue, num verdadeiro super-homem espiritual, em "homem-herói": não é mais o mero animal humano.

A dança *tāṇḍava*, efusão violenta e frenética das energias divinas, tem características que sugerem um bailado guerreiro cósmico, destinado a despertar energias destrutivas com as quais seja devastado o inimigo; é, ao mesmo tempo, a dança triunfante do vitorioso. Há um mito que ilustra essa questão; nele, Śiva é representado como o vencedor de um grande demônio que assumira a forma de um elefante. O deus, que forçara seu adversário a dançar consigo, só parou quando a vítima caiu morta; esfolou-a, então, e fez-lhe da pele uma espécie de manto para, envolto nesse troféu gotejante de sangue, executar sua medonha dança da vitória. Uma magnífica imagem do século XVII, representativa desse triunfo bélico, celebra a aniquilação do elefante-demônio (*gajāsura-saṁhāra*) e pode ser vista no Templo Naṭarāja de Perūr, no sul da Índia (ilustração nº 39). É uma obra simples, cujo estilo é extremamente sofisticado. O deus usa uma grinalda de crânios e vê-se um crânio em seu diadema. As duas mãos superiores estiram a pele do elefante. O par de mãos seguinte sustém armas, o laço (*pāśa*) e o aguilhão (*aṅkuśa*). Duas outras mãos seguram uma das presas da vítima e um pequeno tambor em forma de ampulheta, com o qual o dançarino marca o ritmo. No par inferior de mãos vê-se um tridente (*triśūla*) e a tigela de esmolas do mendigo itinerante (*bhikṣāpātra*). O semblante do deus é de sonhadora porém deliberada indiferença: ele deleita-se com os passos lentos e solenes nos quais se condensa sua energia delirante.

Este Śiva a dançar com a pele do elefante é uma visão terrível ou irada (*ghora-mūrti*) do deus. O dançarino divino está envolto na pele de sua presa, como numa auréola hedionda. A pesada cabeça da vítima, com suas grandes orelhas, pende sob o deus; no topo, vê-se a cauda minúscula; aos lados, pendem os pés. No centro, o deus estende os oito braços, em sua dança compassada, lenta e sofisticada. O tridente e as outras armas simbólicas características do herói-soberano estão junto à tigela de esmolas do asceta, representativa da suprema indiferença do deus. Sua agilidade é a de um lagarto ou de uma serpente, em sua graça esguia.

Esse padrão representa de modo perfeito uma enigmática mescla de opostos polarizados. Percebemos, em sua ambiguidade dionisíaca, o sorriso pressago das forças vitais. Gotejando sangue, hediondo, o troféu da pele da vítima esfolada e violada constitui um fundo sinistro. Um poema de Kāli-dāsa[45] narra que a própria Deusa-Consorte, ao assistir ao combate ao qual seguiu-se a dança de seu amado esposo, alarmou-se ante a terrível visão. Arrepios percorreram-lhe a espinha. Entretanto, contra o fundo sinistro, coruscaram os membros divinos e joviais, ágeis, delicados e graciosos, movendo-se com solenidade compassada; havia neles a bela inocência do despertar das forças atléticas da jovem virilidade.

Quatro das nove "disposições" ou "sabores" (*rasa*) do sistema hindu de retórica – quatro, pelo menos – mesclam-se nesta representação. São eles o heroico (*vīra*), o selvagem (*raudra*), o atrativo (*śṛiṅgāra*) e o repugnante (*bībhatsa*); pois Śiva contém e desempenha todos os possíveis aspectos do existir, e sua dança é uma admirável harmonização de opostos. A dança, como a própria vida, mescla o medonho e o auspicioso, justapondo e unindo destruição, morte e triunfo vital, na irrupção vulcânica da lava do existir. Há aqui uma combinação familiar à mente hindu, sempre documentada pela arte do país. É compreendida como expressão do divino, abrangendo, em sua totalidade, todos os deuses e demônios, belezas e horrores, júbilos e agonias de nossa vida fenomênica.

Em outra representação do sul da Índia do século XVII, vê-se Śiva dançando envolto na pele do elefante; a obra está no Grande Templo de Madura (ilustração nº 40). Aqui, no entanto, a atitude congelou-se numa solenidade soturna. A dança delirante do deus vitorioso perdeu a agilidade encantadora e demoníaca; em vez disso, encontramos um quê de estaticidade, nesse repouso que encerra uma indiferença ameaçadora e uma terrível grandeza. O deus parece alheado, absorto em sua própria majestade solitária. Esse estilo pesado e relativamente sem vida está mais próximo que o outro da arte local, primitiva e perene. O peso da matéria, a solidez da pedra, o pio pedantismo dos detalhes afirmam-se a si mesmos. A arte sutil dos períodos anteriores[46], que sabia como converter o material sólido em miragem fugaz, numa sublime fantasmagoria expressiva da natureza sutil dos corpos das aparições divinas, aqui se desvanece; encontramos, afirmando novamente a si mesma, a sólida matéria tangível do ídolo e do fetiche primitivos.

O motivo do deus dançarino que força o elefante-demônio a dançar com ele até a morte, sem chegar a golpeá-lo com nenhuma arma nem infligir-lhe nenhum ferimento, lembra o motivo ocidental da "Dança do Vivo e do Morto". Um séquito de fantasmas esqueléticos convida para dançar a juventude florescente, na forma da donzela de faces rosadas, ou do jovem e vigoroso soldado; os fantasmas bailam até que suas vítimas tombem exaustas. O indivíduo finito e limitado não pode confrontar as forças eternas da destruição. Porém, por outro lado, a destruição – Śiva – é apenas o aspecto negativo da vida infinita.

6. A face da glória

Era uma vez um grande rei titã chamado Jalandhara. Graças a um extraordinário ascetismo, cumulara a si próprio com poderes invencíveis. Tomando-os como armas, pusera-se em confronto com os deuses de todas as esferas da criação, destronara-os e estabelecera sua nova ordem. Seu governo era de humilhação e tirania, destrutivo, e ele desprezava as leis tradicionais do universo, com iníquo e extremo egoísmo. Num tremendo e supremo rompante de orgulho, Jalandhara enviou um demônio-mensageiro para desafiar e humilhar o próprio deus supremo, Śiva, criador, preservador e destruidor do universo.

O mensageiro de Jalandhara era Rāhu, monstro que tem como função produzir o eclipse lunar.[47] A lua, suave corpo luminoso noturno, a derramar o frio leite que revigora o mundo vegetal e animal, o qual teve seus fluidos vitais consumidos pelo sol implacável do dia, representa o princípio doador da vida; a lua é a taça resplandecente na qual os deuses bebem o *amṛta*, o elixir da imortalidade. A relação de Rāhu com a esfera doadora de bênçãos estabeleceu-se nos períodos mais remotos dos tempos pré-históricos, quando os deuses e titãs, nos primórdios do mundo, batiam o cósmico Oceano Lácteo para extrair o *amṛta*, o elixir da vida eterna. Rāhu roubou o primeiro gole do licor, mas foi decapitado a seguir por um golpe de Viṣṇu. Como a bebida lhe passara pela boca e pela garganta, estas se tornaram imortais, mas o corpo seccionado sucumbiu às forças da deterioração. A cabeça, ávida por outro gole, pôs-se desde então à procura da taça do elixir – a lua. Os eclipses ocorrem quando ele a agarra e ingere; ela, porém, apenas lhe atravessa a boca e garganta (pois não há mais um estômago que a retenha) e reaparece. E a caça recomeça em seguida.

E foi Rāhu o demônio enviado por Jalandhara para humilhar o deus supremo. Naquela época Śiva estava prestes a casar-se e a abandonar sua vida de asceta, retirada e autocontemplativa. A Deusa, sua imortal Śakti, que estivera separada dele por um período, renascera em tempos recentes bela como a Lua, sob o nome e a forma de Pārvatī, filha de Himālaya, o rei-montanha. De traços finos, com longos olhos de lótus, cintura flexível e quadris abundantes, seios perfeitamente redondos a apertar-se um contra o outro ("curvava-a o peso das esferas gêmeas dos seios, como a uma árvore frutífera o peso dos frutos"), a senhora do universo assumira seu nascimento humano para unir-se à pessoa do deus, seu eterno Senhor, e para gerar no mundo criado um filho, Skanda, que viria a ser o deus da guerra. O desafio transmitido por Rāhu, o mensageiro, era este: Śiva deveria abdicar de sua joia preciosa, de sua noiva, "A Mais Bela Donzela de Todos os Mundos", entregando-a sem querelas ao novo senhor da existência, Jalandhara, o titã tirano.

Do ponto de vista do teólogo brâmane que escreveu e nos legou a história, essa impudente exigência afigura-se como um sinal de cegueira diabólica, de absoluta megalomania. Entretanto, como poderia parecer diferente ao devoto ortodoxo que sabe que, enquanto o titã-demônio é apenas uma poderosa criatura, não superior em hierarquia às divindades secundárias que fazem parte da teia de Māyā e representam inflexões específicas das energias do organismo universal, Śiva é *īśvara*, "O Senhor", personalização do Absoluto? Contudo, de outro ponto de vista, sancionado por uma grandiosa tradição de heroísmo mitológico e de prática heroica, a existência de Jalandhara, o "usurpador" (na realidade, senhor temporário do reino de Māyā), é, falando de modo estrito, legítima e até extremamente necessária, e deveria ter sido prevista no decurso natural das coisas. Afinal, de que valeria a conquista do universo se seu precioso diadema real, a Mulher, não fosse também a meta da conquista?[48]

Quando um país, ou cidade, é conquistado, o lugar é saqueado, e os objetos da pilhagem concedidos como recompensa são "mulheres e ouro". A menos que tome posse das representações do princípio feminino do reino subjugado – princípio que incorpora a Mãe-Terra, a própria fertilidade do solo –, é duvidoso que o conquistador se sinta como tal. É preciso proceder à inseminação sacramental do útero da terra conquistada; esse é o ato que, de acordo com a ideia mítica, sela a vitória militar. Assim ocorreu quando a Pérsia foi subjugada por Alexandre, o Grande, que derrotou o último dos aquemênidas; o jovem vencedor esposou as rainhas e filhas do rei, enquanto os grandes de seu séquito e exército tomaram as filhas da nobreza. A vitória foi selada com uma reencenação telúrica do preceito mitológico. Édipo, depois de ter matado Laio, o velho e ineficiente rei de Tebas, seu pai – parentesco que ignorava –, libertando com isso a cidade da maldição da monstruosa esfinge, sucedeu-o no trono casando-se com a rainha viúva, Jocasta, que era, por acaso, sua mãe. E ele o fez como coisa natural, como se cumprisse um ritual estabelecido. Não se tratava de uma ligação amorosa, não houve necessidade do envolvimento apaixonado ou terno no qual os freudianos, incansáveis, insistem. Édipo simplesmente não teria sido o legítimo soberano de Tebas se não tivesse tomado posse total da rainha, que personificava o solo e o reino. Da mesma maneira, Jalandhara não se converteria no monarca do universo sem conquistar, desposar e dominar "A Mais Bela Mulher dos Três Mundos" (*tripura-sundarī*). A posse da cósmica Śakti, corporificação viva do princípio da beleza e eterna juventude, é a façanha máxima, o prêmio supremo. Ela é a sempre desejada, conquistada e de novo perdida, na infinita e cíclica disputa pelo domínio do mundo, entre gigantes-demônios e deuses[49].

Mas os mitos dos *Purāṇa* nos chegaram reformulados por uma época pós-heroica, e antitrágica por excelência, da religião e da filosofia indiana. As histórias são muitíssimo antigas. Antes de receberem sua forma atual, as maravilhosas aventuras foram contadas e recontadas durante muitos séculos. Enquanto isso, a civilização hindu foi passando por prodigiosas transformações: as épocas heroicas dos barões feudais, os períodos de vigorosa busca espiritual, as eras douradas da régia munificência e de grande sofisticação artística, as invasões catastróficas – dos hunos, das espadas do Islã, dos exércitos do Ocidente –, desintegrações e reintegrações da herança primordial da terra tão rica, do legado atemporal caracterizado por uma energia vital. As épocas mais recentes – que transmitiram a maior parte do que recebemos, atuando, por assim dizer, como censoras e escritoras da grande herança do passado – caracterizam-se por uma qualidade de alma devocional e nitidamente anti-heroica. Os velhos mitos foram compilados, comentados e revisados por teólogos sectários, zelosos adoradores não tanto do "Desconhecido Onipresente" quanto desta ou daquela personificação divina do Absoluto – Viṣṇu, Śiva, a Deusa –, e esses devotos não apenas cuidaram do prestígio de seu deus, em especial, mas mostraram uma desconfiança radical ante as alegrias e tormentos do incorrigível homem secular. Suas versões dos velhos mitos estendem-se, lúgubres, sobre a cegueira, sobre a paixão desmedida e a megalomania dos demônios-tiranos, impulsionados por ativas e terríveis energias vitais, os quais empreendiam a aguerrida e fracassada busca de "mulheres e ouro". As aventuras que na mitologia e dramaturgia gregas e nórdicas teriam se convertido em tragédias (e que nas primitivas e agora esquecidas formas indianas eram inflamadas por centelhas, pelo menos, de compaixão e de terror trágico) foram transformadas, por essas mãos devotas, em sectárias peças dramatúrgicas de mistério "para a maior glória do deus" – *ad majorem dei gloriam.* Nelas o herói trágico figura, em escala cósmica, como o "Gigante Louco"[50].

Por isso, espera-se que nutramos pouca simpatia – apenas um desdém cósmico – por Jalandhara, o demônio-tirano conquistador do universo, quando ele manifesta sua pretensão ao supremo troféu da totalidade vital. Não devemos ver, nessa exigência, uma equivalência de nossa esperança e de nossos supremos esforços como seres humanos. Pelo contrário, sendo nós devotos, filhos e objetos da bondade do deus, cabe-nos perceber na exigência do tirano somente impudência, brutalidade, blasfêmia e um ridículo autoenaltecimento. Os próximos passos da história apoiam esta atitude benéfica e prudente, recomendando-nos o potente talismã ou objeto de culto que é "A Face da Glória" (*Kīrttimukha*), proteção divina de todos os verdadeiros fiéis, de nossos lares e corações, contra as forças tirânicas do mundo voraz.

No momento em que Rāhu transmitiu a exigência de Jalandhara de que a Deusa lhe fosse entregue – tornando-se, a Śakti do universo, a principal rainha do tirano –, Śiva reagiu ao desafio colossal. Do ponto entre suas duas sobrancelhas – ponto denominado "O Lótus do Domínio" (*ājñācakra*), onde se localiza o centro da iluminação e se abre o olho espiritual do vidente adiantado – irrompeu uma energia tremenda, cuja explosão tomou, no mesmo instante, a forma física de um horrendo demônio de cabeça de leão. O assustador corpo do monstro era magro e fraco, denotando fome insaciável, embora fosse perceptível sua força invencível e inesgotável. Da garganta prodigiosa partiu um rugido de trovão; os olhos queimavam como fogo; a juba, desgrenhada, espalhou-se pelo espaço[51]. Rāhu ficou aterrado.

Entretanto, este mensageiro era um perito em recursos técnicos de poder sobrenatural. Quando a explosão de raiva encarnada precipitou-se sobre ele, reagiu com o único procedimento que lhe restava: refugiou-se na todo-protetora paternidade e benevolência do próprio Śiva. Criou-se, pois, uma situação nova e muito difícil: de imediato, o deus ordenou ao monstro que poupasse o suplicante, e o meio-leão continuou a sofrer sua fome dolorosa, sem alimento que o apaziguasse. A criatura pediu então ao deus que designasse uma vítima que lhe aplacasse o tormento.

Na mitologia indiana, desde os *Veda* esse princípio de poder vem sendo reiterado: sempre que um demônio é forçado, por ordem de um deus, a libertar, por qualquer razão, sua legítima presa, é necessário que lhe seja entregue um substituto. Uma nova vítima tem de ser oferecida para saciar e aplacar a voracidade do novo poder físico à solta no mundo. Neste caso, Śiva comportou-se à altura da situação. Sugeriu que o monstro se alimentasse da carne de seus próprios pés e mãos. Em seguida a esse incrível banquete, a incrível encarnação de voracidade cega foi adiante. Arrebatada por sua fome congênita, comeu e comeu. Tendo devorado não apenas pés e mãos, mas também braços e pernas, mesmo assim não conseguiu parar. Os dentes continuaram seu trabalho na barriga, no peito e no pescoço; por fim, restou apenas a face.

Estava encarnada no monstro a ira do Ser Supremo, o poder destrutivo do Deus Universal que, sob a forma de Śiva-Rudra (*rudra*, "O Uivador", "O Vociferador", era o nome védico de Śiva, referindo-se ao seu aspecto de aniquilador do mundo), destrói periodicamente o universo criado; é a ira e a fome do fogo cósmico que, no fim do mundo, reduz tudo a cinzas, sendo então ele próprio apagado por uma chuva torrencial. Por isso, o fantástico espetáculo era uma visão tão cara ao deus, que estava em harmonia essencial com ela. – Tu és meu filho amado – deve ter exclamado ele, satisfeito – no qual eu me rejubilo. Assistiu em silêncio, mas com supremo deleite, ao apavorante procedimento de pesadelo e, alegrado pela manifestação vívida da energia que consumia a própria substância, sorriu para a criança gerada por sua ira – que reduzira o próprio corpo, junta a junta, à exiguidade de uma face apenas – e, benigno, declarou: – Serás conhecido, doravante, como a "Face da Glória" (*Kīrttimukha*), e ordeno-te que fiques para sempre à minha porta. Quem quer que se esqueça de venerar-te jamais receberá minha graça[52].

Kīrttimukha (ilustração nº 51) era a princípio um emblema especial do próprio Śiva e um elemento característico das vergas de portas e janelas dos templos do deus. (No nosso comentário da ilustração nº 34[53] chamamos a atenção para a "Face da Glória" que figura no alto da composição.) Dentro em pouco, a "Face" começou a ser colocada de maneira indiscriminada em várias partes dos santuários hindus, como um recurso auspicioso para proteção contra o mal; é, em geral, incorporada a frisos decorativos. Kīrttimukha aparece também na coroa de cabelos desfeitos de Śiva – talvez, neste caso, refira-se a outra versão da história, em que a recompensa do monstro foi sua integração aos cachos do deus. Nesta condição, desenvolveu-se até converter-se num remate decorativo focalizado na parte superior das imagens, vindo a ser, deste modo, colocado sobre a auréola (*prabhā-maṇḍala*) chamada "Porta do Esplendor" (*prabhā-toraṇa*), situada atrás das efígies. A repetição transformou Kīrttimukha numa convenção que logo o associou a um par de monstros marinhos (*makara*) que de hábito exercem função idêntica à sua. Como a cabeça da Górgona na tradição grega (porém, como vimos, inserida num passado mitológico bem diferente), Kīrttimukha atua basicamente como uma máscara demoníaca apotropaica, um guardião das portas hediondo e aterrorizante. O devoto, entretanto – quando ortodoxo –, saúda a "Face" com convicção e fé; ele sabe que Kīrttimukha é uma parte ativa da substância da própria divindade, símbolo e agente de sua cólera protetora, que destrói o inimigo.

"A Face da Glória" destaca-se de modo especial na arte javanesa. Nesta, figura ao lado de outras criaturas grotescas e ameaçadoras do séquito de Śiva – demônios armados de clavas (arma primitiva e símbolo fálico), nos quais, como em seu senhor, vemos serpentes sendo usadas como braceletes, em lugar do tradicional "cordão sagrado"[54] (ilustração nº 52). Os traços aborígenes do povo javanês – que se converteu ao hinduísmo durante a Idade Média – tornam deliciosas essas figuras, a um só tempo aterrorizantes e cheias de humor. Esse tipo de divindades e imagens possibilita uma espécie de intimidade jocosa com as forças da destruição. Elas representam o "outro lado", o aspecto irado (*ghora-mūrti*) dos tão conhecidos e amados poderes divinos. Quando propiciadas de maneira adequada, tais presenças apoiam a vida e afugentam os demônios da doença e da morte.

Essa maneira de representá-las, ambivalente e sábia, é característica de todo o panteão śivaíta, em toda a sua extensão. Há um maravilhoso humor vital nessa formulação. Veja-se, por exemplo, Gaṇeśa, o imensamente adorado e popular "Senhor dos Exércitos", jovial Filho de Śiva e da Deusa Suprema, capitão do garboso séquito da deidade. A ilustração nº 53 é uma representação típica – trata-se de uma obra da própria Índia, e não de Java. Nas extremidades superiores flutuam dois integrantes do séquito (*gaṇa*) e junto do pedestal acocora-se o "veículo da divindade (*vāhana*), o rato. Tal como este abre caminho através de todos os obstáculos para chegar à segurança do celeiro, onde consumirá o arroz armazenado pelos habitantes da aldeia; tal como o elefante, com sua força e determinação, avança selva adentro, esmagando e arrancando a vegetação que lhe impede a marcha, assim Gaṇeśa, "O Senhor dos Obstáculos" (*vighna-īśvara*), abre caminho para o devoto. No início de qualquer empreendimento ele é invocado. Na mão esquerda leva um vaso cheio de arroz com o qual se alimenta, ou de coral, pedras preciosas e pérolas, que derrama sobre seus devotos. Ventrudo e abastado, é o dispensador da prosperidade e do bem-estar terreno[55].

Abençoado é aquele que encara de frente este rotundo e fascinante filho da Deusa, mas ai daquele a quem a divindade vira as costas! A ilustração nº 54 mostra o reverso de uma imagem javanesa de Gaṇeśa, do século XIII d.C. Enquanto o aspecto auspicioso e benevolente (*sundara-mūrti*), que saúda o devoto que se aproxima de sua parte frontal, é cheio de humor e de boa vontade, o reverso da medalha, o aspecto terrível e destrutivo (*ghora-mūrti*), conhecido apenas daqueles para os quais os caminhos da vida permanecem fechados, é um aterrorizante monstro devorador de dentes carnívoros. Esse monstro é Kīrttimukha, "A Face da Glória", protetor dos santos, mas que é para o ímpio, como foi para Rāhu, um símbolo da ira.

Kīrttimukha é chamado de Vanaspati[56], "Espírito Soberano dos Bosques", "Padroeiro das Selvas", "Rei da Vegetação". A floresta encerra todos os tipos de perigos e demônios, inimigos e doenças, em contraste com as zonas de segurança da aldeia e do lar – locais que possuem, ambos, seus específicos deuses tutelares. Nos templos javaneses, Kīrttimukha é um ornamento popular, atuando como símbolo ameaçador e protetor. Está apto para fazer frente a qualquer mal. O princípio simbolizado em sua façanha expressiva, uma vez compreendido pela mente e assimilado por suas faculdades, será uma proteção contra os infortúnios físicos ou espirituais, por mais profunda que se apresente a escuridão da selva do mundo. Ele evidencia a presença do Senhor no momento da desgraça, a pronta disposição de sempre confortar com sua proteção até os próprios inimigos, o paradoxo da vida na morte. E a sabedoria de entregar-se às mãos do Senhor.

7. O destruidor das três cidades

Antes de passar aos mistérios de Devī, "A Deusa", vamos considerar mais um dos "aspectos auspiciosos" da grande divindade cujo símbolo estabelecido ou fundamental é o *liṅga.* A ilustração nº 55 é um relevo de Elūrā do século VIII d.C., no qual Śiva é apresentado sob o disfarce de Tripurāntaka, "Aquele Que Põe Fim às Três Cidades ou Fortalezas". Aqui, o deus aparece como conquistador e libertador de todo o universo.

De acordo com uma antiga concepção védica, o universo compreende três mundos (*triloka*): a terra, o espaço intermediário ou atmosfera e o firmamento ou céu. São denominados "As Três Cidades" (*tripura*)[57]. Śiva, enquanto Tripurāntaka, põe-lhes fim (*anta*)[58]. Conta-se que, como de outras vezes no curso da história, os demônios, titãs ou antideuses (*asura*), meio-irmãos e eternos rivais dos legítimos governantes do mundo, tinham usurpado o poder régio destes últimos. Eram, como de hábito, comandados por um tirano severo e astucioso, que, como Jalandhara, possuía um poder especial, adquirido em anos de autodisciplina violenta. O nome desse tirano era Maya (não devendo ser confundido com Māyā).

Ao apossar-se da totalidade do cosmos criado, ele construiu três poderosas fortalezas, uma no firmamento, uma na terra e outra na atmosfera que os medeia. Por um ato de mágica, amalgamou as três fortificações em uma, num único e prodigioso centro do caos demoníaco e da tirania do mundo, praticamente invencível. Com o poder de sua ioga, determinou que a poderosa fortaleza jamais fosse conquistada, a menos que uma flecha, uma única, a perfurasse. Não havia nenhum arqueiro, vivo ou imaginário, capaz de disparar uma seta gigantesca a ponto de perfurar a amalgamada cidadela do demônio. Indra, rei da chuva e do trovão, soberano dos deuses; Agni, o deus do fogo; Vāyu, o deus do vento, eram, todos eles, eficientes e respeitáveis especialistas, mas não estavam à altura de tal missão. Nenhum dos grandes olímpicos, dos brilhantes habitantes do monte Meru, agora expulsos do seu paraíso para o amargo vazio do exílio, contava poder jamais reunir forças para cindir aquelas fortificações.

De acordo com a tradição védica, Śiva fora caçador em tempos ancestrais, tendo sido suas armas o arco e a flecha. Numa época muito remota, quando ainda estava excluído da respeitável e majestosa comunidade dos olímpicos – protetores da ordem humana, ordem que a distinguia da selva não organizada –, Śiva era considerado o senhor da floresta, dos animais selvagens[59]. Errando entre estes com suas armas primitivas, era seu padroeiro antropomórfico. Era também o soberano dos fantasmas e espectros que habitam os lugares situados fora dos limites das aldeias, e que são, por isso, muito perigosos. Almas penadas, que o seguiam a uivar, formavam sua comitiva.[60]

No passado, o arco de Śiva realizara celebradas façanhas. Por exemplo, quando o pai primordial das criaturas, Prajāpati, desejara cometer incesto com a filha, a encantadora donzela "Aurora" (uma história antiquíssima do primeiro pai e da primeira filha), fora Śiva o convocado pelos deuses para intervir e, com seu arco, punir o pai transgressor. Agora, sua presença é solicitada outra vez, para que seja restabelecida a ordem divina do universo. Seu trabalho será aniquilar, com uma só flechada, a fortaleza universal dos demônios, Tripura.

O relevo de Elūrā mostra o arqueiro divino voando numa carruagem aérea, puxada por cavalos corcoveantes. A mão esquerda ergue o arco; o braço direito está dobrado e a mão, que retesou a corda até o lóbulo da orelha direita, acabou de desferir o poderoso projétil. A magnitude do gesto pressagia a magnitude do resultado. O cocheiro de Śiva é o Brahmā quadricéfalo, de nobre beleza. Com uma encantadora expressão de zelosa atenção e confiança, este se concentra na sua tarefa. Enquanto isso, o herói hercúleo, vigoroso e dinâmico, embora lhe falte a solidez e o peso dos guerreiros terrenos, projeta-se do fundo do relevo com a leveza e a força irresistível de um relâmpago, num gesto rápido e triunfante, sem substancialidade estática. O mágico castelo demoníaco desmorona, e seus habitantes tombam de novo no olvido; o mundo, mais uma vez, é libertado das malhas do mal; o ciclo da história retoma seu curso. A tirania do ego – tímido, porém terrível, brutal em sua ambição e lascívia inconsequente – é dissolvida de um só golpe. As energias da existência universal, jorrando livres de suas fontes transcendentais, irrompem em todos os mundos e o cosmos rejubila-se com a melodia da vida restaurada. Tanto como o *liṅga*, a flecha de Śiva é o veículo de sua energia: ambos são a mesma coisa.

Ao longo dos muros de seus mais importantes santuários, veem-se os feitos heroicos do grande deus. A tradição oral e a literária voltam sempre a narrá-los. Sacerdotes e sábios, nos centros de peregrinação, santuários e templos, desenrolam o panorama da carreira do deus durante o transcurso da história mitológica universal. De novo sereno e extático, pairando acima da serenidade e do êxtase, transcendente, desconhecido e incognoscível, superando a própria e maravilhosa dualidade do Deus e da Deusa, de *Liṅga* e *Yoni*, Flecha e Tripura, está O Primeiro Sem Segundo, o Absoluto. Este é o Brahman-Ātman, representado em todas as imagens e lendas. É o *bindu*[61], que apesar de invisível mostra-se em todo o espaço visível dos triângulos interpenetrantes.

Essa é a vitalidade da qual se origina o fenômeno das formas em expansão, com força irreprimível. Brahman, a fecunda neutralidade, é uma plenitude – não é macho nem fêmea, bom nem mau, mas macho *e* fêmea, bom *e* mau. Śiva é a sua personificação. Cada lampejo dos membros do rodopiante iogue divino, cada seta desferida por seu arco são idênticos, em sua quintessência, à divina substância do repouso e da paz eterna.

NOTAS

1. *Brahman* (neutro) e *Brahmā* (masculino) não devem ser confundidos. O primeiro refere-se ao Absoluto transcendente e imanente; o segundo é uma personificação antropomórfica do Criador Demiurgo. *Brahman* é, de fato, um termo metafísico, e Brahmā uma designação mitológica.

[É preciso esclarecer que, na gramática sânscrita, o gênero nem sempre se refere a sexo físico. Gênero pressupõe função, enquanto sexo pressupõe forma; ou seja, um indivíduo pode ser masculino sob determinado ponto de vista e feminino de outro. Por exemplo, podemos referir-nos a Prajāpati (o Progenitor, m.) como "grávida"; Mitra efetua a "fecundação de Varuṇa", enquanto Brahman (neutro) pode ser considerado como o útero" da vida; da mesma forma, no cristianismo, "este homem" e "esta mulher" são ambos "femininos para Deus". Embora gramaticalmente neutro, Brahman é o princípio de toda a diferenciação, tal como no Gênesis a "imagem de Deus" está refletida na criação do "varão e da fêmea". Em geral, o gênero masculino envolve atividade e avanço, o feminino passividade e recuo, e o neutro, uma condição marcada pelo estático e pelo absoluto. Essência e natureza são respectivamente masculina e feminina, diferentes segundo a lógica, sendo porém "unas em Deus", que não é *nem* este *nem* aquele, sendo, portanto, antes "Isto" (it) que um "Ele" ou "Ela" específico. – AKC.]

2. O substantivo *agni* relaciona-se etimologicamente com "ígneo", "ignição".

3. [Esses disfarces estão na realidade combinados no conceito e iconografia de Hari--Hara, isto é, *mixta persona* de Viṣṇu-Śiva. – AKC,]

4. Essa situação não é mencionada nos registros do período védico (cerca de 1500-1000 a.C.), época em que o deus Brahmā era desconhecido, e Viṣṇu e Śiva desempenhavam papéis relativamente insignificantes. Śiva era então conhecido pelo nome de Rudra, o "Uivador". Viṣṇu e Śiva-Rudra teriam sido, talvez, figuras importantes nos panteões locais, pré-árias e não védicos, podendo ter-se inserido, através de um reconhecimento gradual, na excludente tradição dos conquistadores do país,

[No período védico, entretanto, Agni-Bṛhaspati é "o Brahmā", isto é, o Sumo Sacerdote dos deuses – sendo então, virtualmente, o deus Brahmā. – AKC.]

A mitologia bramânica parece ter-se desenvolvido durante o período dos *Brāhmaṇa* (cerca 1000 a 700 a.C.) e ter sido produzida pela doutrina ortodoxa ária. Brahmā personificou por certo tempo o Brahman supremo, mas, mesmo durante esse apogeu, Viṣṇu e Śiva, seus dois rivais, tiveram uma rápida ascendência. Com o triunfo popular do hinduísmo (como documentam as obras de arte dos períodos clássico, medieval e moderno, bem como os textos purânicos e tântricos, as grandes epopeias e certas passagens das *Upaniṣad*), Brahmā fica, em definitivo, subordinado a Viṣṇu e Śiva. O hindu moderno cultua estas duas últimas divindades ou a Deusa; Brahmā não é, na atualidade, objeto de uma veneração mais profunda.

5. Cf. p. 80-81, *supra*.

6. [O ígneo *liṅga* é uma das formas do *Axis Mundi*, podendo ser comparado ao raio de luz ou relâmpago (*vajra*, *keraunós*) que penetra e fertiliza a yoni-altar, a Terra, mãe do fogo, já que "a luz é a força geradora". Em ancestrais natividades cristãs, ele é representado pelo raio que se expande desde as alturas, desde o Sol, até o interior da caverna na qual a deusa Terra dá à luz seu filho.

Outra importante versão purânica da origem do *liṅga* de Śiva e de seu culto está em F.D.K. Bosch e outras fontes citadas em meu texto *Yakṣas* II, Washington, 1928, p. 44-45. AKC]

7. *Viṣṇu Purāṇa*, *Matsya Purāṇa*, *Brahmā Purāṇa* e outros.

8. *Mārkaṇḍeya Purāṇa*, *Kūrma Purāṇa.*

9. *Annales du Musée Guimet*, *Bibliothèque d'études*, tomo 27; G. Jouveau-Dubreuil, *Archéologie du Sud de l'Inde* (Geuthner, Paris, 1941), tomo II, Iconographie, p, 24-25.

10. [Ou melhor, *Maheśa-mūrti*, não exatamente uma "*Trimūrti*" (Ekapāda-mūrti); de qualquer modo, uma trindade: ver T.A.G. Rao, *Elements of Hindu Iconography*, II, p. 382-385. Isso significa que nenhum dos rostos é de fato uma representação de Viṣṇu ou Brahmā; trata-se, sim, de aspectos do próprio Śiva. – AKC.]

11. De acordo com a filosofia Saṁkhya, a matéria cósmica (*prakṛti*) torna-se manifesta nos três *guṇas* (*sattva*, *rajas*, *tamas*) e estes, por sua vez, produzem os cinco elementos de cujas combinações são geradas todas as formas fenomenais.

12. [Trata-se, em outras palavras, da representação de *Sadāśiva*, a essência primordial, cuja natureza intrínseca é a unidade do manifestado e do não manifestado (*vyaktāvyakta*), isto é, das duas naturezas da essência única, anteriores à atuação do poder do Senhor (como Īśvara, *kuriós*) e cuja natureza (como do "útero de Brahmā") todas as coisas derivam, como de uma mãe (ver *Mahārtha-mañjarī* de Maheśvarānanda, p. 44). Nessa identidade suprema, todos os contrários estão inerentes, sem oposição mútua; como, por exemplo *sat* e *asat*, τὸ ὄν e τὸ μὴ ὄν; em (*mokṣa*) isso ocorre também através "*dos* pares de opostos"; por exemplo, através *do* conhecimento do bem e do mal, que o homem adquiriu com a Queda. – AKC.]

13. [Conforme Heinrich Zimmer, em *Some Aspects of Time in Indian Art*, Journ. Indian Society of Oriental Art, I, 1933, p. 48; e meu próprio *Tantric Doctrine of Divine Biunity*, em Annals Bhandarkar Research Institute, 19, 1938. – AKC.]

14. [Gaṇeśa, que corresponde a Agni-Bṛhaspati, "Senhor dos Exércitos" (isto é, Senhor dos Maruts, dos Sopros, dos Poderes do Espirito) no *Ṛg Veda*, e Skanda representam respectivamente *Sacerdotium* (*Brahmā*) e *Regnum* (*kṣatra*), sendo os "exércitos" constituídos pelos Comuns (*viśa*). A cabeça de elefante de Gaṇeśa corresponde à "glória elefantina" (*hastī-varcas*) e à "força" atribuída ao Sol e a Bṛhaspati no *Atharva Veda*. Assim, Gaṇeśa não é, conforme se afirma com frequência, um conceito "de origem popular", mas de origem hierática. Também conforme Alice Getty, em *Gaṇeśa*, Oxford, 1926. – AKC]

15. Do hindustani, *cāurī* (em inglês, *chowry*), derivado do sânscrito *cāmarī*, proveniente, por sua vez, de *camara*, que significa iaque. Os abanos são feitos do pelo da cauda branca desse animal de carga tibetano.

16. Em sua origem, a palavra *mantra* significava apenas um instrumento verbal para produzir algo em nossa mente. Tal instrumento era considerado como uma aquisição de poder. Uma palavra ou fórmula, como, por exemplo, "democracia" ou "caridade", representa uma presença ou energia mental; através dela, algo é produzido e cristalizado na mente. O termo *mantra-śakti* é empregado para indicar esse poder mágico das palavras, quando reunidas numa fórmula ou expressão eficaz.

17. Sobre a definição de Māyā e Śakti, ver p. 30-31, *supra*.

18. *Brahman* é a Vida que vive em todas as coisas ["o fogo sempre vivo" de Heráclito, a "natureza em perene geração" de Platão – AKC.]. "Jamais nascida, ela nunca morre e, uma vez existente, jamais deixa de existir. Não nascida, eterna, permanente e primeva, não morre quando morre o corpo" (*Bhagavad Gitā*, 2.20.). Esse "Isto", quando vivenciado introspectivamente, como fonte de nossa existência individual, é chamado *Ātman* (o Self). Quando intuído como a forma que alimenta o fluxo externo universal, é Brahman (o Absoluto). Brahman-Ātman, o Todo em todos nós, transcende a razão humana, não podendo ser concebido por nossa imaginação nem ser descrito; pode, sim, ser vivenciado como a própria Vida em nosso interior (*ātman*), ou intuído como a Vida do cosmos (*Brahman*).

> Aquele que sabe que Isto é incompreensível, compreende;
> Aquele que pensa compreender, não compreende.
> Isto é desconhecido pelos que o conhecem
> E conhecido pelos que o desconhecem. (*Kena Upaniṣad*, 2.3)

[Em consequência, apenas pode ser conhecido pela negação, em *docta ignorantia*, como na teologia cristã. – AKC.].

19. [Self eterno – ou seja, Self e guia imortal do eu, do homem comum, homem e mulher, fulano e sicrano – a quem se deve *toda* a veneração. "Isso és tu", "Quem quer que se dirija a qualquer deidade como a um 'outro', pensando 'Ele é um, e eu, outro', não sabe nada" (*Bṛihadāraṇyaka Upaniṣad* 1.4.10.). "Há quem seja tão simplista a ponto de pensar em Deus como se *lá* fosse Seu domicílio, e pense em si mesmo como um *aqui*. Não é assim; Deus e Eu somos um." (Meister Eckhart, Pfeiffer, p. 469.) – AKC.]

20. Cf. p. 77-85, *supra*.

21. Igualmente, de acordo com os lexicógrafos gregos, a letra grega Δ – delta – indica (embora aponte para cima) o feminino: "Δέλτα, εἴδωλον γυναικεῖον.". Também os ciganos europeus, em sua linguagem simbólica, expressam o sexo feminino através do triângulo, uso por eles trazido da Índia, sua antiga terra natal. Entre os sinais cifrados que apõem em cercados ou umbrais para avisar aos companheiros a respeito dos habitantes de uma casa, figura o triângulo: desenham um ou mais, para indicar o número de mulheres que há nela.

22. Veja, a respeito, a p. 107, *supra*.

23. *Bindu*. "o ponto", isto é, o Absoluto, cf. p. 121, *supra*.

24. O nome tâmil é *Muyalaka*, que também significa imprudência ou esquecimento.

25. As vogais *a* e *u*, quando juntas, formam *o*.

26. A palavra chinesa *lohan* vem do sânscrito *arhant*, *arahant*; em japonês tornou-se *rakan*. (A raiz *arh* significa ser capaz, qualificado, digno; no *Ṛg Veda* e nos *Brāhmaṇa*, *arhana* – qualificação, mérito – é pré-requisito para a imortalidade e condição indispensável para entrar pela Porta do Sol; no budismo, *arhatta*, o estado de *arhat*, significa estado de Buddha. – AKC.]

27. A palavra latina *fascinosum* refere-se, original e literalmente, ao reino do olfato, e em primeiro lugar à sedução do odor sexual – por exemplo, à fragrância das flores que, abrindo seus cálices, pedem para ser fecundadas.

28. O Gênio da Vida transmite sem interrupção toda a sorte de iniciações, revelações e mensagens. Mas esse mesmo gênio, sob o aspecto da Natureza, conferiu-nos a preciosa dádiva de uma natural cegueira e surdez (*avidyā* – ignorância, *māyā*), para que sejamos incapazes de sintonizar a frequência WOB (Wisdom of the Buddha – Sabedoria do Buddha). Esse problema da sintonia continua sendo, para nós, a maior dificuldade.

29. [Como muitos outros rituais verbais ou visuais, a tonsura do Bodhisattva tem antecedentes brâmanes: "Por intenção de seu êxito, cortaram a mecha de cabelos, pensando: 'Possamos nós com mais rapidez alcançar o céu' " (*Taittirīya Saṁhitā*, VII. 4.9). – AKC.]

30. Reproduzido com permissão dos editores da obra de Henry Clarke Warren, *Buddhism in Translations*, Harvard Oriental Series, 3, Cambridge, Mass., Harvard University Press, 1896, p. 66, que é, por sua vez, uma tradução páli do *Introduction to the Jātaka*, i, 64-5.

31. *Sakka* (páli) corresponde a *śakra* (sânscrito), ou seja, refere-se ao deus Indra. Śakra, sustendo a mecha de cabelo, é a figura vista a voar no canto superior esquerdo da ilustração nº 45.

32. Aqueles que se retiram da sociedade humana adotam, por vontade própria, a vestimenta amarelo-laranja, que em sua origem era o vestuário dos criminosos levados ao local de execução [tal como a túnica cor de açafrão usada pelos religiosos e que o cavaleiro Rajput enverga, ao partir para a morte numa batalha de forças catastroficamente desiguais. Quem se torna "Aquele que Abandona" realiza ritos fúnebres; os sufis chamam ao *sannyāsī* de "o morto que caminha". – AKC.]

33. Usualmente, esta é a maneira ritual por que alguém se aproxima ou se despede de uma pessoa venerável – um guru, um santo, uma imagem, uma deidade ou um objeto de adoração.

34. Warren, p. 67.

35. [O "cavalo" é um símbolo do veículo corporal, e o "cavaleiro" é o espírito: quando o último chegou ao término de suas encarnações, a sela fica vazia e o veículo necessariamente morre. A renúncia do Bodhisattva, como a de qualquer outro *sannyāsī*, é uma morte virtual. – AKC.]

36. Tal como estão representados, por exemplo, na famosa tela de Ticiano "Amor Sagrado e Amor Profano".

37. [Como as *perīs* ou *hūrīs* do paraíso islâmico. – AKC.]

38. Cf. p. 93-94, *supra.*

39. Conforme diz Sir John Marshall, em *Mohenjo-Daro and the Indus Civilization*, Londres, 1931, vol. I, p. 52-56.

40. A arte da civilização do Indo não conhecia a convenção oriental posterior das imagens com múltiplos braços. Esse recurso, desenvolvido na Índia nos tempos medievais, enriqueceu imensamente as possibilidades de comunicação iconográfica.

41. ["Aquele a quem causa admiração que um símbolo formal possa não apenas manter-se vivo por milênios, mas que possa também ressurgir depois de um hiato de milhares de anos, deveria lembrar-se de que a força do mundo espiritual, que é parte do símbolo, é eterna... É a força espiritual que sabe e quer, e que manifesta a si mesma no lugar e tempo devido." (Walter Andrae, *Die ionische Säule, Bauform oder Symbol?*, 1933, Schlusswort.) – AKC.]

42. É óbvio que o nome sânscrito Śiva não deve ter sido aplicado a esta figura do passado pré-ária; mas a divindade pode ter estado presente sob outro nome. Śiva significa "O Beneficente, O Benevolente, O Abençoado".

43. Como as pinturas das catacumbas romanas e o famoso mosaico de Ravena.

44. Mahāvīra, o restaurador da doutrina jaina, foi contemporâneo de Buddha. [Mas Mahāvīra, "grande herói", já é o epíteto de Indra no *Ṛg Veda*; fica implícito (*-jit*) ser ele um "vencedor" (*jina*); esses epítetos são hereditários, tanto no jainismo como no budismo. – AKC]

45. *Meghadūta*, "*O Mensageiro das Nuvens*" (traduzido por Arthur W. Ryder no livro editado pela Everyman's Library, *Shakuntala and Other Writings*).

46. Que compreendem a arte Gupta e a Chalukya, a arte de Bādāmī", de Rāśtrakūta, de Elūrā e de Elefanta, a arte Paliava e a de Māmallapuram.

47. [Este é um tema muito complexo. Ver, por exemplo, Willy Hartner, "The Pseudo-planetary Nodes of the Moons Orbit in Hindu and Islamic Iconographies" in *Ars Islamica* V, 1938; e meu *Yakṣas*, II, Washington, 1931, capítulo 4, The Makara. O Kīrttimukha como a terrível Face de Deus, que gera e devora seus filhos, como o Sol e a Morte, é análogo ao mito grego das Górgonas e ao mito chinês de T'ao T'ieh, o "Glutão". – AKC.]

48. [Na realidade, o próprio Indra é representado com frequência como sedutor da esposa de Gandharva, Vāc, de cuja posse depende a vitória e pela qual os deuses e titãs estão sempre em luta. Ela representa o reino, o poder e a glória, mas sua sedução é uma violação; como enfatizam certos hinos bem conhecidos do *Ṛg* e do *Atharva Veda*, "a esposa de Brahman" precisa ser restituída, isto

é, o Regnum deve restituí-la ao Sacerdotium, num ato de submissão que reconhece que é apenas como agente e vice-rei do Sacerdotium que *o fiat* do rei pode ser legitimamente enunciado. A exigência de Jalandhara, como diz o Dr. Zimmer, é "tirânica", e é como o que exerce poder tirânico, não como rei, que as reivindicações satânicas de Jalandhara ao domínio do universo são condenadas. – AKC.]

49. Compare-se no *Eda*, a disputa wagneriana entre deuses e gigantes pela posse de Freya, A Mais Bela Donzela do Mundo, exuberante de juventude, guardiã das maçãs douradas da vida eterna.

50. Isso nos leva à observação de que é raro que os teólogos criem poesia ou arte de primeira ordem. Em virtude de seu dogmatismo, têm uma visão estreita dos aspectos ambíguos e ambivalentes da vida. Eles carecem (em resultado do seu treinamento) daquele cinismo, daquela inocência arriscada, cândida e infantil, que são os requisitos básicos para aquele que trata com os mitos. Falta-lhes (porque esse é o seu dever e virtude) aquele toque de "amoralidade" que deve ser parte, por mínima que esta seja, do padrão intelectual e intuitivo de uma pessoa, ou, caso contrário, ela será presa de preconceitos, carecendo dessa particular, perturbadora e irônica compreensão da vida.

51. Na mitologia de Viṣṇu há um momento comparável, quando um certo rei-demônio, "Roupagem de Ouro" (*hiraṇya-kaśīpu*), desafia o poder do deus. Viṣṇu irrompe de uma coluna do próprio palácio do rei, em sua manifestação "Meio-Homem, Meio-Leão" (*narasiṁha*, a quarta encarnação ou avatar de Viṣṇu), e o ateu blasfemo é feito em frangalhos num instante.

52. *Skānda Purāṇa*, vol. II, *Viṣṇukāṇḍa*, *Kārttikamāsa Māhātmya*, cap. 17, conforme *Rūpam* I, Calcutá, janeiro de 1920, p. 11-19.

53. Cf. p. 113-114, *supra*.

54. O cordão sagrado (*upavīta*) é usado por todos os hindus da casta superior. Compõe-se de três fios de algodão que atravessam o corpo, indo do ombro esquerdo até o quadril direito. É colocado pela primeira vez num jovem por seu guru, na cerimônia de iniciação que costuma realizar-se, por via de regra, quando o menino tem de oito a doze anos.

[Conforme explica o *Jābāla Upaniṣad*, o "cordão sagrado" é o símbolo externo e visível do *sūtrātman*, "cordão espiritual" no qual todas as existências individuais do universo estão enfiadas como pedras preciosas, e através do qual ligam-se inseparavelmente à sua origem. – AKC.]

55. O nome *Gaṇeśa*, "Senhor dos Exércitos", é composto de *gaṇa* (exércitos) e *īśa* (senhor). Em sânscrito, a junção das vogais *a* e *i* resulta em *e*.

56. [Nome original e adequado de Agni, a cujo aspecto devorador (Vārunya) Kīrttimukha pode ser comparado. – AKC.]

57. Por isso, Devī, a Deusa Suprema, personificação feminina da energia total da criação, é denominada "A Mais Bela das Três Cidades" (*tripura-sundarī*), isto é, Nossa Senhora do Universo.

58. *Anta* relaciona-se com (*to*) *end* – final, finalizar, em inglês,

59. Compare-se o início da relação do Dionísio grego com a altiva comunidade gerida por Zeus. Nos tempos de Alexandre, os gregos comparavam Śiva a Dionísio.

60. Enquanto Senhor dos Mortos, Śiva assemelha-se ao deus nórdico Wode-Wodan, o "Caçador Selvagem"; este, acompanhado de seu séquito de espíritos ululantes, persegue a caça no ermo. Com a cristianização dos pagãos europeus, o aspecto benéfico de Wodan incorporou-se a São Nicolau (Santa Claus), que, em seu galope sobre os telhados, na época do solstício de inverno, dispensava bênçãos a seus devotos.

61. Cf. p. 121, *supra*.

CAPÍTULO V

A DEUSA

1. A origem da deusa

A história de Kīrttimukha mostra que a emoção violenta de um deus pode ser projetada ou externalizada na forma de um monstro autônomo. Tais aparições abundam nos anais mitológicos da Índia. O poder destrutivo de Śiva é arremessado à sua volta através da borda de seu irado "exército", um enxamear de minúsculos Śivas conhecidos como "Rudras", nome que provém da denominação védica do deus. A fúria de Devī, a Deusa Suprema, pode projetar-se como a de um leão, ou de um tigre voraz. Na ilustração nº 57 ela aparece na forma de uma demônia negra, babando sobre um campo de batalha sua cólera que aniquila os humanos; é a materialização do aspecto destrutivo da Mãe do Mundo. Uma maldição pode também ser personificada de modo análogo. De acordo com um famoso mito desenvolvido na Índia sob a teologia pós-védica brâmane, Indra, rei dos deuses, tornou-se culpado de um pecado terrível ao matar Vṛtra, o dragão sem membros, para libertar as águas cósmicas de suas espirais. Considerando os deuses e titãs como membros da casta brâmane, os observadores posteriores julgaram que, ao destruir Vṛtra, Indra tornou-se culpado do mais abominável de todos os crimes, isto é, do assassinato de um brâmane. E surgiu um mito que representava o deus-herói perseguido por uma implacável ogra, a qual personificava a maldição decorrente de seu crime[1].

O princípio de projeção ou externalização é invocado para esclarecer a primeira aparição da própria Deusa, num magnífico mito relatado em "O Texto da Maravilhosa Essência da Deusa" (*devī-māhātmya*)[2].

Ela é descrita como uma inconquistável e sublime donzela guerreira, nascida da fusão da cólera de todos os deuses, reunidos certa vez em conselho. O milagre se deu num momento tenebroso para os deuses, quando um demônio-tirano ameaçava destruir o mundo. Dessa vez, nem mesmo Viṣṇu ou Śiva poderiam ser de alguma valia. O titã era um monstro colossal de nome Mahisa, cuja forma era a de um prodigioso búfalo da Índia.

Liderados por Brahmā, os deuses refugiaram-se em Viṣṇu e Śiva. Depois de descrever a vitória do demônio, imploraram a ajuda da excelsa e dupla Supremacia. A cólera dilatou Viṣṇu e Śiva. Também fez com que inchassem as outras divindades, que ali permaneceram, sem ação. Mas logo suas energias tão intensas, convertendo-se em fogo, jorraram-lhes das bocas. Viṣṇu, Śiva e todos os deuses as emanaram, em conformidade com suas naturezas, na forma de jatos e torrentes ígneas. As correntes flamíneas reuniram-se numa nuvem chamejante que cresceu e cresceu, condensando-se de maneira gradual. Por fim, assumiu a forma da Deusa. Tinha dezoito braços.

Contemplando a mais auspiciosa personificação da suprema energia do universo, essa maravilhosa fusão da totalidade de seus poderes, os deuses rejubilaram-se, venerando-a como a esperança de todos. Nela, "A Mais Linda Donzela das Três Cidades" (*tripura-sundarī*), mulher perene e primordial, todas as forças particularizadas e limitadas de suas várias personalidades estavam integradas de modo poderoso, numa esmagadora totalização que significava onipotência. Com um gesto de total submissão e de abdicação espontânea voltaram suas energias para a Śakti primeva, força única e fonte de onde tudo nasceu e teve origem. O resultado foi uma grandiosa renovação do estado original do poder universal. Quando o cosmos desdobrou-se, pela primeira vez, em um sistema de esferas e forças diferenciadas de modo estrito, a energia da vida foi dividida numa multidão de manifestações individualizadas. Porém, estas haviam perdido sua força. A mãe de todas, a própria Energia da Vida, princípio maternal primevo, as reabsorvera; o útero universal, para onde haviam regressado, as engolira. Agora, ela estava pronta para existir na plenitude de todo o seu ser.

A figura nº 58 elucida um manuscrito posterior do *Devī-Māhātmya*; representa a hoste dos deuses a fazer o gesto cosmicamente significativo de abdicação voluntária das várias atitudes masculinas – régias, valentes e heroicas – para que o demônio-titã possa ser destruído. Depõem nas mãos da Suprema Deusa suas armas, objetos, ornamentos e emblemas, dotados de energia e características particularizadas. Na fonte todo-abrangente de tudo, da qual eles próprios provêm, fundem suas naturezas heterogêneas e seus diversos poderes de ação. Śiva, o asceta, é visto na extremidade esquerda superior, entregando o tridente. De frente para ele, à direita, está o Brahmā quadricéfalo, entregando a tigela de esmolas e o manuscrito da sabedoria mágica dos *Veda*. No primeiro plano central está Kāla, deus do tempo, estendendo à Deusa uma espada e um escudo. A sua direita está o lendário pai da Deusa, o rei-montanha Himālaya, com o leão que serve de montaria à filha.

A ilustração nº 59 é uma representação da "Deusa Matando o Búfalo-Demônio" (*devī mahiṣāsura-mārdinī*). É um relevo de Māmallapuram, do século VII, no estilo Paliava, ao mesmo tempo delicado e cheio de vida. As obras do período Paliava, embora vigorosas, são bastante delicadas; ao representar cenas dramáticas brutais como as da presente batalha, têm a tendência de evitar o momento do clímax: procuram sugeri-lo de modo contido e indireto. Mostra-se a marcha da Deusa: ela monta o leão, e os deuses, exultantes, a acompanham. A contragosto, o gigantesco e grotesco adversário vai cedendo terreno. O triunfo final não está representado. Não obstante, não há dúvida a respeito. A brilhante amazona, provida com as armas de todos os deuses e estimulada por seus hinos de louvor, é a representante de todas as forças positivas do universo. O demônio já está desesperançado; com sua cabeça e clava volumosas, ele sugere que a treva, a violência e o rancor estão próximos da extinção.

Primeiro aniquilando o exército do titã, a Deusa atou a poderosa forma de búfalo com um laço. O demônio escapou, entretanto, emergindo do corpo do búfalo sob a forma de um leão. A Deusa decapitou-o de imediato e Mahisa, por meio de sua energia *māyā* de autotransformação, escapou de novo, ressurgindo, a empunhar uma espada, sob a forma de um herói. Sem piedade, a Deusa crivou essa nova corporificação com uma chuva de setas. Mas o demônio postou-se diante dela transformado num elefante que, estendendo a tromba, capturou-a. Quando a puxou para si, ela seccionou-lhe a tromba com um golpe de espada. O demônio retornou, então, à sua forma preferida – a do gigantesco búfalo, a abalar o universo com suas pisadas. Mas a Deusa sorriu, desdenhosa, e deu uma nova e sonora gargalhada, zombando de seus truques e artifícios. Parou por um momento, cheia de cólera; levou aos lábios, vagarosamente, o vaso cheio de licor inebriante e revigorante da divina força vital; ao ingerir os goles da incomparável bebida, seus olhos se avermelharam. O búfalo-demônio, arrancando montanhas pela raiz com a força de seus corpos, precipitou-se, a bradar, na direção da Deusa, mas ela, com suas setas, reduzia-lhe os brados a pó. Gritou para o monstro que berrava: – Continua a berrar! Berra por mais um momento, tolo, enquanto eu bebo até a saciedade esta deliciosa bebida. Logo os deuses chorarão de contentamento e jazerás morto a meus pés.

Enquanto falava, a Deusa saltou para o alto e caiu sobre o pescoço do demônio. Atirou-o ao solo e perfurou-lhe a garganta com o tridente. O adversário tentou, mais uma vez, abandonar o corpo do búfalo, saindo-lhe pela boca na forma de um guerreiro armado de espada; mas, apenas começara a emergir, foi agarrado. Meio dentro, meio fora do búfalo estava ainda, quando a Deusa o decapitou com um golpe rápido e tremendo e ele morreu.

Essa vívida série de transformações é um excelente exemplo da característica mitológica de externalização ou projeção. O búfalo-demônio, empregando o poder de sua *māyā*, projeta sua energia vital em novas formas. Com agressividade, ambição, desejo de vitória, abandona forma após forma, para sobreviver. O caráter das projeções deriva da natureza da energia que está em jogo. A ira de Śiva assumiu a forma de Kīrttimukha. A ira da comunidade dos deuses gerou a invencível Deusa de muitos braços. Agora, as energias sobrenaturais do tirano do mundo, reunidas em anos de austeridade inumana e autodomínio, suficientemente poderosas para destronar os deuses e colocar o universo a seus pés, metamorfoseavam-se com rapidez e habilidade.

Quando despertada, a energia vital do corpo e da alma flui, externalizando-se sob formas coléricas ou benéficas, demoníacas ou divinas, dependendo da ocasião e de que natureza seja. O campo de batalha universal está repleto de deuses assim externalizados, ou de suas projeções temporárias. Além do mais, o próprio universo não é, na maioria das vezes, nada além de uma transformação análoga – uma transformação ou externalização do Absoluto. Nos mitos que celebram Śiva, Śakti é a materialização da força vital de seu esposo. Nas formulações de Viṣṇu, a Deusa é a correspondente antropomórfica do lótus de ouro cósmico: Viṣṇu torna manifesto o cálice da flor, e assim tem início a evolução, o desdobramento das esferas do mundo – que se povoarão, em breve, de criaturas que, por sua vez, não serão mais do que transformações da energia. O reclinado Viṣṇu, criando o espaço a partir de si mesmo e preenchendo-o com os processos do universo, apenas projeta as forças que acumulou em seu corpo. O processo universal é a materialização de seu sonho.

O ensinamento aqui contido, obtenível por inferência psicológica, pode ser valioso para nós, que não somos deuses mas sim seres limitados. A constante projeção e externalização de nossa *śakti* (energia vital) específica é o nosso "pequeno universo", nossa esfera restrita e nosso meio imediato, sejam quais forem nossos interesses e ocupações. Povoamos e colorimos a tela, indiferente e neutra, com as imagens cinematográficas e os dramas do sonho interior de nossa alma e somos aprisionados por seus eventos dramáticos, prazeres e calamidades. O mundo, não tal como é em si mesmo, mas a partir de nossas percepções e recepções, é o produto de nossa própria *māyā* ou ilusão. Pode ser descrito como nossa energia vital, mais ou menos cega, que cria e projeta formas e aparências demoníacas e benéficas. Somos, portanto, prisioneiros de nossa própria *māyā-śakti* e do filme que ela produz sem cessar. Sempre que estamos envolvidos e enredados em questões vitais e apaixonantes, tratamos com as projeções de nossa própria substância. Esse é o sortilégio de *māyā*, encantamento da energia criativa geradora e preservadora da vida. É o sortilégio da ignorância, de "não saber o devido".

Na medida em que isso é verdade, as formas e figuras projetadas pelos enfurecidos e belicosos deuses hindus representam uma percepção psicológica muito reveladora: elas equivalem, na realidade, a uma filosofia e a uma metafísica. O Ser Supremo é o soberano e o senhor de Māyā. Todos os demais – deuses inferiores, demônios, seres humanos – são vítimas da sua *māyā* individual. Caímos sob o fascínio de nossa própria vitalidade à medida que ela nos contamina com sua cegueira, sua paixão e suas obsessões. Em nossa psique, seus processos são autônomos, estão fora do nosso controle;

somos subjugados pelas reações que provocam. Nossa situação é, assim, de servidão e submissão ao encanto da Māyā-Śakti que mantém e impulsiona a vida. Se não fosse assim, não seríamos *indivíduos*, de maneira alguma; não teríamos história nem biografia. A própria essência de nossa existência pessoal é a nossa ilusão vital.

Indra foi levado por sua *māyā* pessoal a crer na própria magnitude, e sentiu-se compelido a construir seu palácio senhorial, obedecendo a um plano de dimensões sempre crescentes. Libertar o homem de tal fascínio, do cativeiro de sua própria e inerente *śakti*, da *māyā* dos propósitos e dos objetivos da existência, dos matizes ardentes do desejo, temor, terror e prazer, que cobrem com suas cores os objetos que os rodeiam, é o principal objetivo de todas as grandes filosofias da Índia. Em contraste com as modernas filosofias do Ocidente, que são buscas puramente intelectuais, e que esclarecem, classificam, descrevem e sistematizam o conteúdo do pensamento humano, a sabedoria indiana, baseando-se nas experiências da ioga, que transcendem o pensamento, visa uma total transmutação da natureza humana e uma percepção nova, por completo, de nós mesmos e do mundo. O pensamento indiano tenciona libertar o homem da aceitação fascinada das projeções e externalizações de sua *śakti* – produzidas por sua *māyā*, por sua própria "realidade" subjetiva, fenomenal e emocional. O que procura é tornar o homem de servo em senhor de *māyā*, comparável ao Ser Supremo, ao Deus personificado em Viṣṇu ou Śiva. A filosofia indiana procura, com seriedade – e com grande empenho na obtenção de resultados –, tornar os homens divinos através da ioga e da iluminação; quer, mesmo, colocá-los acima de divindades que, como Indra, permanecem enleadas pela trama de sua *māyā*.

Os símbolos da arte hindu proclamam a mesma verdade que a filosofia e os mitos. São indícios que se veem ao longo do percurso de uma peregrinação, dirigindo as energias humanas para a mesma meta de transmutação. Por isso, nossa tarefa, enquanto estudiosos dos mitos e símbolos da Índia, é compreender as concepções abstratas das doutrinas filosóficas indianas como uma espécie de comentário intelectual do que está cristalizado e desdobrado nas figuras e padrões simbólicos e artísticos e, ao contrário, ler os símbolos como uma escrita pictórica da sabedoria da Índia, que é fundamentalmente imutável.

No caso da ilustração nº 58, por exemplo, temos de empenhar-nos para captar o sentido da atitude peculiar da Deusa, enquanto ela mata o búfalo-demônio. Esta é talvez a mais magnífica representação de *Durgā Mahiṣāsura-mārdinī*. É uma obra da arte clássica de Java. A arte clássica javanesa do século VIII d.C., e dos subsequentes, é originária do sul da Índia. Suas sementes foram plantadas por imigrantes provenientes da costa do Malabar. Não apenas para a arte javanesa, mas também para a primitiva arte Khmer do Cambodja, o modelo é estabelecido pelo estilo Paliava da Índia, e as mais belas obras-primas coloniais igualam-se às realizações do país de origem. Além disso, as tendências peculiares do estilo em questão tiveram continuidade nos objetivos e no estilo da arte hindu clássica javanesa. São evitados, mitigados ou controlados, os elementos de crueldade e violência; a dramaticidade, o clímax são sublimados numa grandiosidade serena; a sensualidade é sutilizada, torna-se encanto e graça espiritual. O corpo volumoso do feroz adversário, o búfalo-demônio, não mostra aqui nenhuma braveza ameaçadora; abrandada, sua aparência é quase amigável. O titã teve suas dimensões tão reduzidas que se tornou um belo exemplar da dócil, fleumática e ruminante espécie bovina, E o desesperado demônio-herói que emerge, para uma última assunção da forma de búfalo, exibe, com seu elaborado penteado, uma delicadeza grotesca e feminina. Está inteiramente resignado com seu destino, entregue às mãos da Deusa.

Tendo agarrado o demônio pelos cabelos, ela está a ponto de dar o golpe mortal e heroico que salvará o mundo. Mas na fisionomia da grande vitoriosa não há sinal de emoção colérica; está imersa na serenidade da calma eterna. Embora o feito, em termos de espaço e tempo, esteja prestes a ser realizado, a expressão do semblante da Deusa lhe minimiza e aniquila, de fato, a importância. Para ela, toda a marcha do universo, inclusive sua própria aparição no papel de salvadora, é só um fragmento do sonho cósmico. É apenas uma característica da manifestação universal de Māyā. Embora a Deusa, enquanto supremo ser divino, assuma uma forma e desempenhe um papel no drama do sonho do mundo, interpretando, jocosa, o papel principal no grande clímax da peça, comporta-se, entretanto, como ser poderoso que interpreta o papel de herói no seu próprio sonho, com total consciência de estar apenas sonhando. Fundamental e conscientemente, esta presença permanece desinteressada, por completo, da própria e triunfante manifestação. Seu esplêndido semblante, forte e gracioso, sonhador e distante, é comparável à máscara enigmática do Śiva dançarino.

2. A ilha de pedras preciosas

Śiva e Devī, Śiva e sua consorte dos muitos nomes – Kālī, Durgā, Pārvatī, Caṇḍī, Cāmuṇḍā, Umā, Satī, etc. – são considerados o desdobramento primordial da personalização do Absoluto. São desdobramentos primevos do Brahman assexuado, em princípios opostos; o masculino e o feminino. A tradição literária religiosa do tantra mostra um diálogo infindável entre ambos, no qual as perguntas e respostas de um ao outro se alternam. Através desse diálogo a essência secreta do Brahman dá-se a conhecer ao entendimento dos homens, e o ensinamento é transmitido através do ritual e da ioga – permanecendo, o ritual, circunscrito pelas limitações naturais e inerentes da consciência humana individual obscurecida pela *śakti* de *māyā* (poder da ilusão), limitações essas ultrapassadas pela ioga.

Há muitas representações da união sagrada do Dois-em-Um. Já analisamos a ilustração nº 34. A de número 60 mostra Śiva e sua rainha-consorte sentados solenemente em sua morada no monte Kailāsa. A perfeita serenidade e infinita harmonia do casal é acentuada, nesse relevo, pela reação de ambos à tentativa de um demônio de derrubar seu Olimpo sacudindo-lhe as bases. O vilão desse episódio é Rāvaṇa, que no *Rāmāyaṇa* aparece como antagonista de Rāma; na qualidade de grande inimigo dos poderes divinos, ele foi aprisionado no mundo dos mortos e oprimido pelo imenso peso da montanha de Śiva. É mostrado quando tenta libertar-se de forma abrupta. Nós o vemos sacudindo a montanha, provocando um tremor perceptível. A deusa, numa postura graciosa, meio reclinada, volta-se para Śiva; como se tomada por um medo repentino, agarra-se a seu braço. Mas o grande deus permanece imóvel e, fazendo pressão com o pé, calmo, preserva a segurança. Apesar do vivo gesto de ansiedade de Pārvatī, uma atmosfera de estabilidade prevalece, sem que a perturbe o demônio que sacode o mundo, balançando o universo com seus vinte braços. Como indício do caráter do casal de deuses, temos aqui não o triunfo dramático do princípio divino através de uma manifestação heroica, numa das intensas batalhas sempre repetidas no ciclo cosmogônico, mas uma visão isenta de dramaticidade, quase antidramática, de sua grandeza invencível. Ambos estão além de qualquer investida terrena – mesmo que se trate do supra-humano demoníaco –, absolutamente seguros. Essa obra do século VIII está no templo de Kailāsanātha, em Elūrā.

Na miniatura do século XVIII, reproduzida na ilustração nº 61, Śiva e Pārvatī estão outra vez em seu refúgio solitário: vemos agora uma lua-de-mel idílica. Nandī, o touro branco como leite, representação animal e veículo de Śiva, figura em primeiro plano. O mastro de Śiva com o tridente está no plano de fundo. Cinge os quadris do deus a tanga característica do asceta brâmane, feita em couro de antílope negro, e em sua cabeleira revolta vê-se o crescente lunar; serpentes o adornam, em vez de braceletes e outros ornamentos usuais. O leito dos amantes é uma pele de tigre, clássico assento do iogue. Não apenas a oposição entre masculino e feminino, mas também entre asceta e perfeito esposo-amante são aqui transcendidas. Toda e qualquer polaridade nasce da divina dualidade não dual desta cena de bem-aventurança infinita, que se constitui no centro do mundo. Kailāsa é a montanha do coração; nela, o fogo da vida, a energia do criador, é estimulado pelo ardor de sua fonte eterna e palpita em harmonia com o pulsar do tempo. Aqui, deus e criatura são consubstanciais; eternidade e vida são uma só e a mesma coisa. É a montanha, caverna ou leito do êxtase – êxtase cosmogônico; o mundo e todas as suas inumerabilidades nascem da reunião do Um que jamais foi Dois. A terna atmosfera desse perfeito idílio amoroso é típica dos episódios do Deus e de sua consorte hindu; Śiva e Devī, enquanto par primevo, estabelecem com seu abraço o modelo de incontáveis casais similares. Vemos também que se derivou de ambos o padrão corrente da representação de deuses e de suas *śaktis*, nas escolas do budismo śivaíta e no lamaísmo tibetano.

Śiva e a Deusa representam os aspectos antagônicos de uma única essência; não podem, portanto, ser conflitantes; ela é a expressão da natureza secreta do Deus, cujo caráter revela. Uma expressão surpreendente desta ideia aparece no Cambodja, num desenvolvimento tardio da tradição śivaíta: vemos abrir-se nos quatro lados o *liṅga* simbólico, que mostra, entre outras figuras representativas de seu poder, a da própria Deusa. A ilustração nº 64 é um bom exemplo; nela a Deusa tem dez braços e cinco cabeças; estas simbolizam a supremacia universal de Śiva, a quem as cinco cabeças colocam desde já acima de Brahmā, com suas quatro. Esta figura feminina é a essência, a energia criativa, a *śakti* do pilar fálico.

É possível que esse desenvolvimento posterior tenha sido inspirado por uma evolução paralela do supremo símbolo budista, a *stūpa*. Durante séculos, budismo e hinduísmo floresceram e se desenvolveram de maneira simultânea, submetidos a idênticas influências e influenciando-se de modo recíproco; em seus diferentes sistemas iconográficos, expressavam as mesmas ideias. A *stūpa* é bem diferente do *liṅga*. É um relicário onde se costuma guardar um osso do Buddha e simboliza aquele que alcançou a extinção pela iluminação. Uma estrutura austera, totalmente anônima, coroada pelo guarda-sol da dignidade espiritual universal do poder régio, representa o estado do nirvana, que transcende todos os conceitos ou formas. A ilustração nº 62 mostra o salão de uma *stūpa* ou templo budista, em Bedsā, que data de cerca do ano 175 a.C. O monumento foi entalhado na rocha viva. Obedece ao padrão das estruturas de madeira dos séculos anteriores, das quais não há praticamente nenhuma documentação; consiste em uma grande nave, flanqueada por naves laterais, terminando numa abside. As naves laterais estão separadas da nave central por colunas (não erigidas e sim esculpidas na rocha) e circundam a abside, onde se reúnem. Em vez de altar, vê-se uma simples *stūpa*, austera, severa e serena, magnífica e ameaçadora. O átrio é despido de ornamentos. Nele se reflete, de maneira impressionante, a severidade puritana do sistema budista anterior; a intensidade da concentração no ideal e a experiência do nirvana tornam supérflua, distrativa e desinteressante qualquer sugestão das variações do universo formal. Contrasta com essa *stūpa* a riqueza de outras dos períodos posteriores. A ilustração nº 65 mostra uma estrutura de Ajantā, do início do século VII. A severa e negativa concha do nirvana, que transcende a concepção humana e todas as formas terrenas e celestiais, revela agora seu âmago positivo – a aparição do

Iluminado, do Salvador transcendente que é a substância corporificada e personalizada do Absoluto. A Pura Quididade, que está acima dos atributos e características limitativas e qualificativas, refletiu-se nele, com quem se tornou una, embora ele permanecesse carne. E, tal como Devī ao brotar do *liṅga*, símbolo máximo da masculinidade, provoca o choque de uma nova compreensão (ou seja, de que o deus e a deusa, o Absoluto e seu reflexo na natureza fenomenal, são fundamentalmente uma só coisa), da mesma forma, nesta *stūpa*, a irrupção abrupta de um Buddha antropomórfico oriundo do nirvana, o vazio anônimo, faz saber que, à luz da iluminação final, na experiência da "Sabedoria da Outra Margem" (*prajñā-pāramitā*), a polaridade última referente a Nirvana e *Saṁsāra*, Liberdade e Cativeiro, é aniquilada por completo: a serenidade nirvânica e o jogo selvagem dos mundos da forma são uma unidade. É claro que se trata de um paralelo budista da percepção śivaíta. E muito provável que haja ocorrido, ao longo dos séculos, uma considerável interação durante o desenvolvimento comum e amistoso de ambos os sistemas, no rico solo espiritual da Índia da Idade Média.

Há muito a ser dito a respeito desses símbolos, por ornamentais e ambíguos que possam parecer àqueles cujo gosto se desenvolveu numa tradição mais austera. Profundidade, abundância de significado e inferência emergem deles, da ruptura e decadência das superfícies. Assombramo-nos diante das imagens que brotam de profundezas até então interditadas à mente. E uma ampla reconciliação das emoções e da capacidade de julgamento, com tudo aquilo que até agora parecia abominável ou absurdo, desfaz a última resistência do ego vivente ao útero omniabrangente, omniafirmativo, todo-aniquilador, paz final da vida e da morte.

O simbolismo de Śiva penetra mais fundo no mistério do Dois-em-Um do que qualquer outra tradição hindu de devoção a Śakti. É isto que o torna, de maneira especial, interessante e elucidador. O tema da união dos opostos é aqui orquestrado com penetrante harmonia. Para captar as implicações em sua totalidade, entretanto, não podemos confiar apenas nos nossos próprios recursos; é necessário que estudemos uma tradição tântrico-śivaíta de difícil compreensão, representada em certas miniaturas e em seus correspondentes textos literários. A ilustração nº 66 é uma representação da chamada "Ilha de Pedras Preciosas" (*maṇi-dvīpa*). Em todos os detalhes, é de uma grande riqueza de significado alegórico. Mostra o par de opostos: ambos estão unidos; um nasce do outro, amparam-se e equilibram-se mutuamente. O propósito desta pintura é servir de modelo ou padrão, orientando a contemplação interior do iniciado devoto. É um *yantra*, que o devoto deve permitir que se revele à sua visão interior, para então concentrar-se nele. Deve ser inspirado por seus aspectos significativos e perceber que estes desvelam a essência secreta, a verdade, a realidade esotérica da natureza do universo e do seu próprio ser.

Há em primeiro lugar as águas tranquilas, de um azul profundo, do oceano da substância vital. Sua melodia encontra expressão no prelúdio do *Rheingold* (*O Ouro do Reno*) wagneriano e nos compassos que antecedem o final de outra obra de Wagner, o *Götterdämmerung* (*O Crepúsculo dos Deuses*), quando as águas submergem a conflagração universal. Este é o oceano da vida eterna no seu estado primevo. Tal como na mitologia de Viṣṇu, quando o oceano, representado pela serpente cósmica e pelo deus reclinado, gera o lótus do cosmos que flutua acima de suas ondas, neste mito o vasto mar da infinita energia vital, mar de néctar, do elixir da imortalidade (*amṛta-ārṇava*), mostra ao centro uma ilha mística.

O oceano representa o "Imensurável Alógico". É uma imensidão imersa em sua própria latência, plena de potencialidade. Contém os germes de todos os opostos conflitantes e também todas as energias e aspectos dos pares de antagonismos cooperantes. Essas energias concentram-se e evoluem no centro da ilha. Do imóvel estado letárgico, evoluem para a criação.

O oceano, que simboliza a consciência universal, é comparável ao éter, elemento onipresente e sutil (*ākāśa*), que constitui substancialmente todo o espaço e prepara o cenário para a evolução e desenvolvimento posterior. A ilha, contrastando com a fluidez circundante, é considerada como o Ponto de Força metafísico. Chamam-na "O Ponto" ou "A Gota" (*bindu*); é a primeira gota, que se espalha, espraia e expande, transmutando-se no reino tangível de nossa limitada consciência e do universo.

A ilha é representada como uma imagem circular dourada. As bordas são feitas de pedras preciosas (*maṇi*) pulverizadas – daí seu nome ser Maṇi-Dvīpa. Suas árvores são floridas e perfumadas, e no centro há um palácio construído com pedras preciosas, que realiza todos os desejos (*cintāmaṇi*), como uma espécie de *lapis philosophorum.* Dentro do palácio, num trono de ouro e pedras preciosas, está a Mãe Universal (*jagad-ambā*, *mātar*), "A Mais Bela dos Três Mundos ou Três Cidades" (*tripura-sundarī*). Ela é a deidade, a energia do *bindu*, que foi, por sua vez, a primeira gota concentrada da força dinâmica da substância universal divina. Nascem da Deusa, ingressando na existência, as esferas dos três mundos: o celestial, o terreno e o espaço intermediário.

A Deusa é de cor vermelha, pois ela é, aqui, criativa. Vermelho é a cor da atividade. Ela é a energia primordial, que planeja e cria a evolução do universo. É denominada *vimarṣa-śakti*; *vimarṣa* significa deliberação, raciocínio, planejamento; *śakti* significa energia. A Deusa é a nossa conhecida Māyā: *mā* é medir, planejar (à maneira do carpinteiro e do construtor de casas). É a potencialidade e a medida maternal do mundo. Considerada do ponto de vista da Essência divina omniabrangente, ela é um mero "Isto"; de fato, foi o primeiro "Isto" a nascer, emergindo da totalidade indiscriminada e latente; a quinta-essência d'"Isto", o primeiro e puro objeto-de-experiência conhecido da Suprema Auto-Experiência divina, da qual ela própria emergiu. O que o homem, mais tarde (como produto posterior e elo da cadeia de evolução), chamou de "matéria" foi primeiro vivenciado pela consciência divina como um mero "Isto", ou "Outro", sendo idêntico ao Supremo Self. De modo gradual, através da atuação de Māyā, "Isto" passou a ser vivenciado pela mente como separado, diferente e exterior à própria mente; foi vivenciado como um *alter* absoluto. Essa foi uma experiência idêntica à da criação do mundo.

Na sala do trono da Ilha de Pedras Preciosas, a Deusa tem nas mãos quatro armas ou instrumentos que costumam ser vistos em suas representações enquanto divindade guerreira que dá morte ao demônio. Aqui eles têm um significado psicológico e devem ser vistos como referências ao âmbito espiritual. A Deusa porta o arco e a flecha, o laço e o aguilhão. O arco e a flecha simbolizam a força de vontade. O laço, que captura animais selvagens e imobiliza o inimigo, nos súbitos combates no campo de batalha, simboliza o conhecimento, a força maior do intelecto, que capta e prende com firmeza seus objetos. O aguilhão, que incita os animais de montaria ou as bestas de carga, simboliza a ação[3].

No interior da sala do trono da Ilha de Pedras Preciosas, a Deusa de cor vermelha está sentada sobre duas figuras masculinas, inertes como cadáveres, que jazem uma sobre a outra no trono hexagonal. Ambas representam Śiva enquanto o Absoluto. A figura superior é chamada Sakala Śiva. *Sakala* é um nome composto – *sa-kala*; *kalā* significa "uma pequena parte de algo, um fragmento, um mínimo, um átomo", em especial, "a medida de um dedo da lua"; *sa* significa "com". A lua mede (numericamente) dezesseis dedos; *sakala* é a lua de posse de todos os seus dedos – "integral, inteira, completa, toda" –, a lua cheia. O antônimo de *sakala* é *niṣkala*, "destituída de dedos ou partes constitutivas"; é a lua nova, que, embora presente de modo virtual, é imperceptível, intangível, não existente, na aparência. Portanto, a figura superior é Sakala Śiva; a inferior, Niṣkala Śiva; a superior é o Absoluto em sua completa realidade, e a inferior, o Absoluto em seu estado transcendente, letárgico, imóvel – de mera potencialidade.

Interpretados em termos psicológicos, o Śiva superior é a supraconsciência, onisciente e omniabrangente; o inferior é a inconsciência mais profunda, que também abrange tudo, mas que se afigura vazia, em seu estado de completa imobilidade. Ambos são aspectos antagônicos, mas igualmente válidos do Absoluto, que contém e reflete tudo e todos e no qual desvanecem-se e descansam quaisquer distinções e oposições. O Absoluto é a um só tempo plenitude e vazio, tudo e nada. E fonte e receptáculo de todas as energias, mas ao mesmo tempo inércia total; é o sono dos sonos, profundo e imóvel.

Sakala Śiva, que ocupa o plano superior, está no estado de atuação por estar em contato físico com sua própria energia universal, Śakti, a Deusa, princípio feminino ativo, causa eficiente e ativa do universo, Māyā da qual emanam os elementos e seres diferenciados. Sakala Śiva traz na cabeça o crescente lunar. Lua que, como minúscula foice do crescente, deve ser compreendida aqui como símbolo da primeira expressão sonora, isto é, como primeira manifestação do elemento percebido através da faculdade do som: o éter ou espaço, o mais sutil e o primeiro dos cinco surgidos. Enquanto elemento primário de percepção sensorial associado ao primitivo éter, este "som" (*nāḍa*) representa o Estado de Poder. É vivenciado pelo iogue quando imerge de modo profundo em si mesmo. É manifestado pelo pulsar do coração. E já que o microcosmo é, em última instância, idêntico ao macrocosmo, quando o iogue ouve o *nāḍa*, o Som do Poder, está ouvindo o pulsar do coração do Absoluto; é o universal poder da vida, tal como se manifesta dentro de sua própria moldura efêmera. É bastante próximo da vivência última do próprio Absoluto.

Cada detalhe da Ilha de Pedras Preciosas tem como propósito ser visualizado e compreendido como um aspecto do mais profundo recôndito do coração. Sakala Śiva pulsa com o ressoante Som do Poder, pois está em contato imediato com o princípio feminino ativo e criativo. Sendo pura consciência e autoiluminação espontânea (*sva-prakāśa*), ele é branco. A Deusa, vista acima dele e que é sua energia (*śakti*), auxilia-o a revelar-se como o universo, que é tanto ser quanto vir a ser. Ele é a espiritualidade imaculada do Self, cuja luz nasce de si mesmo; ela é a primeira entre todas as formas. Ele ilumina as formas dela emanadas.

Porém, sob Sakala Śiva jaz Niṣkala Śiva, seu irmão gêmeo ou sósia, cujos olhos estão fechados e cuja figura lembra antes uma ausência de cor que a alvura radiante. *Niṣkala* significa "desprovido de partes". Aplicado ao homem, quer dizer gasto, decrépito, velho. Referindo-se à mulher, significa incapaz de conceber filhos, estéril. Aplicado a Śiva, neste contexto, diz respeito ao Absoluto naquele estado em que nada ocorre. Niṣkala Śiva é o Absoluto imutável, estéril, destituído de qualquer impulso de energia em direção à procriação e transmutação cosmogônica. É o Absoluto enquanto sublime ausência de vida, inércia primeira e última, vazio supremo; nele nada pulsa ou se agita.

Niṣkala Śiva é chamado "o corpo morto, o cadáver" (*śava*). Em sânscrito há um trocadilho significativo com a justaposição dos dois nomes, *śava* e Śiva. O trocadilho baseia-se numa peculiaridade de grafia do sânscrito; quando compreendido, dá uma formulação muito nítida do sentido desses três personagens simbólicos da Ilha de Pedras Preciosas. Na escrita clássica *devanāgarī*, os sinais básicos representam as consoantes acrescidas da vogal *a*. Por exemplo श = *śa*, व = *va*. Para transformar o *a* em *i*, o elemento ि é acrescentado: शि = *si*, वि = *vi*. Portanto assim se escreve Śiva, शिव e Śava, assim: शव; quer dizer que, se o sinal ि for omitido ao escrever-se o nome de Śiva, a escrita equivale a Śava. Sem esse ि ou *i*, Śiva é apenas um cadáver – *śava*. Então, quem ou que poderia ser esta vogal revitalizadora, esse *i*, se não a Deusa, Śakti, a representante suprema do movimento da vida? O Absoluto (*brahman*) considerado em si e por si mesmo, destituído dessa energia ativadora, vitalizante, sem esse símbolo de seu impulso procriador e cosmogônico (*māyā*), é apenas um cadáver. O filósofo alemão Hegel, no parágrafo final que coroa sua grande obra *Fenomenologia do Espírito* (*Die Phaenomenologie des Geistes*) refere-se a esse mesmo Supremo como *das leblose Einsame*, "o Solitário sem vida". Śiva, considerado como Śava, como Brahman destituído de Māyā, não pode fazer nada (no âmbito da manifestação); ele não é nada; é o zero absoluto.

Na pintura da sala do trono da Ilha de Pedras Preciosas, Niṣkala Śiva está dissociado da rubra energia vital, contrastando com Sakala Śiva, que está em contato físico com a figura feminina superior. É por estar separado dela que ele é Śiva sem *i* – ou seja, Śava, um cadáver. Esse aspecto é destacado na pintura e na doutrina. Dá-se ênfase à dignidade e à virtude suprema da Deusa. Ela é a *māyā* que gera o mundo; é a mãe de nossas existências individuais, breves e transitórias. Isso significa que, embora nossas vidas sejam colhidas pelo redemoinho do renascimento, onde tudo chega ao fim, e sejam repletas de sofrimento e culpa, fragilidade, crueldade e paixões absurdas, são, apesar disso, a única manifestação da energia divina. Através dos processos da vida universal, o divino tornou-se realidade fenomênica. O que quer que percebamos ou vivenciemos, não importando como se dê essa percepção, se de modo luminoso ou obscuro, tudo, tanto nós quanto nosso mundo, é uma revelação da infinitude virtual da energia divina. Conclui-se, portanto, pela suprema santidade de Māyā – o que quer que ela signifique ou seja.

Afligidos como somos – o que é inevitável – por todas as nossas deficiências, constituímo-nos, no entanto, em partículas da opulenta manifestação. Somos emanações ou filhos do Absoluto; integramos seu rebanho; estamos no seu regaço; não podemos nos perder. Passamos, como indivíduos, por todos os tipos de provações e sofremos, por fim, a dissolução. Somos ao mesmo tempo, também individualmente, refrações da imagem de Deus. Não temos necessidade de partir em busca do Absoluto em si ou por si mesmo, daquele Absoluto imerso na letargia de sua primeira e última inércia, prostrado como um cadáver; pois a própria essência da vida, a Energia do Absoluto, manifesta-se em tudo o que nos rodeia, está em todos os lugares, sob nossos olhos, graças ao poder transformador da Deusa, Śakti, a Mãe. Todas as coisas precipitam-se em fúria para o olvido da morte; de seu útero inexaurível, ela faz jorrar vida renovada. Os filósofos trataram a existência com sofismas; os ascetas insultaram-na e abandonaram-na, empreendendo a busca titânica do Cadáver: mas nossa vida é o próprio Absoluto, sob seu aspecto dinâmico de incessante e jovial energia; transformou-se em nós mesmos e nos efeitos de nossos confusos pensamentos e ações. Quando veneramos a Deusa, enquanto filhos devotos do mundo, não estamos mais distantes do Divino do que os iogues. Eles percebem o Absoluto em seu Self profundo, num estado de imperturbada inatividade, quietude suprema, paz transcendental. Mas somos o Absoluto porque somos filhos de Māyā, o Mundo.

O ensinamento da Ilha de Pedras Preciosas lisonjeia-nos, de início, com a aparente justificação de nossas tendências não espirituais; mas, a um segundo olhar, perceberemos que sua atitude de total aceitação do Sim profundamente dionisíaco e indiscriminado, que transcende a moralidade, é tão áspero e severo quanto a negação total da vida por parte do asceta. Na Índia, o pêndulo do pensamento oscila entre os extremos; são extremos inumanos, o que implica atitudes inumanas e aponta para metas extra-humanas. Por um lado, encontramos uma crítica pessimista da existência em doutrinas e práticas do mais rigoroso ascetismo, nas quais o sonho da vida é considerado um pesadelo assustador, interrompido pelo despertar. A existência humana é apenas um trampolim a ser abandonado, num salto sublime para a esfera supra-humana, supradivina e extracósmica, situada além do sortilégio e do véu do mundo. Por outro lado, no simbolismo tântrico, a mesma Māyā que oculta a realidade divina e autêntica e esconde o Self sob a miragem da personalidade individual e sob a manifestação do universo perecível é de algum modo esse Self, esse Absoluto – puro espírito, puro êxtase. Māyā é simplesmente o aspecto dinâmico do Absoluto. Portanto, tudo, todas as coisas, são uma revelação, uma manifestação, uma particularização da única e singular essência divina. Isso equivale a uma santificação indiscriminada e generalizada do plano terrestre, a ponto de a ioga, com sua sublimação ascética, tornar-se desnecessária. Os filhos do mundo estariam em contato imediato com o divino *se* apenas pudessem ver e tratar *tudo* como parte e parcela de sua perene e sempre mutável autorrevelação. Em símbolos como este, criado pela filosofia tântrico-śivaíta, a velha e "maldita Māyā, de aparência sombria e aflitiva", tal como a chamou o próprio Viṣṇu, ao permitir que Nārada lhe experimentasse o feitiço, Māyā cujo poder é tão difícil de ser superado, mesmo para os santos fervorosos e evoluídos, assume um aspecto surpreendente: torna-se de súbito a revelação, a própria encarnação da energia divina do Absoluto. A vida, com todos os seus aspectos e experiências, o universo em seu declínio e conflito, embora ocultem o Self divino que temos dentro de nós, são sagrados e divinos. Sob o véu de Māyā, sob a miragem mágica do universo, habita o Absoluto; e a energia de Māyā é a própria energia desse Absoluto, sob seu aspecto dinâmico, Śakti, a Deusa, emerge de Niṣkala Śiva, para que ele possa revelar a totalidade de suas potencialidades, como a Lua ao descobrir sua completa esfericidade.

As três figuras – Niṣkala Śiva, Sakala Śiva e Śakti-Māyā – superpostas como estão, uma sobre a outra, podem ser respectivamente consideradas, de baixo para cima ou de cima para baixo, a evolução e a involução do Absoluto, em sua manifestação e reabsorção do universo. Niṣkala Śiva é o Absoluto, a essência divina em si e por si mesma, transcendendo eventos e mudanças, inativa, letárgica, vazia. Sakala Śiva é o estado no qual o Absoluto mostra sua infinita potencialidade para diferenciação no universo. Śakti Māyā é a energia do Absoluto manifestando a si mesma, transmutando seu repouso estático em energia procriadora. Ao proceder à leitura da pintura de baixo para cima, vemos que o Absoluto atravessa três aspectos ou gradações, indo do polo da inércia, da completa inatividade e vacuidade, para o extremo oposto da atividade infinita e diferenciação dinâmica do universo repleto de criaturas e abundante em formas várias. Ao serem observadas de cima para baixo, as três figuras expressam, de modo sintético, o progresso do iniciado iogue, indo da consciência comum à percepção do Self. Esboçam o distanciamento das experiências sensoriais, da percepção intelectual; ocorre em primeiro lugar a plenitude da consciência supraindividual, essência radiante e pura de Sakala Śiva e depois, afinal, uma completa autoabsorção no total vazio – o Niṣkala Śiva inconsciente de si mesmo, em suprema quietude.

O padrão simbólico tem o propósito de orientar o iniciado em um processo de regressão introvertida para o estado que supera todos os atributos, limitações e distinções. Esse processo psicológico ocorre no tempo e no espaço. Tempo e espaço, entretanto, são apenas categorias de nossa limitada consciência individual; como limitações ou formas das mais elementares de nossa percepção e concepção humana, não se aplicam ao Absoluto transcendente. O que aparece à mente humana do adepto iogue como uma sequência ou gradação dos estados antagônicos – oriundos da *māyā* (ilusão) da consciência individual comum (Śakti, que está sobre os anteriores) até a experiência do Self Supremo (Śava, sob ela) – não é, de maneira alguma, uma sequência, do ponto de vista do Absoluto. Os três são aspectos de uma essência singular, única e eterna. A verdade é vazio *e* plenitude, tudo *e* nada. Concentrando-se nesta verdade, o iniciado deve, por fim, chegar à compreensão da *identidade básica da personalidade individual e do Self universal.* Deve chegar ao conhecimento de que tanto o mortal quanto o imperecível, nele próprio, formam uma unidade. O mutável e o que transcende a mudança são coincidentes. Assim, terá de aprender, por fim, a aceitar a *māyā* de sua existência transitória e frágil como uma irradiação dinâmica do Self eterno.

Na ilustração da Ilha de Pedras Preciosas, Śakti, a energia divina, está sentada em atitude de Brahmā, o criador demiúrgico que manifesta o universo de acordo com os ditames da sabedoria sagrada dos *Veda*, dos quais vemos um manuscrito em suas mãos. A Deusa, portanto, mostra aqui um aspecto extremamente positivo, benevolente e criativo da suprema energia vital. Ela é chamada a "Śakti Deliberadora" (*vimarṣa-śakti*), que planeja e delibera sobre a evolução gradual do universo. Mas a energia vital é, por fim, não menos destrutiva do que criativa: assim também é a Deusa. A vida alimenta-se da vida. No final, toda criatura torna-se alimento de outra. A geração que envelhece e morre é substituída pela seguinte, mais jovem, que avança sobre seus calcanhares. O que a Deusa confere, benigna, a um, toma sem piedade de outro. Examinando o rico e significativo simbolismo dessa configuração de Maṇi-Dvīpa, a Deusa da Ilha de Pedras Preciosas, pode-se ficar tentado a dizer que está faltando algo – pelo menos, do ponto de vista do Absoluto; pois a Deusa, no aspecto em que se assemelha a Brahmā, isto é, como Vimarṣa, é muitíssimo benigna, beneficente e brilhante. Mostra apenas a face positiva da força vital de Śakti-Māyā. Temos de ver agora como o outro lado da moeda está representado isento de temores no mundo artístico-mitológico hindu.

Pode-se dizer que a Deusa exprime com clareza, com sua natureza feminina, o princípio maternal que gera e nutre a vida; tal aspecto positivo não necessita de maior ênfase. Mas, em compensação, o aspecto negativo, sua perene função destrutiva, que retoma e devora os seres criados, provoca, para dizer a verdade, um vívido choque de horror. Nesse sentido ela é representada como Kālī, a Negra. Kālī é a forma feminina da palavra *kāla*, que significa "tempo" – princípio que tudo gera e tudo aniquila, em cujo fluxo tudo o que ingressa na existência esvai-se de novo, depois de expirar o breve fascínio da vida cuja partilha ele efetua.

Há um celebrado hino a Kālī, a Deusa, composto pelo famoso Śaṅkarācārya, o grande filósofo e teólogo que viveu por volta do ano 800 d.C., o Tomás de Aquino do não dualismo vedântico ortodoxo. Era um fervoroso devoto da Deusa. Neste hino ele, de início, dirige-se a ela à maneira clássica, celebrando a plenitude de sua essência, como "Aquela que faz sua morada em todos os seres perecíveis sob a forma de energia"[4]:

> Todo aquele que toma de sua comida, come através de mim;
> Todo aquele que olha através de seus olhos
> E todo aquele que respira,
> Sim, em verdade, todo aquele que ouve o que quer que se diga,
> O faz através de mim.

Ela é "abundante em alimento e possuidora da matéria comestível (*anna-pūrṇa*), em toda a sua plenitude". Conduz na mão direita uma concha de ouro[5] adornada de raras pedras preciosas, e na esquerda o vaso da abundância, do qual distribui a todos os seus filhos, em todo o universo, sem exceção, o doce arroz-de-leite, "o melhor de todos os alimentos" (*parama-anna*). Na estrofe seguinte, Śaṅkarācārya descreve o outro aspecto dessa Deusa: com quatro mãos, ela conduz os símbolos, não mais da abundância, mas da morte, da renúncia e do caminho espiritual da devoção. Estes são: o laço (que prende e estrangula a vítima), o gancho de ferro (que a arrasta para a ruína), o rosário e o livro de orações. Śaṅkarācārya assim se dirige a ela:

> Quem és tu? Ó Mais Bela e Auspiciosa!
> Tu, cujas mãos contêm a dor e o prazer,
> E mais a sombra da morte e o elixir da imortalidade?
> Todos são a tua graça, ó Mãe!

Isso significa que o princípio criativo e o destrutivo são um só e o mesmo. Ambos estão em harmonia na energia cósmica divina, que se torna manifesta no processo biográfico-histórico do universo.

Incontáveis representações da devoradora Kālī Negra retratam esse aspecto totalmente negativo da Mãe Universal – *Alma Mater*, "A Sombra da Morte". Na ilustração nº 68, ela aparece como uma horrível anciã macilenta, de dedos ossudos, dentes protuberantes, esfaimada, que nada pode saciar – é uma velha cruel, egoísta, de uma decrepitude vigorosa e uma voracidade obsessiva. A fome da vida, que impulsiona a todos durante a existência – fazendo com que o adorável nascituro chore e agarre-se ao seio da mãe, para beber o doce sangue leitoso de seu coração –, mostra-se aqui em sua transformação mais asquerosa e hedionda, embora seja tão espontânea, "natural" e inocente como o gesto afetuoso da criancinha. A Deusa alimenta-se das entranhas da vítima. E quem, entre os seres nascidos, não é por ela vitimado? Abrindo-lhes o ventre, arranca e devora-lhes os intestinos – iguaria de sua preferência – que fumegam com o derradeiro fôlego da vida que termina. Rodeia-a um halo de chamas; é a auréola do Śiva Dançante, são as línguas de fogo da conflagração universal que reduz tudo a cinzas, quando finda um período (*kalpa*) do universo. Mas são línguas que também lambem sem cessar: afinal, a vida alimenta-se da vida. Para cada criatura que, nascendo, adentra o mundo, há outra que volta ao pó.

Ambas, a Criadora e a Mãe Śakti, em seu aspecto negativo e aniquilador, são visualizadas tendo à volta um oceano que as rodeia e apoia. Uma vívida descrição dos textos tântricos particulariza os detalhes da forma sob a qual deve ser conhecida. Descrevem-na de pé num barco a vogar num oceano de sangue. É o sangue vital do mundo de filhos que ela pare, nutre e devora. Permanece ali, tomando a embriagadora bebida, o sangue quente contido no crânio-taça, que leva aos lábios insaciáveis. Esse é outro aspecto da rubra senhora da Ilha de Pedras Preciosas e das águas azuis cristalinas.

Sempre que a totalidade, e não um aspecto isolado da essência da Deusa, é tema de uma representação, seu caráter ambivalente deve, por força, manifestar-se através de sua forma. Ou seja, as características negativas, mortíferas, devem ser destacadas, pois sua face maternal, positiva e atraente, está evidenciada por sua própria feminilidade. Como a "Mais Bela das Três Esferas do Universo", a "Ela" uma e única, figura majestosa e maravilhosa, é a encarnação dos desejos e prazeres do homem, objeto arquetípico de todos os anseios e pensamentos. Para que possa representar a *plena* significação de Śakti-Māyā, o fascinante e perene encanto do eterno feminino de nossa alma tem de estar pintado em negro, e vestir-se, a um só tempo, com os símbolos da destruição e da morte, e com os símbolos da vida.

Numa representação tântrica em que Kālī está de pé sobre Śiva-Śava – ilustração nº 67 –, podemos ver a Deusa em sua plenitude. Temos, como já vimos antes, a plataforma hexagonal, mas desta vez não há nenhuma Ilha de Pedras Preciosas e nenhum oceano cristalino de vida inexaurível. Em vez disso, há ossos e crânios espalhados por toda parte, animais predadores alimentam-se dos despojos, bestas selvagens perambulam. Ao fundo, à esquerda, algumas divindades do Olimpo hindu aglomeram-se, aterrorizadas e estarrecidas ante a aparição da Negra Senhora do Universo. Ela é toda negra. Em vez de uma grinalda de flores, uma coroa de cabeças cortadas pende-lhe do pescoço até os joelhos. Em uma das mãos direitas conduz a espada, símbolo do extermínio físico e da firmeza espiritual; sua lâmina atravessa o erro e a ignorância, o véu da consciência individual. Na outra mão direita porta um símbolo pouco usual, a tesoura que corta o fio da vida. Mas exibe, em ambas as mãos esquerdas, o cálice que proporciona alimento abundante e o símbolo do lótus da geração eterna.

Sob seus pés estão outra vez os dois Śivas. Aquele que está na parte inferior é representado como um asceta barbado e nu, adormecido e sem vida, por estar sem contato com Śakti, a energia que concede e retira a existência. Ele é Śava, a Plenitude do Absoluto enquanto Vazio Total; está, por completo, "morto para a imortalidade" (*tot vor Unsterblichkeit*), citando o que diz Nietzsche em *Assim Falava Zaratustra.* Sobre Śava deita-se seu belo e jovem sósia; move-se de leve, como se sonhasse e estivesse prestes a despertar. Este Śiva vivente, levantando a cabeça, começa a erguer o braço esquerdo, animado pelo contato com os pés da Deusa que é a encarnação de sua própria essência, revelada aqui como a Destruidora. Encarna a destruição incessante, gerada pelo procriador *Ewig-Weibliche*, o eterno feminino, *le charme éternel.*

Um dos símbolos mais populares da perpétua união amorosa do Deus e sua esposa é o da deusa Kālī, a Negra, adornada com as mãos e cabeças ensanguentadas de suas vítimas, pisando sobre o corpo prostrado de seu senhor, como sobre um cadáver (ilustração nº 69). A Deusa é o componente feminino do Dois-em-Um, a esposa fiel e consorte ideal do mito e da civilização hindu, embora calque com os pés o corpo inanimado do seu único amado, seu cônjuge. Negra como a morte, estende a língua para lamber o mundo; seus dentes são presas medonhas. Seu corpo é belo e flexível e tem os seios intumescidos de leite. Paradoxal e horrenda, ela é hoje a personalização mais amada, querida e difundida do culto indiano. Para nós, ocidentais – criados à sombra das catedrais góticas, nas quais a figura benigna da Santa Mãe imaculada não é contaminada pelo princípio obscuro, pelo veneno da serpente cuja cabeça ela esmagou, nem pelos filhos infernais e pela linhagem de gárgulas que pululam paredes afora e lá em cima, nas altas torres –, a Mãe da Índia, doce e sanguinário símbolo da totalidade que cria e destrói o universo, bela, horrenda e devoradora representação da Índia eterna, parece-nos difícil – e muito mais que isso – de amar. Entretanto, podemos apreender, através da filosofia e da arte tântrica, as ricas implicações hegelianas de sua dialética. É uma produção marcada pela desilusão, embora seja uma afirmação do mundo, e refere-se ao último grande período do pensamento criativo indiano. Nela, a Deusa revela-se na plenitude de sua terrível beleza. Nas elucidações suplementares dos textos, os quais, como os *yantra*, têm o propósito de orientar as visualizações iogues, canalizando as experiências iniciáticas dos devotos do tantrismo, também podemos descobrir – se nos detivermos um momento – algo que nos falará de uma maravilha que transcende beleza e fealdade, de uma paz que harmoniza as fronteiras que separam o nascimento e a morte.

O símbolo máximo da Deusa, calcando aos pés o seu Senhor, é compensado por outro símbolo da inter-relação de ambos, que vemos na ilustração nº 70, o "Śiva Metade Mulher" (*śiva ardha-nārī*). Aqui os princípios antagônicos unem-se para formar um único organismo, um paradoxo representativo da natureza intrinsecamente dual do universo unívoco e de seu habitante, o homem.

NOTAS

1. [O despedaçamento de Vṛtra, pelo qual o um se fez muitos, primeiro sacrifício que foi também o ato da criação, é o pecado original (*kilbiṣa*) de Indra e dos deuses, devido ao qual o *Regnum* foi desde então excluído do direito de beber "daquilo que os brâmanes chamam de *soma*, a cujo gosto nada sobre a terra se iguala"; tem-se acesso apenas a uma bebida análoga, que sofre uma transubstanciação; para que esta ocorra, é necessária uma expiação que efetive a reintegração final dos muitos ao um. Ambos os processos, de evolução e involução, são sempre e sempre reinterpretados no Sacrifício, quer seja celebrado através de um ritual, e de modo visível, quer seja realizado mentalmente, durante toda uma vida. – AKC.]

2. *Mārkaṇḍeya Purāṇa*, 81-93. Este *Purāṇa* é o mais famoso entre todas as coleções de mitos descritivos do caráter e feitos da Deusa.

3. Há outra interpretação alegórica para o arco e a flecha. O arco simboliza a mente; esta dispara as cinco setas – os cinco sentidos. Cada uma delas lança-se ao encontro de seu objeto correspondente no âmbito do som, tato, visão, paladar e olfato. Os sentidos e seus respectivos objetos compõem-se de elementos idênticos, a saber: o éter (audição-som), ar (tato-tangibilidade), fogo (visão-luz), água (paladar-gosto) e a terra (olfato-fragrância). Enquanto pertinentes às cinco faculdades sensoriais, diz-se que esses elementos estão em estado de matéria sutil (*śūkṣma*); se encontrados na esfera material, tangível, estão em estado de matéria densa (*sthūla*). Através dessa afinidade substancial e dessa origem comum, cada um dos sentidos é capaz de apreender seus próprios objetos.

4. *Yā devī sarvabhūteṣu śakti-rūpena samsthitā.*

5. O ouro, metal não corrosível, é símbolo de vida, luz, imortalidade e verdade.

CAPÍTULO VI

CONCLUSÃO

Conclusão

Gostaria de concluir esta breve e fragmentária discussão dos mitos e símbolos da arte e civilização da Índia com algumas observações genéricas, seguidas de uma pequena parábola que está entre minhas preferidas desde que tomei conhecimento dela, há cerca de dez anos atrás.

Com referência às observações genéricas, sabe-se bem que a nossa tradição ocidental cristã recusou-se por muito tempo a conferir à sabedoria pagã uma igualdade com o corpo de revelações que lhe é caro, e que ela reverencia como seu. Os livros a que atribui inspiração divina são: os Quatro Evangelhos, escritos por quatro membros da antiga comunidade cristã; os opúsculos dirigidos por São Paulo a certas pequenas comunidades heréticas que anteriormente haviam professado o judaísmo, situadas em Salônica, na Capadócia e nos bairros orientais de Roma e Corinto; algumas cartas de menor importância dirigidas a outras comunidades, redigidas por outros apóstolos (comparáveis a simples folhas escritas a máquina ou mimeografadas, que na época não chegaram a atrair a menor atenção e foram ignoradas, embora estivessem destinadas a sobreviver por um tempo tão extenso e com tal brilho, que ofuscaram os maiores *best-sellers* do período); depois, juntou-se-lhes o enigmático e um tanto delirante livro do Apocalipse. Somam-se a este corpo doutrinário cristão os registros tribais, que são bem diferentes e contam a lendária história do Povo Eleito (e que incluem uma biografia do seu Deus ciumento e colérico), caracterizados por uma forma que denota as intervenções dos líderes judeus em sua volta do exílio. A esses textos, e apenas a eles, dignamo-nos aceitar como fonte de orientação todo-abrangente da alma humana. E persiste, até agora, um reconhecimento algo liberal, tímido e cauteloso, de que na tradição pagã também poderemos encontrar alguma luz, uma "luz natural", uma espécie de reflexo difuso da verdade revelada.

Os espíritos mais iluminados, virtuosos e devotos da Antiguidade, embora pagãos e privados do batismo e do Evangelho do Senhor, não são de fato habitantes dos abismos infernais. Dante, percorrendo os círculos do mundo ínfero, encontrou-os numa espécie de idílica antecâmara elísia, localizada perto da entrada, bastante afastada dos atemorizantes aposentos internos do inferno satânico. Reconheceu nesse círculo exterior Sócrates e Platão,

Demócrito, Diógenes, Anaxágoras e Tales, Empédocles, Heráclito, Zenão, Dioscórides, Orfeu, Cícero, Tito Lívio, Sêneca, Euclides, Ptolomeu, Hipócrates e Galeno, e também Avicena e Averróis, autoridades muçulmanas em filosofia helenística e ciência; com eles estavam Noé, Moisés, Abraão, Abel, o rei Davi, Jacó e seus filhos, Raquel, e até Saladino, o sábio governante muçulmano; além desses, viu muitos personagens heroicos e religiosos da mitologia grega: Heitor de Troia, Eneias e César, Pentesileia, Electra, Lucrécia e muitos mais[1].

O fato de que virtude, sabedoria e inspiração possam ser encontradas entre os inimigos históricos do cristianismo – os judeus que prenderam o Salvador ao madeiro, os romanos que perseguiram os mártires, os muçulmanos que combateram os cruzados – sempre foi reconhecido pela liberal doutrina ortodoxa do cristianismo medieval, sendo aceito até hoje pela Igreja Católica Romana – embora fosse rejeitado por certas seitas protestantes intolerantes e fanáticas, de orientação calvinista. Durante a Renascença chegou mesmo a haver um momento (representado de modo admirável pela figura de Pico della Mirândola) em que os últimos baluartes da exclusão ortodoxa pareceram a ponto de render-se, considerando-se Ovídio, Homero, a Cabala e o Alcorão como basicamente concordes com os opúsculos sagrados do movimento cristão. Por trás da multiplicidade de símbolos, uma tradição universal perene e muito sofisticada da sabedoria humana foi reconhecida com júbilo e esteve a ponto de ser oficialmente aceita pelos defensores da "fé única e verdadeira"[2].

Há uma parábola humorística judaica, da tradição dos hassidins[3], com a qual desejo finalizar este livro. Ela apresenta, em suas imagens eloquentes, o sentido individual profundo de uma aventura de intrepidez e tolerância ocorrida no universo da fé e da vida dos "gentios". Ao lê-la pela primeira vez, percebi estar vivendo e agindo de acordo com suas normas há mais de uma década – desde o momento em que o tesouro espiritual milenar de mitos e símbolos hindus começou a revelar-se para mim através dos meus estudos acadêmicos das mandalas e diagramas sagrados da Índia, que efetuei simultaneamente à pesquisa dos *Tarara* e *Purāṇa.* É uma pequena história contada pelo rabino Eisik, filho do rabino Jekel, que viveu no gueto de Cracóvia, capital da Polônia. Sua fé permanecera incólume, resistindo a anos de aflições, e ele era um servo fervoroso do Senhor seu Deus.

Numa noite, o devoto e fiel rabino Eisik dormiu e sonhou; o sonho ordenou que ele fizesse uma longa viagem até Praga, capital da Boêmia, para lá descobrir um tesouro escondido, enterrado sob a ponte principal que levava ao castelo do rei. O rabino, surpreso, adiou a partida. Mas o sonho repetiu-se por mais duas vezes. Depois do terceiro aviso, reuniu coragem e iniciou a jornada.

Chegando à cidade que era seu destino, o rabino Eisik viu que sentinelas guardavam a ponte dia e noite; não se atreveu, portanto, a fazer nenhuma escavação. Limitava-se a voltar a cada manhã e a perambular até o anoitecer; ficava a olhar a ponte, observando as sentinelas e examinando, sem tentar coisa alguma, a alvenaria e o solo. Por fim, o capitão dos guardas, surpreso com a insistência do ancião, aproximou-se e perguntou-lhe com gentileza se perdera alguma coisa ou se esperava alguém. O rabino Eisik contou-lhe seu sonho, com simplicidade confiante, e o oficial recuou um passo, rindo:

– És, na verdade, um pobre homem! – disse-lhe o capitão. – Gastaste os sapatos nessa caminhada só por causa de um sonho? Quem, sendo sensato, acreditaria em sonhos? Olha, se eu acreditasse neles, estaria fazendo o contrário do que faço neste preciso momento. Teria feito uma peregrinação tão tola como a tua, com a diferença de que tomaria a direção oposta, mas chegando, sem dúvida, a um resultado igual. Deixa-me contar-te o meu sonho.

Era um capitão simpático, apesar de seu bigode feroz, e o rabino sentiu afeição por ele. – Eu sonhei com uma voz – disse o oficial cristão da guarda boêmia – que me falou de Cracóvia, ordenando-me que fosse até lá e procurasse um grande tesouro na casa de um rabino judeu chamado Eisik, filho de Jekel. Eu encontraria o tesouro enterrado num canto sujo atrás do fogão. Eisik, filho de Jekel! – riu-se o capitão outra vez, com os olhos brilhantes. – Imagina só, ir até Cracóvia e pôr abaixo as paredes de todas as casas do gueto, onde o nome de metade dos homens é Eisik e da outra metade Jekel! Eisik, filho de Jekel, além de tudo! – E ele ria sem parar da inacreditável pilhéria.

O modesto rabino ouviu-o com ansiedade; fez uma grande mesura e, agradecendo ao amigo estrangeiro, apressou-se a voltar ao lar distante, onde escavou o canto esquecido da casa e descobriu o tesouro que pôs fim à sua miséria. Construiu, com uma parte do dinheiro, uma casa de orações que leva seu nome até hoje.

Ora, o verdadeiro tesouro que põe fim à nossa miséria e às provações nunca está muito distante; não deve ser procurado em nenhuma região longínqua; está enterrado no mais profundo recesso de nossa própria casa, ou seja, de nosso ser. Está atrás do fogão, do centro daquela estrutura que proporciona vida e calor à existência, no âmago dos âmagos – só é preciso desenterrá-lo! Persiste, porém, o estranho fato de que apenas depois de uma piedosa jornada a uma região distante, a um país estrangeiro, uma terra estranha, o significado da voz interior que guiará nossa busca nos possa ser revelado. Enquanto se dá esse fato singular, ocorre outro, paralelamente: quem nos revela o significado de nossa enigmática mensagem interior deve ser um estrangeiro, de outro credo e outra raça.

Na Boêmia, sobre a ponte, o capitão mostrou não crer em vozes interiores nem em sonhos; entretanto, revelou ao estrangeiro vindo de longe aquilo que lhe terminaria com os problemas e faria com que encontrasse o que buscava. Não foi intencional a maravilhosa revelação; ao contrário, sua notável mensagem foi transmitida de modo inadvertido, enquanto ele se vangloriava da própria astúcia. Os mitos e símbolos hindus, bem como outros símbolos da sabedoria de terras longínquas, falam-nos, da mesma maneira, de nosso próprio tesouro. É preciso, então, que o desenterremos, escavando o recôndito esquecido de nosso ser. Ele porá fim às nossas aflições e permitirá que construamos, em benefício de todos os que nos rodeiam, um templo dedicado ao espírito vivente.

NOTAS

1. *Inferno*, Canto IV.

2. [*Extra ecclesiam nulla salus* é uma doutrina cristã de difícil aceitação, que não deve ser tomada ao pé da letra. Não deve ser ignorado o "Tudo o que é verdadeiro, não importa quem o tenha dito, provém do Espírito Santo" (Santo Ambrósio sobre I Cor. 12:3, endossado por Santo Tomás de Aquino, *Suma Teológica*, 1-11, 109, 1 e 1); de acordo com isso, mesmo Santo Tomás podia falar das doutrinas dos filósofos pagãos como possuidoras de "provas extrínsecas e verossímeis" das verdades do cristianismo; o mesmo se aplicaria às doutrinas metafísicas dos indianos e chineses, das quais não havia nenhum conhecimento na época. Todas as proposições teológicas fundamentais, como por exemplo a doutrina de "uma única essência e duas naturezas" (impassível e passível, respectivamente) segundo a qual "há dois em nós" (correspondendo a um imortal e um mortal), são comuns a todas as tradições ortodoxas. "*Todas* as Escrituras clamam pela liberdade do Si-Próprio." As religiões (sujeitas à falibilidade da interpretação humana) diferem necessariamente em ênfase e modalidade, mas a verdade infalível que todas expressam é uma só; e está se aproximando a época em que terá de ser escrita uma *Summa* da *Philosophia Perennis* (*et Universalis*), baseada em todas as fontes ortodoxas, sejam elas quais forem, sem excluir as do folclore. A *Philosophia Perennis* de Aldous Huxley representa um passo nessa direção, em direção à "reunião das igrejas" num sentido muito mais amplo do que aquele em que essa expressão é em geral empregada. – AKC.]

3. Martin Buber, *Die Chassidischen Bücher*, Hegner, Hellerau, 1928, p. 532-533.

ILUSTRAÇÕES

1. Indra (Bhājā), *circa* 200 a.C.

2. Indra (Elūrā), *c.*800 d.C.

3. Viṣṇu sobre Ananta (Deogarh), *c.*600 d.C.

4. Nāga (Nālandā), *c.*600 d.C.

5. Nāga (Ceilão), séculos V-VIII d.C.

6. Kṛṣṇa (Bengala), *c.*825 d.C.

7. Buddha (Cambodja), século XIV d.C.

8. Nagākals (Mysore), séculos XVII-XVIII d.C.

9. Garuḍas e Nāgas (Sião), séculos XII-XIV d.C.

10. Assur (Assíria),
c. século VII a.C.

11. Taça sacrificial (Suméria),
*c.*2600 a.C.

12. Avatar de Viṣṇu representado sob a forma de javali (Gwalior), 440 d.C.

13. Libertação do elefante (Deogarh), séculos IV-VI d.C.

14. Kṛṣṇa vencendo Kāliya (Kāngrā), século XVIII d.C.

15. Padmā (Bhārhut),
séculos II-I a.C

16. Deusa alada (Basārh),
século III a.C.

17. Gaṅgā (Bengala),
século XII d.C.

18. Padmapāṇi (Nepal),
século IX d.C.

19. Deusa da Árvore,
séculos II-I a.C.

20. Prajñā-Pāramitā (Java), *c.*1225 d.C.

21

22

23

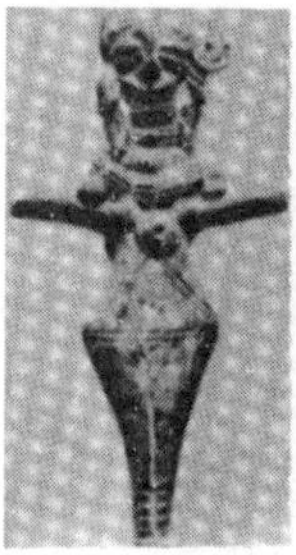

24

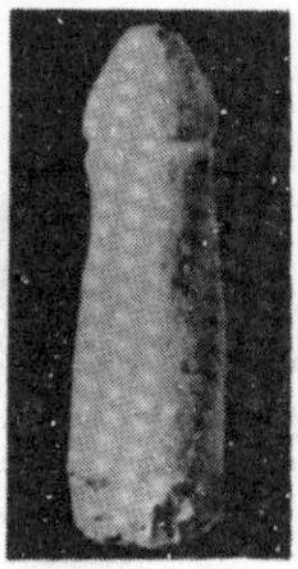

25

21-25. Selos, deusa nua e *liṅga* (Civilização do Indo), 3000-2000 a.C.

26. Elefantes-Cariátides (Elūrā), século VIII d.C.

27. A descida do Ganges (Māmallapuram), início do século VII d.C.

28. Bhagīratha ante o santuário de Gokarna,
detalhe da ilustração acima.

29. Santuário do *liṅga* (Elefanta), século VIII d.C.

30. Origem do *liṅga* (sul da Índia), século XIII d.C.

31. Criação do anão cósmico (Bādāmī), século VI d.C.

32. Śiva: trindade e séquito (Parel), c.600 d.C.

33. Śiva, o Grande Senhor (Elefanta), século VIII d.C.

34. Śiva-Śakti (Bengala), século X d.C.

35. Yab-Yum (Tibete), século XVIII d.C.

36. Śrī Yantra

37. O Lótus Cósmico (Tibete), final do século XVIII d.C.

38. Śiva, o Senhor da Dança (sul da Índia), séculos XII-XIV d.C.

39. Śiva, Matador do Elefante (Perūr), século XVII d.C.

40. Śiva, Matador do Elefante (Madura), século XVII d.C.

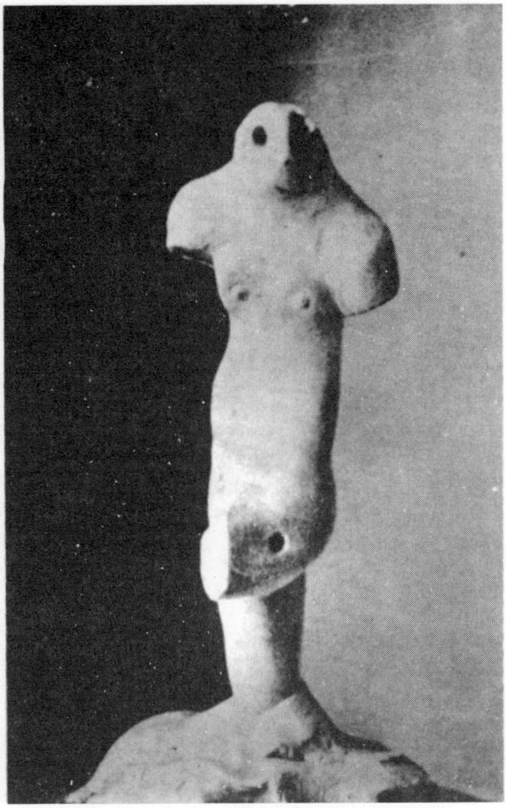

42. Divindade (Mohenjo-Daro), 3000-2000 a.C.

41. Dançarino (Harappa), 3000-2000 a.C.

43. Brinquedo articulado (Mohenjo-Daro), 3000-2000 a.C.

44. Corte da mecha de cabelo (Burma), século XI d.C.

45. Milagre da mecha de cabelo (Burma), século XI d.C.

46. Festival da mecha de cabelo (Bhārhut), *c.*175 a.C.

47. Vajra (Cambodja), séculos XII-XIV d.C.

48. Buddha (Cambodja), séculos XI-XII d.C.

49. Lohan (China),
Período Tang

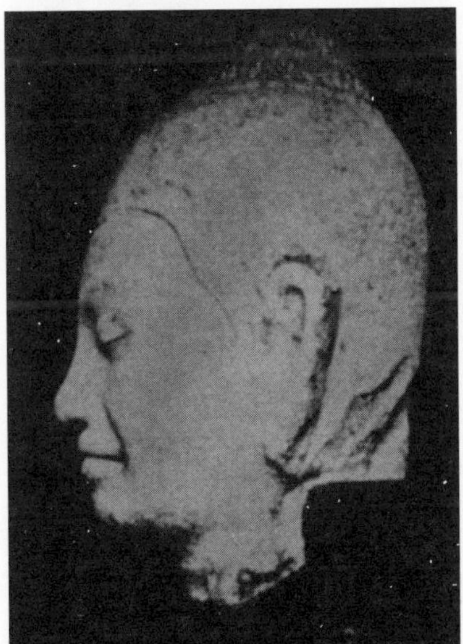

50. Buddha (Cambodja),
séculos XI-XII d.C.

51. Kīrttimukha (Java), século XIII d.C.

52. Membro do séquito de Śiva (Java) *c.*875 d.C.

53. Gaṇeśa (Índia), *c.* século XVII d.C.

54. Gaṇeśa, fase posterior, onde aparece Kīrttimukha (Java), século XIII d.C.

55. Śiva-Tripurāntaka (Elūrā), século XVIII d.C.

56. Origem da Deusa, *c.*1800 d.C.

57. Ira da Deusa (Rājput), século XVII d.C.

58. A Deusa Matando o Búfalo-Demônio (Java), século VIII d.C.

59. A Deusa Matando o Búfalo-Demônio (Māmallapuram), século VII d.C.

60. Śiva e Pārvatī no monte Kailāsa e, abaixo, Rāvaṇa aprisionado (Elūrā), século VIII d.C.

61. Śiva e Pārvatī (Rājput), *c.*1800 d.C.

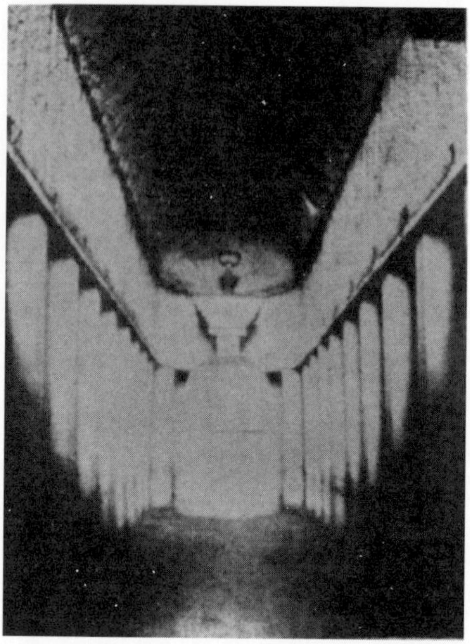

62. Interior do salão Chaitya (Bedsā), *c.*175 a.C.

63. A Grande Stūpa (Sāñcī), séculos III-I a.C.

64. *Liṅga* do qual emerge a Deusa (Cambodja), século XIV d.C.

65. Stūpa – revelação do Buddha (Ajantā), século VII d.C.

66. A Ilha de Pedras Preciosas (Rājput), *c.*1800 d.C.

67. Kālī sobre Śiva-Śava (Kāngrā), *c.*1800 d.C.

68. Kālī, a Devoradora (norte da Índia), séculos XVII-XVIII d.C.

69. Kālī, dançando sobre Śiva (época moderna)

70. Śiva-Ardhanārī (Kāngrā), início do século XIX d.C.

ÍNDICE DAS ILUSTRAÇÕES*

1. Indra; relevo de pórtico, Vihāra de Bhājā, *circa* 200 a.C. (Johnston e Hoffman, Calcutá) Ver p. 48, 97.

2. Indra, templo jaina de Elūrā, c.800 d.C. (os olhos, etc. foram acrescentados em época posterior) Ver p. 50.

3. Viṣṇu descansando sobre Ananta; templo de Deogarh, c.600 d.C. (Museu da Índia, Calcutá) Ver p. 58, 61, 81.

4. *Nāga* (príncipe-serpente); ruínas da universidade budista de Nālandā, *c.*600 d.C. Ver p. 59.

5. *Nāga* (príncipe-serpente), guardião da porta em Ruanweli Dāgaba, Anurādhapura, Ceilão, séculos V-VIII d.C. Ver p. 61.

6. Kṛṣṇa (Viṣṇu) com Śrī-Lakṣmī e Sarasvatī; bronze de 9 pés de altura; Bengala, *c.*825 d.C. Ver p. 76.

7. Buddha protegido pelo príncipe-serpente Mucalinda; Cambodja, século XIV d.C. (Foto: R. Gauthier, Paris) Ver p. 62.

8. *Nāgakals* (lápides votivas decoradas com formas ofídicas); Anekal, Mysore, séculos XVII-XVIII d.C. Ver p. 65-66.

9. Garuḍas e *nāgas*; balaústre de Sião, séculos XII-XIV d.C. Ver p. 68.

10. Assur montando seu veículo animal; relevo assírio, *c.* século VII a.C. Ver p. 64.

* As fontes de algumas fotos do Dr. Zimmer não puderam ser apuradas. Lamentamos ter de apresentá-las sem os devidos créditos.

11. Taça sacrificial do rei Gudea de Lagash, mostrando serpentes entrelaçadas e pássaros-monstros como guardiões; Suméria, *c.*2600 a.C. (Louvre, Paris) Ver p. 66.

12. Avatar de Viṣṇu em forma de javali (*varāha avatāra*) resgatando a Deusa-Terra; colossal relevo em arenito de Udayagiri, Gwalior, 440 d.C. (Burgess) Ver p. 70.

13. Avatar de Viṣṇu: A Libertação do Rei-Elefante; relevo do templo de Deogarh, séculos IV-VI d.C. (Burgess) Ver p. 68-69.

14. Kṛṣṇa (Viṣṇu) vencendo Kāliya, o príncipe-serpente; pintura de Rājput, Kāngrā, final do século XVIII, (Metropolitan Museum of Art, Nova York). Ver p. 74.

15. Padmā (a Deusa-Lótus) com serviçais elefantes; decoração de uma *stūpa* em rumas, em Bhārhut, séculos II-I a.C. Ver p. 78, 85.

16. Deusa alada; terracota de Basārh, século III a.C. Ver p. 79.

17. Gaṅgā (a deusa "Ganges"); imagem em esteatita negra (parte); Bengala, século XII d.C. (Rajshahi Museum; Foto: Kramrisch) Ver p. 90.

18. Padmapāṇi (o Bodhisattva "Lótus na Mão", ou Avalokiteśvara); imagem em cobre do Nepal, século IX d.C. (Museum of Fine Arts, Boston) Ver p. 82.

19. Deusa da Árvore (*vṛkṣa-devatā*); ruínas da balaustrada de uma *stūpa* em Bhārhut, séculos II-I a.C. (Indian Museum, Calcutá. Foto: Índia Office) Ver p. 63-64.

20. Prajñā-pāramitā; Java, *c.*1225 d.C. (Ethnographic Museum, Leyden: Foto, van Oest) Ver p. 82.

21-23. Selos em esteatita, com formas animais e inscrições não decifradas; Mohenjo-Daro (Civilização do Indo), 3000-2000 a.C. (Archaeological Survey of India) Ver p. 79.

24. Deusa nua, terracota (altura, 4 polegadas); Mohenjo-Daro (Civilização do Indo), 3000-2000 a.C. (Museum of Fine Arts, Boston) Ver p. 81.

25. *Liṅga* de pedra de Mohenjo-Daro (Civilização do Indo), 3000-2000 a.C. (Archaeological Survey of India) Ver p. 81, 106.

26. Elefantes-cariátides: pedestal do templo de Kailāsa em Elūrā, escavado na rocha viva, século VIII d.C. (Hürlimann) Ver p. 87.

27. A descida do Ganges; Māmallapuram (Madras), início do século VII d.C. (Ars Asiatica III) Ver p. 59, 91, 95 e ss.

28. Bhagīratha em frente ao santuário de Gokarna; detalhe da ilustração anterior. (Ars Asiática, III) Ver p. 59, 95.

29. Santuário do *liṅga* e guardiões das portas; Elefanta, século VIII d.C. Ver p. 107, 120.

30. A origem do *liṅga*; sul da Índia, século XIII d.C. (Museu Guimet, Paris) Ver p. 107, 109.

31. Criação do anão cósmico (lenda dos "Três Passos"), quinto avatar de Viṣṇu; Bādāmī, caverna II, século VI d.C. Ver p. 110.

32. Śiva: Trindade e séquito; Parel (próximo de Bombaim), *c.*600 d.C. (Museu Guimet, Paris) Ver p. 110, 112.

33. Śiva como "O Grande Soberano" (*maheśa*); Elefanta, século VIII d.C. Ver p. 120 e ss.

34. Śiva-Śakti; Bengala, século X d.C. (British Museum) Ver p. 114-115, 159.

35. Yab-Yum; Tibete, século XVIII d.C. (Indian Museum, Londres) Ver p. 119.

36. Śrī Yantra. (Woodroffe) Ver p. 115 e ss.

37. O Lótus Cósmico; teto do templo de Lhasa, Tibete, final do século XVIII d.C. (*La Mythologie Asiatique*) Ver p. 117-118.

38. Śiva, Senhor da Dança (*Naṭarāja*); bronze do sul da Índia, séculos XII-XIV d.C. (Madras Museum) Ver p. 123 e ss.

39. Śiva, Matador do Elefante (*gajasaṁhāramūrti*); coluna esculpida do templo de Śiva Vlrateshvar, Perūr, século XVII d.C. (Archaeological Survey of India) Ver p. 136.

40. Śiva, Matador do Elefante (*gajasaṁhāramūrti*); coluna esculpida do templo de Śiva Sundarehvar, Madura, século XVII d.C. (Archaeological Survey of India) Ver p. 137.

41. Dançarino, torso cuja fatura permitia fixação dos membros e cabeça; Harappa (Civilização do Indo), 3000-2000 a.C. (Archaeological Survey of India) Ver. p 133.

42. Divindade (provável "Senhor dos Rebanhos"); esculpida em uma placa de faiança; Mohenjo-Daro (Civilização do Indo), 3000-2000 a.C. (Archaeological Survey of India) Ver p. 136.

43. Brinquedo com cabeça fixável e móvel; Mohenjo-Daro (Civilização do Indo), 3000-2000 a.C. (Archaeological Survey of India) Ver p. 134.

44. O corte da mecha de cabelos; templo de Ānanda, Pagān (Burma), século XI d.C. Ver p. 128-129.

45. O milagre da mecha de cabelos; templo de Ānanda, Pagān (Burma), século XI d.C. Ver p. 128-129.

46. A festa da relíquia da mecha de cabelos no paraíso de Indra, detalhe de uma balaustrada de Bhārhut, *c.*175 a.C. (Indian Museum, Calcutá. Foto: Johnston e Hoffmanri) Ver p. 130.

47. *Vajra*, sino: Cambodja, séculos XII-XIV d.C. (Ars Asiática, V) Ver p. 119.

48. Cabeça de Buddha, Cambodja, séculos XI-XII d.C. (Museu Guimet, Paris) Ver p. 165.

49. *Lohan* (patriarca budista); cerâmica, período Tang, China. Ver p. 127.

50. Cabeça de Buddha; Cambodja, séculos XI-XII d.C. (Museu Guimet, Paris) Ver p. 131.

51. Kīrttimukha ("A Face da Glória"); Java, século XIII d.C. (Rūpam) Ver p. 142.

52. Um membro do "séquito uivante" de Śiva; Java, *c.*875 d.C. (Doehring) Ver p 142.

53. Gaṇeśa; Índia, século XVII d.C. Ver p. 64 e 143.

54. Gaṇeśa-Kīrttimukha, face posterior da escultura; Java, século XII d.C. (Kinsbergen) Ver p. 143.

55. Śiva Tripurāntaka ("Destruidor das Três Cidades"); Elūrā, século VIII d.C. (Archaeological Survey of India) Ver p. 144 e ss.

56. A Origem da Deusa; de um manuscrito do final do século XVIII, do *Devī Mahātmya.* (Glasenap) Ver p. 154.

57. A Ira da Deusa; pintura de Rājput, escola de Jammū, século XVII d.C. (Coleção particular de O.C. Gangoly, Calcutá) Ver p. 153.

58. A Deusa Matando o Búfalo-Demônio (*devī mahiṣāsura-mārdinī*); Java, século VIII d.C. (Ethonographic Museum, Leyderi) Ver p. 157.

59. A Deusa Matando o Búfalo-Demônio (*devī mahiṣāsura-mārdinī*); templo da gruta de Māmallapuram, século VII d.C. Ver p. 154.

60. Śiva e Pārvatī no monte Kailāsa e, abaixo, Rāvaṇa aprisionado; templo de Kailāsanātha, escavado na rocha em Elūrā, século VIII d.C. (Johnston e Hoffmarm, Calcutá) Ver p. 159.

61. Śiva e Pārvatī; pintura de Rājput, escola Pahārī, *c.*1800 d.C. (Museum of Fine Arts, Boston) Ver p. 159.

62. Interior do salão Chaitya, Bedsā, *c.*175 a.C. (Johnston e Hoffmann, Calcutá) Ver p. 160.

63. "A Grande Stūpa", Sāñcī; séculos III-I a.C. (Marshall e Foucher) Ver p. 61.

64. *Liṅga* do qual emerge a Deusa; Cambodja, século XIV d.C. (Museu Guimet, Paris) Ver p. 160.

65. *Stūpa* – revelação do Buddha, interior do salão de Chaitya em Ajantā, gruta nº 19, século VII d.C. Ver p. 160-161.

66. "A Ilha de Pedras Preciosas"; pintura de Rājput, *c.*1800 d.C. Ver p. 161 e ss.

67. Kālī sobre Śiva-Śava; pintura de Kāngrā, *c.*1800 d.C. Ver p. 170.

68. Kālī, A Devoradora; norte da Índia, séculos XVII-XVIII d.C. (Indian Museum, Londres) Ver p. 170.

69. Kālī dançando sobre Śiva; estátua policromática, da época moderna. (Indian Museum, Londres) Ver p. 170-171.

70. Śiva Ardhanārī ("Śiva Metade-Mulher"), isto é, Śiva e Pārvatī unidos em uma única forma; Kāngrā, início do século XIX d.C. Ver p. 171.

ÍNDICE REMISSIVO

A

Abhramū, 87.

Absoluto, O: águas como aspecto criativo do, 77; arte, o ... na, 121, 122; Buddha como personificação do, 60; busca de Buddha pelo, a, 129; diferenciação do, 76, 113, 114, 120, 158, 159, 167; energia produtiva do, 123, 167; imutabilidade do, 113, 125; manifestação do, 116, 118, 155, 156; nós mesmos enquanto emanações do, 165, 166; pulsar do coração do, 164; que transcende as qualidades sexuais diferenciadoras, 105; realidade do, 118; Śiva enquanto personificação do, 105, 106, 112, 133, 163, 164; substância do, 161; transcendência do, 145, 167; união com o, 124; Vajradhara-Vajrasattva como símbolo do, 119; Viṣṇu e Śiva como personificação do, 61, 69; *yab-yum* como símbolo do, 119; ver tb.: *bindu*; Brahman-Ātman; Essência divina; Self; Self Universal; Substância Eterna; Vazio; Águas Cósmicas.

Ādi-Buddha, ver Buddha universal.

Afrodite, 67.

Agastya, 92, 93.

Agni (deus do fogo), 100n20, 105, 144.

Agostinho, Santo, 19n9, 22.

Água: cinco elementos, um dos, 44, 47; jarro de: emblema de Brahmā, 111; emblema de Śiva, 111; simbolizando Māyā, 36, 43; ver tb.: existência, Águas da; não existência, Águas da; Lagoas; Reno; Rios Sagrados.

Águas cósmicas: como fonte e túmulo, 13, 36, 38, 59, 108, 162; como leito de Viṣṇu, 37, 42, 58, 162; como morada de Viṣṇu, 34, 41, 42, 47, 71; como morada do ganso, 45, 46; como origem do lótus cósmico, 77, 162; demônio-serpente exilado para as, 74; demônio-serpente retendo as, 11; desaparecimento das, 38; descanso da Terra sobre as, 69; em relação a Airāvata, 86, 87; engolidas por Agastya, 92; Kṛṣṇa mergulhado nas, 73, 76; libertadas por Indra, 153; personificação das, 58; simbolizadas pela serpente, 38, 59, 68, 69, 76; simbolizadas pelo Reno, 128, 129, 162; ver tb.: Absoluto.

Águas terrestres: controladas pela lua, 57; guardadas e representadas pelos espíritos-serpentes, 57, 59, 61, 66, 67.

Águia, 64, 66, 68, 99n11; ver tb.: Garuḍa.

Aguilhão, emblema da Deusa, 163; emblema de Śiva, 136.

Airāvata: ancestral dos elefantes terrestres, 48; como veículo de Indra, 51, 58, 88; origem de, 86, 87; ver tb.: Oceano, Batedura do ... Lácteo.

Ajantā, 160.

Alā-ud-dēn, 49.

Alcmena, 66.

Alexandre, o Grande, 139.

Alfabeto: fenício, 65; hebreu, 65; indiano, 65.

Allāhābad, 90.

Alógico, mensurável, 162.

Amṛta, etimologia da palavra, 99n1; ver tb.: Imortalidade, elixir da.

Anais do Museu Guimet, 146n9.

Ananta (Śeṣa, a serpente cósmica): ancestral das serpentes terrestres, 59; arte, na, 58; como manifestação de Viṣṇu, 76; como representação das águas cósmicas, 68, 162; como veículo de Viṣṇu, 38, 58, 68; encarnada em Balarāma, 76.

Andrae, Walter, 149n41.

Anel dos Nibelungos, O, 127, 128, ver tb.: Wagner.

Anos: ciclo dos, 43, 44; de Brahmā, 21; divinos, 20.

Apasmāra-Puruṣa (demônio do esquecimento), 124.

Apolo, 75.

Apsarasas, 130, 149n37.
Ar, 47, 172n3; ver tb.: Vāyu.
Arco e flecha: como emblema da Deusa, 163, 172n3; como emblema de Śiva, 144, 145.
Arco-íris, emblema de Indra, 80.
Aristóteles, 22.
Arjuna, 58, 99n2.
Arte: bengalesa, 90, 91; budista: basicamente idêntica à hindu, 60; Buddha em harmonia com a serpente na, 61-63; Buddha, símbolo do Absoluto na, 60; chinesa, 127; divindades populares na, 60, 130, 158, 160; elefante na, 85, 86; existência anterior de Buddha na, 88; helenística, 99n11; Indra (Śakra ou Sakka) na, 48, 129; japonesa, 82; Lótus, Deusa, na, 81, 85; cambodjana, 61, 62, 68, 131, 157, 160; Chalukya, 110; eneolítica, 72; Gandhāra, de, 99n11; Gupta, 58, 59, 69; indiana: como prosseguiu no Cambodja e Sião, 61; como prosseguiu no Ceilão, 60, 61; conceito de tempo na 18; divindades populares na, 18, 60, 61; em relação à mitologia e à filosofia, 157; formas visionárias na, 48, 49, 51; ver tb.: Fenômeno da forma em expansão; Śiva, dança de; monismo na, 96; o Deus e a Deusa na, 115; padrões mesopotâmicos na, 64, 65; primeiros monumentos existentes, 60, 61, 65, 85; símbolos posteriores da, 161; *vāhana* na, 64, 65; jainista, 50; javanesa, 101, 131, 142, 143; Maurya, 60; mesopotâmica, 65, 70, 79, 80; ver tb.: Selos, antigos; Pāla (estilo), 76; Paliava, 92, 94, 154, 157; pré-ária, ver em Arte, eneolítica; Harappa, Mohenjo-Daro; Sena (estilo dinastia), 90; sumeriana, 66; tibetana, 119.
Árvore: cósmica, 37, 42; deusa, ver Deusas, árvore.
Árvores, sagradas, 48, 51, 66; ver tb.: Aśoka; Iluminação, árvore da.
Asas: alados: cavalos, 88; elefantes, 87, 88; montanhas, 88; nas tradições ocidental e indiana, 79.
Ascetas: ver Agastya; Baghīratha; Eremitas; Velho Sábio; Nārada; *Mārkaṇḍeya*; Śiva; Sutapas; Vyāsa.
Ascetismo, 41, 45, 53n8, 93-95, 101n43, 136, 166; Buddha como mestre do, 63; de Śiva, 93, 106, 154; dos titãs-demônios, 127, 155-156; na seita jainista, 49-51, 132; ver tb.: Dança; Cabelos.
Asclépio, 67.
Aśoka, árvore, 63.
Aśoka, rei, 60-61.
Āśrama (Quatro Estágios da Vida), 41, 53n8.
Assíria, 64.
Assur, 64.
Aśva-cikitsita, 101n35.
Aśva-vaidyaka, 101n35.
Ásvin, 99n2.
Atharva Veda, 147n14, 149n48.
Ātman, ver Self.
Ātman-Brahman, ver Brahman-Ātman.
AUM, 124.
Avalokiteśvara, ver Padmapāṇi.
Avalon, Arthur (*sir* John Woodroffe), 52n7.
Avatāra, 20, 25n7, 84; ver tb.: Viṣṇu.
Axis mundi, *ver Liṅga*; Meru; Mundo, eixo do.

B

Babilônia, 65.
Bagdá, 80.
Balarāma (Rāma), 71, 73, 76.
Bem: alternado com o mal, 14; conhecimento do … e do mal, 113.
Bengala, bengalesa, 76; ver tb.: Arte bengalesa.
Bhagavad Gītā, 7, 52n3, 58.
Bhāgavata Purāṇa, 101n41.
Bhagīratha, 93, 95.
Bhīma, 58, 99n2.
Bindu, 120-121, 145, 162; ver tb.: Absoluto.
Bo (Bodhi), árvore, ver Iluminação, árvore da.
Bodhi, ver iluminação.
Bodhisattva, 81-83, 118-119; Buddha como, 128-119; ver tb.: Padmapāṇi; Prajñā-Pāramitā.
Boehme, Jacob, 52n2.
Bombaim, 48.
Bosch, F.D.K., 146n6.
Brahmā: anos de, 21; com relação a Śiva e Viṣṇu, 13, 70, 170-109, 146n3, 153-154; com relação a Viṣṇu, 12, 44, 71, 146n4; como assistente de Viśvakarman, 11-15; como cocheiro de Śiva, 145; como controlador do Universo, 47; como criador de Airāvata, 86-87; como emanação do Lótus, 21, 47, 77, 112; como personificação do criador, 105, 146n1, 167; como primeiro ser nascido, 105; como Sabedoria encarnada, 100n19; como senhor dos deuses, 153; consortes de, 100n19; dia de, 13, 20-21, 37; e Bhagīratha, 93, 95; e os *Veda*, 83, 154, 167; emblemas de: tigela de esmolas, 154; vasilha, 111; *Veda*, manuscrito dos, 154; filho de (Marīci), 12; ganso, sobre, 44-45; lótus,

sobre, 58, 81; mitologia de, 146n4; no *liṅga*, 108; noite de, 13, 20-21, 38 pluralidade de, 13, 15; quatro cabeças de, 47, 160; século de, 21; transformado em ganso, 108, 109.
Brahman-Ātman, 85, 144, 147n18, 122, 126, 145, 167; ver tb.: Absoluto.
Brahman, gênero de ... e da palavra, 105, 146n1, 145, 158; ver tb.: Self universal.
Brāhmaṇa, 94, 148n26.
Brāhmī, ver Alfabetos, indiano.
Bṛhaspati, 16, 24, 146n4.
Brindaban, 72, 99n17.
Buber, Martin, 179n3.
Buddha: estado de, ver Iluminação; histórico, ver Gautama, Siddhārta; imagens de: associadas aos espíritos-serpente, 61; grande partida de, 129-132; significado de, 117-119; tipo de: Mucalinda, 62; sentado no lótus, 119; Vajradhara-Vajrasattva, 119; *yab-yum*, 119; yantra, 117-118; relacionado com *o Bodhisattva*, 81-83, 85; universal (Ādi-Buddha), 83-85, 118; ver tb.: Prajñā-Paramitā.
Budismo: desenvolvimento histórico do, 60, 160; Hīnayāna, 63, 99n8; Mahāyāna, 63, 99n8; Padmapāṇi no ... do Extremo Oriente, 82; Prajñā-Pāramitā no, 100n29; nas formas artísticas do Cambodja e Sião, 61; no Tibete, 100n28, 101n45, 117, 118, 119, 160; em relação com o hinduísmo, 60, 83, 160, 161; Vajrayāna, 118.
Búfalo-Demônio, 153-155, 158.

C

Cabelo: como elemento na criação de mitos, 71; corte de ... de Buddha, 128-131, 148n29; de Buddha na arte, 131; desfeitos, como símbolo dos eremitas e de Śiva, o Asceta, 14, 94, 96, 111, 126, 132, 133; figuras no ... de Śiva, 132; hostilidade dos jainistas para com, 132; mecha de ... de Buddha, 130; raspagem de, 128; significado de, 126-127.
Cambodja, 84; ver tb.: Arte, cambodjana.
Cânone, páli, 128, 160n30.
Caos, ver Noite, cósmica.
Cavalo: alado, 82; de Buddha (Kanthaka), 129, 130.
Ceilão, 60, 61, 128.
Céu, 53n9, 47, 60, 66.
Céu, Pai, 66, 107, 113, 118.
Chalukya, ver arte, chalukya.
Chama, emblema de Śiva, 123, 124.
Channa, 129.
Ciclo: individual, como base do pensamento indiano, 18; e lei da ação (*karma*), 13, 14; identificado com o sopro vital do ganso cósmico, 45, 46; libertação pelo *Bodhisattva* do, 83; libertação do ... pela Prajñā-Pāramitā, 84; no jainismo, 50, 53n10; paralelo ao ciclo universal, 16-24; procedente das águas cósmicas, 36; simbolizado pelo *Aum*, 124, 171; simbolizado na dança de Śiva, 124; simbolizado na Ilha de Pedras Preciosas, 165, 167; simbolizado no *yantra*, 117; vivenciado como Māyā, 30; universal, como base do pensamento indiano, 18; duração do, 21; enquanto processo biológico, 22; impessoalidade do, 57; procedente da Deusa, 154, 169; procedente do ganso cósmico, 44-46; procedente de Śiva, 108, 112; procedente de Viṣṇu, 44, 105; em relação aos *yugas*, 20; repetindo-se infinitamente, 13, 17, 18; repetindo-se sem variação, 20; simbolizado pelo *Aum*, 124; simbolizado na dança de Śiva, 123-125; simbolizado na Ilha de Pedras Preciosas, 165-168; simbolizado no *yantra*, 117, 171; vivenciado como Māyā, 30.
Ciganos, 148n21.
Clava: emblema de demônios, 142; emblema de Vāyu, 99n2; emblema de Viṣṇu, 76.
Cordão sagrado, 142, 150n54.
Crepúsculo dos deuses, O, 162; ver tb.: *Götterdämmerung.*
Culto: água (vasilha de), como objeto de, 36; Brindaban como centro de ... a Viṣṇu, e Kṛṣṇa, 99n17; elefante como objeto de, 89; falo como objeto de, 81, 126, 127; personificação do Absoluto para fins de, 105; Śakti como objeto de, 161; ver tb.: Ritual.

D

Dabba, 101n44.
Dāgaba, ver *Stūpa.*
Dakṣa, 86.
Dança: ascetismo e, 122, 123; de Kṛṣṇa, sobre o rei-serpente, 74; dois tipos de, 135; nas imagens pré-védicas, 134; poder da, 122, 123; ver tb.: Śiva, Dança de.
Dante, 175, 179n1.
Danúbio, vale do, 78.

Daśa, *avatār*, ver Deogarh.
David-Neel, Alexandra, 101n45.
Decã, 48, 60.
Dedes, Rainha, 85.
Delfos, 88.
Demiurgo, ver Brahmā.
Demônio: como projeção da ira de Śiva, 141, 142; disfarçado em prato delicioso, 92; emblemas do, 142; habitante do mundo ínfero, 48, 53n11; molestando eremitas, 93; ver tb.: Búfalo-Demônio; Kālameni; Titãs-demônios.
"Determinante", 64-65, 85, 119; ver tb.: Deuses, veículos dos.
Deus: assírio, 64; e Deusa, A, 113-115; ver tb.: Deuses.
Deusa, ver Terra, Mãe; Terra, Deusa; Gaṅgā; Deusa, A (Devī); Lótus, Deusa; Māyā; Māyā-Śakti-Devī; Pārvatī; Prajñā-Pāramitā; Sarasvatī; Śacī (Indrāṇī); Sāvitrī.
Deusa, A (Devī): aspectos criativos e destrutivos da, 168, 169; aspecto destrutivo da, 169, 170; como matadora do búfalo-demônio, 153-158; como "A Mais Bela Donzela", 139-140, 154; como personificação do Absoluto, 105, 106; como Śakti de Śiva, 114, 159; dançando sobre Śiva, 170, 171; emblemas da: arco, 172n3, 204; aguilhão, 204; concha, 168; espada, 170; flecha, 172n3, 204; gancho/anzol, 169; laço, 169; livro de orações, 169; rosário, 169; vasilha, 168; emergindo do *liṅga*, 161; mãe de Gaṇeśa, 143; na Ilha de Pedras Preciosas, 161, 168; origem da, 153, 154, 155, 172n2; os muitos nomes da, 158; projeção colérica da, 153; representada como Śiva, 159, 160; simbolizada no *yantra*, 119, 120; sobre o touro, com Śiva, 58; sobre o leão, 45; sobre Śiva-Śava, 163-167; una com Śiva, 171.
Deusas, árvore e, 57, 61, 63, 64.
Deuses: assembleia dos, 70; bebida dos, 99n1; ver tb.: Imortalidade, elixir da; cidade dos, 11; combatendo os titãs, 20, 70, 156; contidos em Viṣṇu, 20, 44; criados por Māyā, 30; destronados pelo búfalo-demônio, 156; domésticos, 64; e deusas, 97; gêmeos, 99n2; Māyā dos, 30; médico dos, 87; morada dos, 36, 48; palácio dos, 11, 14, 32, 130; pecado dos, 172n1; que presidem a esfera mundana, 50; rei dos, ver Indra; rendição à Deusa, 154; sacerdote dos, 16, 146n4; veículo dos ... (*vāhana*); 45, 63-65, 119; ver tb.: Touro; Elefante; Ganso; Ganida; Leão; Lótus; Homem; Monstro, híbrido; Pavão; Rato; Serpente; ver tb.: Agni; Brahmā; Gaṇeśa; Indra; Kaśyapa; Mitra; Prajāpati; Śiva; Varuṇa; Vāyu; Viṣṇu; Vivasvant.
Devakī, 71.
Devī, ver Deusa, A.
Devī-Māhātmya, 154.
Devoção (*bhakti*), 31, 43, 52n3, 59, 169.
Dharma, 18-20, 22, 37, 44, 99n2.
Dilúvio, ver inundação.
Dinamismo, 23, 29, 30, 109, 113, 115, 122, 166.
Dinastia, solar, 101n42; ver tb.: Sol.
Dionísio, 150n59.
Dióscuros, 99n2.
Disco: emblema do Deus-Sol, 97; emblema de Viṣṇu, 68, 76.
Doutrina, hindu: conceito de divindade na, 36; conceito de fluxo eterno na, 109; conceito de libertação na, 60; conceito de unidade com Ser Supremo na, 85; ver tb.: Mitologia, hindu; Filosofia, hindu; Simbolismo, hindu; Símbolos.
Dragão-Serpente, 11, 153, 172n1; ver tb.: Vṛta.
Draupadī, 59, 99n2.
Dríades, ver Deusas, árvores.
Dvāpara, *yuga*, ver *Yuga.*

E

Eckhart, Meister, 148n19.
Edda, 99n1, 150n49.
Édipo, 139.
Egito, 60, 79, 80.
Ego, 29, 31.
Elam, 79.
Elefante: associado a Buddha, 100n30; associado a Indra, 86, 100n30; búfalo-demônio como, 155; caráter simbólico do, 89; como "determinante", 85; como veículo de Indra, 45, 48, 51, 58, 86; libertação do, 21; "mão" do ... na arte, 124, 125; na arte, 80, 85-87; pele do ... e Śiva, 137; poder mágico do, 87, 89; ver tb.: Gaṇeśa.
Elefantes: alados, 57, 87; associados à Deusa Lótus, 79, 85; associados a Śrī-Lakṣmī, 78, 89; associados aos reis, 88; brancos, 87-89; como cariátides do universo, 87; como símbolos da fertilidade, 78, 87; culto aos, 89; domesticação dos, 86; Megha, 89; nascimento dos, 86, 87; parelha de, 78; sagrados, 57; Śrī-gaja, 87; transformação dos, 88; tratado sobre os, 86.

Elementos, 112, 123, 172n3; ver tb.: Ar; Terra; Éter; Fogo; Água.
Elūrā, (Kailāsanātha), 50, 87, 144, 159.
Enciclopédia, médica, 86.
Energia: cinco atividades da, 124, 125; destrutiva, 168; feminina, 107; masculina, 107; ver tb.: Māyā, Śakti; *Tapas*; ver ainda Absoluto,
Éons (eras), ver Ciclo, universal; Tempo.
Epopeias, indianas, 21, 146n4; ver tb.: *Mahābhārata*; *Purāṇa*; *Rāmāyaṇa.*
Eremitas, 14, 15, 53n8, 93; ver tb.: Ascetismo; Cabelo.
Escudo, emblema de Śiva, 111.
Esculápio, ver Asclépio.
Eshnunna, ver Tell-Asmar.
Espaço: como categoria da consciência individual, 167; conceito abordado na Procissão das Formigas, 17, 24; éons contemporâneos no, 6; formação do, 47; manifestado em Viṣṇu, 44; repleto de Universos, 13, 30; transcendência do … e ciclo universal, 142.
Espada: emblema d'A Deusa, 170; emblema de Kālī, 170; emblema de Śiva, 111.
Espíritos (*yakṣa*, *yakshivī*) 57, 64, 85; ver tb.: Kubera; Serpente, espírito.
Ésquilo, 40, 46, 47.
Essência, divina: absorção na, 15; cosmos criado com a, 44; devoto como corporificação da, 91; diferenciada de Māyā, 162; imutabilidade da, 112; representada na arte, 97; Viṣṇu envia partículas da, 71; manifestada como: água, 36; Buddha, 83; ganso, 45; gigante e oceano, 38; Kṛṣṇa, 73-74; todas as coisas, 166; personificação do Deus e da Deusa, 113; serpente, 75; Śiva, 93, 126, 167; Trindade śivaísta, 121; visualizada no *yantra*, 116-117, 120; Viṣṇu, 68; ver tb.: Absoluto.
Éter, 47, 123, 172n3.
Eternidade: e tempo, 115, 119, 125-126; face da, 122.
Eurípedes, 40.
Eva, 30.
Evanz-Wentz, W.Y., 52n7.
Evolução, 69; ver tb.: Ciclo, universal.
Ewig-Weiblkhe, das, 31, 121, 126, 170.

F

"Face da Glória", ver Kīrttimukha.
Fálico, símbolo, 202, ver tb.: *liṅga.*
Feminino, o eterno, ver *Ewig-Weibliche, das.*
Feminino, princípio, ver Princípio, feminino.
Fenômeno da forma em expansão, 109-111, 115, 145.
Filosofal, pedra, 163.
Filosofia: associada à arte e à mitologia, 40, 96, 110, 157; budista, 100n29; como síntese da sabedoria temporal e espiritual, 44; conceito de divindade na, 36; conceito de universo na, 22, 110; corporificada na batalha dos deuses, 156; desenvolvimento tântrico da, ver Tradição, tântrica e realidade, 29-30, 39; em contraste com o pensamento ocidental, 17-18, 21-23, 40-41, 67, 157; objetivos da, 31, 39, 112-113, 157; monista, 96, 112-113; perene, 22, 31.
Flecha: como emblema d'A Deusa, 163, 172n3; como emblema de Śiva, 144-145.
Flor, cósmica, 118; ver tb.: Lótus.
Fluido, primordial, 53n9, 108.
Fogo, 47; como uma das cinco setas de Śiva, 172n3; enquanto destruidor do mundo, 123-124; sagrado, 42; ver tb.: Agni.
Folclore, 31, 51, 64, 66; ver tb.: Mitos e Fábulas.
Fowler, A.M., 99n1.
Frank, Erich, 22, 25n9.
Frankfort, H., 100n25.
Freya, 150n49.

G

Gaia, 107, 113.
Gancho: emblema d'A Deusa, 169; emblema de Śiva, 136.
Gandharvamukha, 95.
Gaṇeśa, 64, 114, 124, 143.
Gaṅgā, 57, 90-93, 132; veículo de, 91.
Ganges, 57, 90-91, 93; descida do, 59, 91-98; origem do, 91.
Ganimedes, 99n11.
Ganso (*haṁsa*): como veículo de Brahmā, 45; cósmico, 37, 44-46; ver tb.: Viṣṇu, manifestações arquetípicas de; transformação de Brahmā em …, 108-109.
Garuḍa: como antagonista da serpente, 74; como emblema de Viṣṇu, 71; como veículo de Viṣṇu, 33, 68, 79; nascimento de, 86.
Gautama, Siddhārtha (o Buddha histórico): chamado de elefante, 100n30; como Bodhisattva Viśvantara, 88; como mestre do ascetismo, 63; como imperador do mundo, 127-128, 132; como personificação do Absoluto, 60; como símbolo da iluminação, 61-62;

cronologia de, 49; em relação aos Bodhisattvas e ao Buddha Universal, 83; em relação a doutrinas indianas anteriores, 59-60; em relação aos poderes da serpente, 63; iluminação de, 61-62; partida de, 128-131; raio como emblema de, 118; relíquias de, 160; sabedoria redentora de, 131.
Gênero, gramatical, significado do, 146n1.
Gigante, cósmico: na mitologia jaina, 53n11; ver tb.: Viṣṇu, manifestações arquetípicas do;
Górgonas, 142, 149n47.
Götterdätmnerung, ver tb.: *Crepúsculo dos Deuses, O*, 162.
Gregos, 22, 40, 66-67, 142; ver tb.: Mitologia grega.
Guardiões, portas, 59, 61; rios como, 90; ver tb.: Imagens protetores (guardiãs).
Gudea (rei de Lagash), 66, 67.
Gujarāt, 49.
Gupta (estilo), 60-62.
Gwalior, 70.

H

Haṁsa, ver Ganso.
Harappa, 79-80, 134.
Hari-Hara, 146n3.
Hartner, W., 149n47.
Hastyāyurveda, 86, 89, 100n31.
Hegel, G.F.W., 165, 171.
Helena de Troia, 67.
Hera, 66, 77, 107, 113.
Héracles, 66, 77.
Heráclito, 147n18.
Herói: do dilúvio, 25n6; ver Criança, Divina; Salvador; ver Viṣṇu, avatares; trágico, 140.
Hidra, 77.
Hieróglífos, 65, 70.
Himālaya, 154.
Himalaias, 48, 88, 92, 93, 94, 95, 96; como morada de Śiva, 93, 95, 96.
Hīnayāna, ver Budismo.
Hindu: arte, ver Artes; filosofia, ver Filosofia, hindu; metafísica, ver metafísica hindu; mitologia, ver mitologia hindu; retórica, ver Retórica, hindu, sistema de.
Hinduísmo: em Java, 143; medieval, 32; moderno, atual, posterior, 36, 45, 106, 109, 146n4; relacionado com o budismo, 59-60, 83, 160-161; ver tb.: Doutrina; Mitologia; Filosofia hindu; relacionado com o jainismo, 49.
Hinos, 36, 78, 81, 90, 91; ver tb.: *Atharva Veda*; *Ṛg Veda*.
Homem: como veículo de um deus, 64; cósmico, ver Viṣṇu, manifestações arquetípicas de; leão, 150n51; Velho Sábio, 24, 31; ver tb.: *Mārkaṇḍeya*.
Homero, 40, 99n1.
Huxley, Aldous, 179n2.

I

Iconografia, ver Artes, Símbolos; Ilha de Pedras Preciosas; ver tb.: Matrimônio, sagrado; Opostos; Polaridade; Śiva-Śakti; *yantra*.
Iluminação (Bodhi): árvore da, 62; liberação através da, 60, 83; lótus como símbolo de, 84, 119; *Mokṣa*, 53n11, 147n12; Nirvana, 118; *Stūpa* como símbolo da, 160-161; unificadora da vida, 61; ver tb.: Bodhisattvas, estado de Buddha.
Imagens: arquetípicas, ver Criança, Divina; Homem, Velho Sábio; consagração de, 84-85; protetoras (guardiãs), 57, 142; ver tb.: Artes; Buddha, Imagens de; Símbolos.
Imenso alógico, 162.
Imortalidade, elixir da (*amṛta*, soma), 21, 57, 87, 99n1, 138, 155, 160, 172n1.
Inconsciência, 163.
Inconsciente, o, 40, 53n9, 69.
Índia, história da: períodos de transformação na, 140; pré-védica, 65; ver tb.: Indo, civilização do vale do.
Indiana, Arte, ver Arte, Indiana; Indiano, pensamento, ver Pensamento, Indiano.
Indivíduo, 18, 21, 31, 39-40, 46; ver tb.: Consciência.
Indo, civilização do vale do, 65, 79-81, 133, 149ns39-40.
Indonésia, 67
Indra (rei dos deuses): armas de, 87, 88, 118; como deus das nuvens, chuva e trovão, 89, 144; consorte de, 129; ver tb.: Śacī e elefante, 45, 87, 100n30; e equivalente humano, 99n2; emblemas de: arco-íris, 87 raio, 11; humilhação de, 11-16, 18, 29; imagem jaina de, 50-51; paraíso de, 51 pecado de, 153; pluralidade de, 12-13, 24: reino de, 130; relevo hindu de, 48, 58, 61, 97; seduzindo Vāc, 149n48; sob o nome de Mahāvīra, 149n44; sob o nome de Śakra, 129, 148n31; tempo de vida de um, 13; Viṣṇu usando vestimenta de, 42-43.
Indrāṇī, ver Śacī.
Infernos, 62.

Inscrições: egípcias, 65; mesopotâmicas, 65.
Intervalo de não manifestação, ver Noite, cósmica.
Inundação, dilúvio, 6, 20, 25n5, 38.
Ioga: definição de, 52n7; em *áśrama*, 53n8; induzindo ao êxtase, 122; objetivos da, 40, 113, 127, 157; *tapas*, 94, 101n44; transcendida, 166; *yantra*, na prática da, 117, 171; ver tb.: Ascetismo; Sopro vital.
Iogue, divino, ver Śiva.
Iogues: exercícios respiratórios dos, 45-46, 112; experiência do Som do Poder, 164; no Tibete, 101n45; postura dos, 133; visões dos, 97; ver tb.: Ascetismo; Sopro, vital; Eremitas.
Irā, 86.
Irāvatī, 86,
Irmãos, pares de, 71.
Irrawaddy, 86.
Islamismo, 49.
Īśvara, 147n12.

J

Jainismo, jaina, jainista, 49-51, 127, 132, 149n44.
Jalandhara, 138-141, 144.
Jātaka, 101n38.
Java, 82, 84, 85, 143; ver tb.: Arte, javanesa.
Javali, 21, 108; o ... como criador, 69-70; *kalpa* do, ver *Kalpa*.
Jīva, 50, 53n11.
Jocasta, 139.
Jouveau-Dubreuil, G., 146n9.
Jumnā, 57, 90; ver tb.: Yamunā.

K

Kailāsa, monte, 48, 87, 159.
Kailāsanātha, ver Elūrā.
Kaivalya, 50.
Kāla, ver Śiva, manifestações de.
Kāla-Rudra, ver Śiva, manifestações de.
Kālanemi, 70-71.
Kalchas, 66.
Kālī, 115, 158, 168-171; emblemas de: espada, 170; lótus, 170; cálice, 170; tesoura, 170.
Kali-yuga, ver *Yugas*.
Kālidāsa, 137.
Kāliya, 72, 76.
Kalpa, 20-21.
Kāmadamana, 32-34.
Kaṁsa, 70-72.
Kanthaka, 129.
Karma, ver Ciclo, individual.
Kaśyapa (Homem-Tartaruga), 12, 86.
Ken Arok, 85.
Khilas, 77, 100n21.
Khmer, ver Mon-Khmer.
Kinnara, ver músicos, celestiais.
Kīrttimukha, 115, 149n47, 141, 143, 153, 155; emblema de Śiva, 142.
Kṛṣṇa: como *avatār* de Viṣṇu, 52n3, 58, 70; dançando sobre o rei-serpente, 74; e a serpente, 71-76.
Kubera (rei dos *yakṣas*), 48, 64.
Kwan-yin, 82.
Kwannon, 82.

L

Laço: emblema d'A Deusa, 163.
Lagash, 66,
Lagoas, 65.
Lakṣmī, Śrī, ver Lótus, Deusa.
Lamaísmo, ver Tradição, lamaísta.
Lança, emblema de Śiva, 96.
Leão: Deusa, A, sua projeção como ..., 153; homem, 141; transformação do búfalo-demônio em, 155; veículo d'A Deusa, 45, 64, 114, 154.
Lei, budista, 83.
Lendas, ver mitos e contos.
Lhasa, 117, 119.
Liṅga: como *axis mundi*, 146n6; como emblema de Śiva, 114, 145; como energia masculina de Śiva, 106-107; como flecha de Śiva, 145; como morada da tríade, 108; como objeto de culto, 106, 120; Deusa, A, no, 160, 161; e *yoni*, 107, 114, 115, 120, 145; incandescente, 108, 146n6; mito da origem do, 107; na Índia pré-védica, 81; simbolizado no *yantra*, 119; simbolizado pelo triângulo masculino, 119-120.
Lohans, 127, 148n26.
Lótus: como a Deusa Terra, 47-48; como símbolo de Brahmā, 58; como símbolo de Kālī, 170; como símbolo do Nirvāṇa, 84; como símbolo de Prajñā-Pāramitā, 84; como símbolo de Śrī-Lakṣmī, 58, 78-79, 81-83; criado por Viṣṇu, 47; democratização do, 85; nascido das águas cósmicas, 77; nascido do

umbigo de Viṣṇu, 12; nos tempos pré-árias, 77; personificado como Deusa-Mãe, 78.
Lótus, Deusa (Śrī-Lakṣmī-Padmā): associado às deusas dos rios, 90; associado ao lótus de Buddha, 119; associado ao símbolo do elefante, 89; como divindade da agricultura, 78; emergindo do Oceano Lácteo, 87; filhos da (Lodo e Umidade), 78; história e simbolismo da, 77-85; idêntica a (Śrī-Lakṣmī, 58; sob o aspecto de Prajñā-Pāramitā, 82.
Lótus na Mão, ver Padmapāṇi.
Lua, 57, 64, 138; como emblema de Sakala-Śiva, 164; cheia, 163; eclipse da, 138; som simbolizado pela ... nova, 164; ver tb.: Śiśu.

M

Mackay, Ernest, 79, 100n24.
Madras, 92.
Mãe, Deusa: como mãe arquetípica, 107, 113; encarnada em todas as mulheres, 63; imagens eneolíticas da, 78; papel criativo da, 91; ver tb.: Terra, Deusa; Deusa, A; Lótus, Deusa.
Magia: capacidade mágica dos elefantes, 87, 89; dança como, 122; e cabelos, 126; praticada pelos brâmanes, 41; recursos de, 142, 143; vara de condão (*vajra*), 118; ver tb.: *Mantra*; *Yantra*.
Mahābhārata, 21, 58, 110n33, 101n41, 136.
Mahāvīra, 49, 136, 149n44.
Mahāyāna, ver Budismo.
Maheśvarānanda, 147n12.
Mahiṣa-asura, ver Búfalo-Demônio.
Makara, ver Monstros, marinhos.
Mal: alternando-se com o bem, 14; conhecimento do bem e do, 113.
Maṇḍala, 117, 124; ver tb.: Śrī-Yantra, *Yantra*.
Maṇi-dvīpa, ver Ilha de Pedras Preciosas.
Mantra, 66, 116, 147n16.
Manu, 20.
Manu Vaivasvata, 25n16, 93.
Manvantara, 20-21.
Mar, universal, ver Águas, cósmicas.
Marīci, 12.
Mārkaṇḍeya, 37, 39, 41-46.
Marshall, *sir* John, 79, 100n24, 149n39.
Máscara, demoníaca, ver Kīrttimukha.
Mātaṅgalīlā, 100ns31, 34.
Matéria, cósmica, 112.
Matrimônio, sagrado, 113, 115, 119, 128, 138, 158-160; ver tb.: Ilha de Pedras Preciosas; Opostos; Polaridade; Śiva-Śakti; *Yantra*.
Mathurā, 72.
Maya (titã-demônio), 144.
Māyā: armadilhas de, 60, 72; como diferenciação, 85; como identidade de opostos, 43; como ignorância, 148n28; como ocultação do Verdadeiro Ser, 125; como termo psicológico, 53n9; concepção básica de, 49; definição e etimologia de, 30; Deusa, A, enquanto, 162, 164-165; dinamismo de, 109, 166; em contraste com a crença jainista, 49, 51, 53n10; e o problema da realidade, 39; energia de, 113, 155; fascínio de, 84, 97, 157; força geradora de, 132; impalpabilidade de, 51; mundo como, 122, 166; na arte, 48-49, 96; nós mesmos enquanto produtos de, 166; oposta a Brahman-Ātman, 156; Śakti, 30-31, 147n17, 156-157, 166-167, 168, 170; simbolismo de, 36; véu de, 166.
Māyā-Śakti-Devī, 31, 122; ver tb.: Māyā-Śakti; A Deusa (Devī).
Mediterrâneo, mar, 78.
Megha, 89.
Mendicância, 15, 53n8.
Mendicantes, 45, 60, 129.
Menino, Maravilhoso, ver Criança, Divina.
Meru (tb. Sumeru), 11, 48, 70, 71, 144.
Mesopotâmia, 64-67, 79-80; ver tb.: Arte, mesopotâmica.
Metafísica, hindu, 156; ver tb.: Filosofia hindu.
Mitologia: chinesa, 107; escandinava, 150n60, 162; ver tb.: Freya; *Die Götterdämmerung* (*O Crepúsculo dos Deuses*), *Das Rheingold* (*O Ouro do Reno*), *Der Ring* (*O Anel [Dos Nibelungos]*); Wagner; grega, 40, 66, 77, 88, 107, 150n59, 176; ver tb.: Alcmene; Afrodite; Apolo; Dióscuros; Gaia; Górgonas; Hera; Hércules; Urano, Zeus; hindu: anonimidade da, 40; como veículo de instrução popular religiosa, 40; conceito do tempo na, 18, 22; ver tb.: Tempo; em relação à filosofia e à arte, 157-158; homogeneidade da, 17; importância de Kṛṣṇa na, 72; interpretação de mitos e fábulas na, 31, 40-41, 74-75, 138-140; materializações da ira divina na, 153-154; monismo na, 85, 96, 113; no jainismo, 50, 53n11; personificação do Absoluto na, 105, 146n3; ver tb.: Absoluto; princípio de poder na, 141; Jainista, 53n11.
Mitos e Fábulas, 16-17, 40-41, 140; Agastya e demônios, 92-93; Batedura do Oceano Lác-

teo, 87; Bhagīratha e o Ganges, 93; como os elefantes perderam suas asas, 88; "Face da Glória" (Kīrttimukha), 138-143; Kṛṣṇa e a serpente, 70-88; libertação do Elefante, a, 68-69; *Mārkaṇḍeya* e as águas da não existência, 37-48; mercadores indianos, os, 65; Nārada e as águas da existência, 27-36; origem d'A Deusa, 153; origem do *liṅga*, 107-108; *pāṇḍava*, príncipes e princesa, 58-59, 99n2; partida de Buddha, 128-130; Prajāpati e Aurora, 145; procissão das formigas, a, 11-16, 17, 23-24, 109; resgate da Deusa Terra, 21-22, 69-70; Viṣṇu como anão, 110.
Mitra, 92, 146n1.
Mohenjo-Daro, 79-81, 85-86, 106, 134.
Mokṣa, ver Iluminação.
Mon-Khmer, 68, 99n7, 131, 157.
Monasticismo, ver Ascetismo.
Monismo, ver Brahman, Ātman e Filosofia, hindu.
Monoteísmo, 112.
Monstro, híbrido, 64, 66.
Monstros, ver Búfalo-Demônio; Kīrttimukha; Rāhu; Titãs-demônios.
Monstros, marinhos (*makara*), 21, 91, 142, 149n47.
Montanha, central, ver Mundo, eixo do.
Mortal, primeiro, ver Manu Vaivasvata.
Morte, 14; na religião hindu, 113; "Sombra da", 169; Śiva como corporificação da Supra ... 133.
Mucalinda, 62.
Muçulmanos, 60.
Mulheres: como corporificação da Deusa-Mãe, 63-64; como objeto de conquista, 139; como personificação do solo, 139-140.
Mundo: eixo do, 48, 70; ver tb.: *liṅga*; Mero; idades do, ver *Yugas*; ordem moral do, ver Dharma.
Mundo ínfero, 53ns9 e 11.
Mundos, três, 21, 52n2, 59; ver tb.: "Três Cidades"; Universo.
Museu Guimet, 146n9, 109, 131.
Músicos, celestiais (*kinnara*), 97.
Muyalaka, 148n24.
Mysore, 66.

N

Nāḍa, ver Som do Poder.
Nāga, ver Serpente, espírito.
Nāgakal, 65.
Nāgārjuna, 63, 110n29.
Nāginī, ver Serpente, espírito.
Nairañjanā, 62.
Nakula, 59.
Nālandā, 59.
Nanda, 73.
Nandī, ver Touro. Não existência, águas da, 37-48.
Nārada (Sábio), 31, 33-36, 46, 166.
Nārāyaṇa (Homem Cósmico), ver em Viṣṇu, manifestações arquetípicas de.
Naṭarāja, templo, ver Perūr; ver tb.: Śiva.
Negro, mar, 78.
Neminātha, 49.
Neolítico, período, 106.
Nerval, Gérard de, 121.
Nicolau, São, 150n60.
Nietzsche, Friedrich, 67, 68, 170.
Nilo, 79, 133.
Nirvāṇa, 38, 60, 62, 83, 118-119, 160-161.
Nishkala Śiva, ver Śiva.
Noé, 20.
Noite, cósmica: como intervalo da não manifestação, 35-38; interrupção da *māyā* durante a, 30; reincubação do Universo durante a, 22; visitada por *Mārkaṇḍeya*, 39, 43.

O

Oceano: Batedura do ... Lácteo, 21, 87, 138; cósmico, ver Águas, cósmicas; universal; ver tb.: Águas, Cósmicas.
Oceanos, quatro, 44, 48.
OM, 124.
Opostos: antagonismo cooperante dos, 114; identidade dos, 44; liberação dos pares de, 147n12; união de, 77, 107, 113, 137, 161; ver tb.: Ilha de Pedras Preciosas; Matrimônio, sagrado; Polaridade; Śiva-Śakti; *Yantra.*
Oriente, Próximo, 65, 70, 78.
Origem, do Mundo, 38, 86, 94.
Ouro do Reno, O, ver tb.: *Rheingold, das*, 162.

P

Padmā, ver Lótus, Deusa.
Padmapāṇi, 81-83.
Pais, arquetípicos, 107.
Palácios, celestiais, ver Deuses, palácios dos.
Páli, cânone, 128, 148; ver tb.: cânone.

Pāṇḍava, ver Mitos e Fábulas. Panteão: budista, 83; hindu: adotado pelos jainas, 50; Buddha e o, 60; de Śiva, 106; divindades personificando o Absoluto no, 105; figuras importantes do, 58; védico, 134, śivaísta, 143.
Paris, 109, 131.
Pārśvanātha, 49.
Pārvatī, 115, 158-159.
Pássaro, 65-67; ver tb.: Águia, Garuḍa.
Pavão, 45, 65.
Peixe, ver: Viṣṇu, avatares de.
Pensamento: hindu, ver Filosofia, hindu; indiano: comparado ao ocidental, 17-18, 22-23, 61, 67, 77, 79; extremismo do, 166; ideal de liberação no, 60; influência do jainismo no, 49; ver tb.: Budismo; Doutrina, hindu; Jainismo; Mitologia, hindu; Filosofia; Simbolismo, hindu; Símbolos; Tradição; Tradições.
Pérsia, 25n4.
Perūr, 136.
Platão, 22, 147n18.
Plêiades, 64.
Poesia, ver *Atharva-Veda*; Epopeias; Hinos; *Ṛg-Veda.*
Poetas, ver Śaṅcaracārya; Vyāsa.
Polaridade, 159; masculino e feminino, 120-121, 125, 158-159; Nirvāṇa-Saṁsāra; ver tb.: Ilha de Pedras Preciosas; Matrimônio, sagrado; Opostos; Śiva Śakti; *Yantra.*
Poliandria, 99n2.
Prajāpati, 44, 86, 145.
Prajñā-Pāramitā, 82-85, 161.
Prāṇa, ver Sopro, vital.
Princípio: a mulher, 165-166; feminino, 30, 120-121, 139, 164; masculino, 31, 120; ver tb.: Polaridade.
Projeção, 141, 153, 155-156.
Psicologia, 51, 53n9, 156, 163, 167.
Psique, 99n11.
Purāṇa, *Bhāgavata*, 19, 25n8, 23, 31, 90, 99n12, 101n41, 107, 140; *Brahmavaivarta*, 101n40; Mārkaṇḍeya, 146n8, 172n2; *Matsya*, 52n6, 100n33; Śiva, 112; *Skānda*, 105n52; Viṣṇu, 99ns13, 14, 15, 16.
Purgatório, 83.
Puri, 68.

R

Rāhu, 138-139, 141, 143.
Raio e trovão: emblema de Buddha, 118, 119; emblema do Budismo Vajrayāna, 118; emblema de Indra, 11, 118; emblema do Pai Céu, 118; idêntico à substância de Buddha, 119; simbolizando a substância eterna, 119.
Rajasa Anurva-Bhumi, 85.
Rāma (herói do *Rāmāyaṇa*), ver em: Viṣṇu, avatares de.
Rāma (irmão de Kṛṣṇa), ver Balarāma.
Ramakrishna, 34.
Rao, T.A.G., 147n10.
Rato, 64, 143.
Rāvaṇa, 159.
Ravena, 149n43.
Realidade: do Absoluto, 118; enquanto meta do pensamento indiano, 31; manifestada por Śiva, 133; quididade da, 161; subjetividade da, 39, 118; unificação de visões opostas da, 46, 83.
Redenção, 60.
Redentor, ver Salvador.
Reincarnação, ver *Saṁsāra.*
Reno, 127, 162.
Retórica, sistema hindu de, 137.
Ṛg Veda, 78, 81, 99n1, 147n14, 148n26, 149n48, 152n5.
Rheingold, das (*O Ouro do Reno*), 162.
Rios sagrados, 48, 57-58, 80, 90-91; ver tb.: Ganges.
Ritual, 41, 53n8, 66, 89, 159.
Rohiṇī (mãe de Balarāma), 71.
Rosário: emblema de: Deusa, A, 169; serpente, espírito, 59; Śiva, 111.
Ṛṣabhanātha, 49.
Ruanweli, 61.
Rudra, ver Śiva, manifestações de.
Ryder, Arthur W., 149n45.

S

Sabedoria, 22; do *Nirvāṇa* (Prajñā-Pāramitā), 82-84; energia da, 124; sacerdotal (Bṛhaspati), 24; universal (Brahmā), 47, 83-84.
Sábios, ver Mārkaṇḍeya; Nārada; Velho Sábio.
Śacī (Indrāṇī), 16, 99n2, 129.
Sadāśiva, 147n12.
Sahadeva, 59.
Sakala Śiva, ver Śiva.
Śakra (Indra), 129, 148n31.
Śakti: aspecto destrutivo de, 169-170; como consorte de Indra, 129; como consorte de Śiva, 120; como eterno feminino, 30-31; como objeto de conquista, 139-140, 141,

50n49; como poder do *liṅga*, 160; etimologia de, 30; nossa ... individual, 156-157; personificada nas deusas, 114-115, 119-120; relação com Śiva, ver Śiva-Śakti; simbolizada nos triângulos, 119-120; síntese dos poderes divinos, 153-154.
Salvador: Buddha como, 62, 128; Buddhas como, 83; serpente e, 61, 77; vence a serpente, 74-75; Viṣṇu como, 20; ver tb.: Viṣṇu, avatares de.
Samādhi, 52n7.
Saṁsāra, 29, 131; e *Nirvāṇa*, 119, 161; ver tb.: Ciclo, individual; Ciclo, universal.
Sāñcī, 61, 78, 85, 89.
Śaṅkarācārya, 168-169.
Sânscrito, 25n4, 32, 146n1, 164-165.
Santo Agostinho, ver Agostinho, Santo.
Santos: morada dos, 44, 48; ver tb.: Ascetismo; Eremitas; Sábios.
São Nicolau, ver Nicolau, São.
Sarasvatī (Saraswatī), 57, 90, 100n19.
Sargão 1, 80.
Satī, 101n44.
Sāvitrī, 100n19.
Scheftelowitz, L., 100n21.
Self: como harmonização de opostos, 76; como sacralizador da vida, 166; como símbolo de realização, 167; humano idêntico ao ... universal, 85, 117-118, 124, 147n18, 167; morada do, 122; simbolizado no ganso, 45-46; ver tb.: Absoluto.
Self, Universal: desdobrado no masculino e feminino, 158; diferenciado da Māyā, 163; idêntico ao Self humano, 85, 117, 124, 147 n18, 167; manifestado em todos os símbolos, 145; personificação do, 105-107; representado em pedra, 121-122; simbolizado no *yantra*, 120; simbolizado pelo ganso, 45-46; ver tb.: Absoluto.
Selos, antigos, 79-81, 85.
Ser, primordial, 25n4, 44.
Ser, Supremo, ver Self, universal; Viṣṇu.
Serpente; capelos de, 59, 62, 64, 66, 95; como emblemas ornamentais de Śiva, 142; cósmica, ver Ananta; culto à, 75; dragão, 11, 153, 172n1; ver Dragão-Serpente; espírito-(*nāga*): águia e, 65-68; associado a Kṛṣṇa, 76; Buddha e, 62-63; como guardião de portas, 59-60; como personificação das águas terrestres, 38, 57; como Śeṣa (Ananta), 76; derrotado por Kṛṣṇa (Viṣṇu), 68-77; em atitudes devocionais, 63; fêmea (*nāginī*), 59; instruídos por Buddha, 63; morada do, 48, 59, 65; na arte budista, 61, 63; na arte indiana, 61; no relevo "Descida do Ganges", 95, 97; par de, 65-68.
Śeṣa, ver Ananta; simbolismo da, 38, 57-60, 63, 66-67, 76-77; simbolismo ocidental da, 61, 67; ver tb.: Ananta (Śeṣa); Kāliya; Mucalinda.
Sexo, simbolismo do, 146n1; ver tb.: Ilha de Pedras Preciosas; *Liṅga*; Matrimônio, sagrado; Opostos; Polaridade; Śiva-Śakti; *Yantra*; *Yoni*.
Shāstri, T. Ganapati, (editor), 103n31.
Shava, 164-165, 167, 170.
Shelley, 40.
Sião, 61, 62, 68.
Simbolismo: hindu, 16-17, 36, 57-58, 65, 115, 161; influência da Mesopotâmia no, 65, 67.
Símbolos: femininos, 82, 170-171; ouro, 77, 78, 168; relacionados com a filosofia, 157; tardios, 161; vitalidade e duração dos, 16-17, 134, 149n41; ver tb.: "Determinante"; Elefante; Deuses, Veículos dos; *Liṅga*; Lótus; Matrimônio, sagrado; Serpente; Triângulos, simbólicos.
Sinfonia, cósmica, 113.
Singasari, 85.
Síria, 60.
Śiśu, 133.
Śiva: cabelos de, 94, 96, 111, 126, 132-133; canta em louvor a Gaṅgā, 90-91; cólera de (Kīrttimukha), 155; como arquiasceta, 93, 106, 111, 154; como Criador, Preservador e Destruidor, 124-125; como Destruidor, 109, 112, 124, 133, 138, 141, 145, 153; como mestre supremo, 15; como Naṭarāja, ver Śiva, Dança de; como objeto de devoção, 14, 32, 91; como personalização do Absoluto, 61, 105-106, 112, 133, 139, 145, 163; conjurado por santo, 94; dança de: aspectos benignos e coléricos da, 135-136; como matador do elefante, 136-137; simbolismo da, 109, 122-126, 132, 134; ver tb.: Dança; desdobramento de, ver Śiva, Trindade e Jalandhara, 138-141, emblemas de: aguilhão, 136; anel de chamas, 124; arco, 144-145; crânio, 136; escudo, 111; espada, 111; flecha, 145; flecha e *liṅga*; 145; gancho, 136; laço, 111, 136; lança, 96; *liṅga* como pétalas de lótus, 114; língua de fogo, 123; objeto não identificado, 111; rosário, 111; serpentes ornamentais, 142, 159; tambor, 123, 136; tigela (de esmolas), 136; tridente, 136; filho de, ver Skanda-Kārttikeya; iludido pela *māyā* de Viṣṇu, 34; imagens de, 110-112, 121, 125; manifestações de: como

Kāla, 125, 154; como Kāla-Rudra, 112; como Metade-Mulher (*ardhanārī*), 171; como Rudra, 141; como Senhor dos Rebanhos (*Paśu-pati*), 133, 144; como Shava, 164, 165, 167, 170; como Śiśu, 133; como Supramorte, 133; como Tripurāntaka, 144-145; como Velho Sábio, 15; manifestações múltiplas de, 13; montando Nandī, 45, 58, 64; morada de, 48; Niṣkala, 163-165, 167; relação de ... com Brahmā e Viṣṇu, 107-108, 125n4; relação de ... com Viṣṇu, 71, 106, 112; Śakti, 114, 121, 154, 155, 163-168, 170-171; Sakala, 163-165, 167; simbolismo de, 105 e ss.; simbolizado pelo *liṅga*, 81; títulos de, 106, 108, 112; Trindade, 110-113, 121-122; ver tb.: Matrimônio, sagrado; Śiva-Śakti.
Skanda-Kārttikeya, 45, 58, 114.
Sófocles, 40.
Sol, 38, 57, 67-68, 101n44; Deus-, ver Mitra; Vivasvant; pássaro, ver Garuḍa; ver tb.: Dinastia, solar.
Som, 124; como silêncio do Absoluto, 113; do Poder (*Nāḍa*), 164; relacionado com o éter, 47, 123; simbolizado pela lua nova, 164; ver tb.: Sinfonia, cósmica.
Sonho, cósmico: manifestado no ciclo universal, 48; no interior de Viṣṇu, 39, 41, 43, 58, 156; procedente d'A Deusa, 158; representado nas artes, 97.
Sophia, 84.
Sopro, vital (*Prāṇa*), 37, 44, 45-46, 112; ver tb.: Iogues, exercícios respiratórios.
Śrī-gaja, ver Elefante.
Śrī-Lakṣmī, ver Lótus, Deusa.
Śrī Yantra, 115, 117, 119.
Stevenson, Sr.a Sinclair, 53.
Stūpa (*dāgaba*), 60, 78, 160; de Sāñcī, 89.
Subconsciente, 40-41.
Substância, eterna: "adamantina", 118, 119; ciclos de manifestação da, 71, 113; manifestada em: águas cósmicas, 38, 58, 77; serpente, 38, 58, 69; Śiva, 112, 145; Viṣṇu, 37-39, 58, 76-77; não reconhecida pelo jainismo, 50; simbolizada no *bindu*, 162; ver tb.: Absoluto; como origem dos deuses, 30; como origem e túmulo, 20, 21, 43; que transcende o bem e o mal, 75.
Sūfi, 148n32.
Suméria, 66, 79; ver tb.: Arte da.
Sumeru, ver Mera.
Suri, Jayadatta, 101n35.
Susa, 79.
Sutapas, 33-34.
Sūtrātman, 150n54.
Suttee, significado do, 101n44,
Swinburne, A.C., 40.

T

Tambor, emblema de Śiva, 123, 136.
Tapas, 44, 100ns44, 45; ver tb.: Ascetismo.
Tartaruga, Velho Homem, ver Kaśyapa.
Tell-Asmar, 80.
Tempo: cíclico, 22-24; como categoria da consciência individual, 167; concepções indianas do, 17-18, 22-23; consciência do, 22, 29; deus do (Kāla), 125, 154; inaplicável ao Absoluto, 167; linear, 22; na arte indiana, 147n13; personificado em Kāla e Kārī, 168; personificado na Śakti do Buddha universal, 119; simbolizado na dança de Śiva, 125-126; simbolizado no *yantra*, 115-117; transcendido pelo ciclo universal, 116; ver tb.: Brahmā, século de; Brahmā, dia de; Brahmā, noite de; Brahmā, ano de; Ciclo, individual; Ciclo, universal; *Kalpa*; Manvantara; Noite, cósmica; Saṁsāra; Anos, celestiais; *Yuga*.
Terra (elemento), 47, 172n3; ver tb.: Terra, Mãe; Terra, Deusa.
Terra, Deusa: como aspecto da Deusa Mãe eneolítica, 78-79; idêntica ao lótus de Brahmā, 47-48; oprimida pelos titãs-demônios, 70-71; relação com a Deusa Lótus, 77; salva pelo javali, 21, 69.
Terra, Mãe: associada ao lótus, 48; associada ao símbolo do elefante, 89; como aspecto da Deusa Mãe eneolítica, 78-79; consorte do Pai Céu, 107, 113; esfera dos poderes da serpente, 67; transfigurada em Prajñā-Pāramitā, 83.
Tesoura, emblema de Kālī, 170.
Ti, 107.
Tibete, 100n29, 101n45, 117, 119, 160.
Ticiano, 149n36.
Ti'en, 107.
Tigre: como manifestação d'A Deusa, 153; pele de, 159.
Tigre-Eufrates, bacia dos rios, ver Mesopotâmia.
Titãs-demônios: ascetismo dos, 127; vencidos com a ajuda de Bṛhaspati, 16; vencidos pela Deusa, 153-154; vencidos por Śiva, 145-159; vencidos por Viṣṇu, 20, 70 e ss., 100n33; ver tb.: Jalandhara; Serpente-dragão.

Tonsura, ver Cabelos,
Touro (Nandī), 45, 58, 64, 114.
Tradição: budista, ver Budismo; lamaísta, 117, 160; pré-ária (não védica): continuidade da, 132, 134-135; continuidade mesopotâmica na, 66, 78-79; Deusa-Mãe na, 78-79, 81; lótus e deusa Lótus na, 77-78; par de serpentes na, 66; preservada no folclore budista e hindu, 64; preservada no jainismo, 49; Viṣṇu e Śiva na, 146ns3, 4; tântrica: diálogos de Śiva e Śakti na, 158-159; influenciando o budismo, 83; Māyā reavaliada na, 166-167; relação com o hinduísmo moderno, 113, 146n4; revelada nos *yantra*, 171; termo para figura de *yantra* na, 117; valor dos textos esotéricos na, 161; védica: Brahmā na, 146n4; Bṛhaspati na, 146n4; destino d'A Deusa na, 81; Deus-Sol na, 25n6; lenda de Agastya na, 92-93; lótus e Deusa Lótus na, 77-78, 100n20; Śiva na, 144; "Três Cidades" na, 144.
Tradições, indianas: desenvolvimento e interpretação das, 16-17, 134-135; relacionadas com as ocidentais, 175-176; ver tb.: em Pensamento, indiano.
Transformação: de Brahmā, 108; de elefantes, 87-88; em mulher, 33-34.
Transmigração, 21; ver tb.: Ciclo, individual.
"Três Cidades, As", 144, 150n57, 154, 162; "A Mais Bela Donzela das", ver Deusa, A.
Triângulos, simbólicos, 119-120.
Trindade, ver Śiva, Trindade.
Tripura, ver "Três Cidades, As".
Tripurāntaka, ver Śiva, manifestações de.
Troia, Guerra de, 67.

U

Udayagiri, 70.
Ultimum Plenum, ver Absoluto.
Universo: dissolução do: história da, 22; pela Deusa, 169; por Śiva, 132-133; por Viṣṇu, 37-38; ver tb.: Ciclo, universal; emanado: com auxílio de Viṣṇu encarnado no javali, 69-70; da ioga do Criador, 94; das águas cósmicas, 77; de Viṣṇu, 47-49, 156; do poder de Śiva, 108, 133.
Upaniṣad, 85, 101n44, 146n4, 147n18, 150n54.
Upapurāṇa, 25n8.
Urano, 107, 113.
Urvaśī, 100n20.
Útero, universal, ver Águas, cósmicas.

V

Vaca Sagrada, 18-19, 70.
Vāhana (veículo), 45, 64.
Vahni, ver Triângulos, simbólicos.
Vaikuṇṭha, mundo de Viṣṇu, 68, 91.
Vairochana, 118.
Vaivasvata, ver Manu Vaivasvata.
Vajra, 118-119.
Vajradhara, 119.
Vajrasattva, 119.
Vajrayāna, ver Budismo.
Vanaspati, ver Kīrttimukha.
Varuṇa, 92, 146n1, 150n56.
Vāśiṣṭha, 100n20.
Vasudeva, 71.
Vāyu, 99n2, 105, 144.
Vazio, universal, 63, 84, 85, 164, 170; ver tb.: Absoluto.
Veda, 36, 77, 83, 100n30, 154, 167; ver tb.: *Atharva Veda*; *Ṛg Veda*.
Veículos, ver Deuses, veículos dos, *Vāhana*.
Vento, 47, Deus do, ver Vāyu.
Vênus, 64.
Vida: ciclo de, ver Ciclo, individual; quatro estágios da, ver *Aśrama*.
Videntes, ver Ascetismo; Eremitas; Sábios.
Vindhya, montanhas, 48, 92.
Viṣṇu: afinidade com os espíritos-serpente, 61; associado a: Brahmā, 12, 44, 71, 106, 146n4; Brahmā e Śiva, 13, 71, 105, 106, 146n4, 107-108, 112, 153; avatares de: anão, 110; homem-leão, 150n51; javali, 20, 21, 69-70, 108, 109; Kṛṣṇa, 52n3; peixe, 25n6; Rāma 52n3; como morada dos deuses e profetas, 44; consortes de: Lótus, 78, 83, 156; Sarasvarī, 76; ver tb.: Rios, Sagrados; Śrī-Lakṣmī, 76; correspondente a Bodhisattva (Padmapāṇi), 82; correspondente ao Buddha, 61; Criador, Preservador e Destruidor, 37, 43, 105; culto de, 75; emblemas de: clava, 76; disco, 68, 76; Ganida, 71; invisível, 71; *māyā*, de, 29, 32, 34, 36, 39, 43, 53n10, 105, 166, 167; manifestações (especiais) de: libertador do elefante, 68-69; menino brâmane, 12, 16; matador dos demônios, 70, 138; morada de, 68, 91; presença universal de, 42, 46, 71; Preservador do Mundo, 70, 75, 105, 110; manifestações arquetípicas de: águas, cósmicas, 37, 38, 39, 44, 47, 57-58, 78, 108, 128, 162; ciclo do ano, 43; Criança, Divina, 37, 42; espaço (éter), 44; fogo, sagrado, 42; ganso, 37, 44, 46; gigante (ho-

mem cósmico, Narāyama), 37, 39, 42, 46, 91, 108; iogue, 43; luz celestial, 44; malabarista, 43; nuvem (chuva), 38; oferendas, 42; serpente, 38, 57; sol (fogo), 38, 47; terra, 44; vento, 38, 44, 47; vórtice (destruição cósmica), 43; relacionado a: pares de opostos, 43, 68; sonho de (Sonho do Universo), 38-39, 41, 43, 156; títulos de: Criador e Preservador do Universo, 69; Morte do Universo, 43; Refúgio Supremo, 44; Senhor Criador e Gerador de Todos os Seres, 44; Senhor da Sabedoria Sagrada, 44; Senhor das Águas, 42; Senhor da Māyā, 38, 44; Senhor do Universo, 42, 69; Ser Primevo, 44; veículos de: Ananta, 38, 58, 59, 61; Garuḍa, 33, 68, 69, 71, 99n11; vencedor de serpentes, 68; veneração de, 15, 72, 90.
Vivasvant (Deus-Sol), 25n6.
Vrindāvana, 72.
Vṛtra, ver Dragão-Serpente.
Vyāsa, 25n8, 32.

W

Wagner, 40, ver tb.: Freya; *Götterdammerung, Die* (*O Crepúsculo dos Deuses*); *Das Rheingold* (*O Ouro do Reno*) e *Der Ring von Nibelungen* (*O Anel dos Nibelungos*).
Warren, Henry Clarke, 148n30, 149n34.
Wilson, H.H., 25n3.
Woodroffe, Sir John, ver Avalon, Arthur.

Y

Yab-Yum, ver Buddha, imagens de.
Yakṣa, ver Espíritos.
Yamunā, 57, 74.
Yang, 107, 113.
Yantra, 115-116, 117, 161, 171.
Yaśodā, 73.
Yin, 107, 113.
Yoni, 107, 115, 119, 145, 146n6.
Yudṣṭhira, 58, 99n2.
Yuga, 18, 19, 23, 37, 43, 48; *Dvāpara*, 18, 19, 20, 21, 70; *Kali*, 18, 19, 20, 52n3, 123; *Kṛta*, 18, 20, 25n5; *Mahā*, 20, 21, 125; *Tretā*, 18, 19, 20, 21.

Z

Zaratustra, 67, 68, 170.
Zeus, 66, 77, 99n1 1, 107, 113.
Zimmer, Heinrich, 110n31, 147n13, 149n48.

OBRAS RELACIONADAS AO TEMA
PUBLICADAS PELA PALAS ATHENA EDITORA

AS MÁSCARAS DE DEUS V. 1
MITOLOGIA PRIMITIVA

Aproxima-nos de um mundo e de uma experiência de vida que podem parecer distantes, mas que estão presentes em muitas das nossas crenças, medos e ansiedades. As mitologias dos povos surgem de uma perspectiva não apenas antropológica, mas também histórica e psicológica; recria-se a textura de um passado que continua pulsando no inesgotável mundo interior das culturas e dos indivíduos, portanto sempre atual.

AS MÁSCARAS DE DEUS V. 2
MITOLOGIA ORIENTAL

Inicia com uma reflexão sobre o diálogo mítico entre Oriente e Ocidente: a tradição contemplativa oriental e a contrapartida ocidental, que revela a separação entre as esferas divina e humana. Aborda mitologias que se desenvolveram na Suméria, no vale do Nilo, na Índia dravídica, védica e budista, na China taoista e confuciana, na Coreia, no Tibete e no Japão.

AS MÁSCARAS DE DEUS V. 3
MITOLOGIA OCIDENTAL

Trata das relações entre o Oriente e o Ocidente, de como as antigas cosmologias e mitologias foram transformadas e reinterpretadas nos mitos gregos e na Bíblia, bem como no judaísmo, cristianismo e islamismo. O livro aborda questões da atualidade e desenvolve uma crítica à ortodoxia das devoções monoteístas, que têm como implicação a intolerância a partir da crença numa verdade única e excludente.

AS MÁSCARAS DE DEUS V. 4
MITOLOGIA CRIATIVA

Aborda as funções vitais da mitologia na atualidade, dada pelos artistas, literatos e pensadores, os criadores e os visionários de antigas e sempre novas aventuras espirituais. Nossa sociedade, ao mesmo tempo plural e individualista, já não permite verdades universalmente aceitas, nem espaços cognitivos, artísticos ou religiosos que não dialoguem – tornando cada um de nós o centro criativo de autoridade e significado para sua própria vida.

DEUSAS – OS MISTÉRIOS DO DIVINO FEMININO

Esta obra acompanha a evolução da Grande Deusa. Joseph Campbell, exímio tecelão, colheu os fios desse processo no solo sagrado de culturas de todos os quadrantes do mundo, que continuam a oferecer significados psicológicos e existenciais que orientam a compreensão do humano até os nossos dias.

O PODER DO MITO

Fruto de entrevistas com Joseph Cambpell realizadas pelo destacado jornalista Bill Moyers, revela sua extraordinária jornada numa brilhante combinação de sabedoria e humor. O mito e o mundo moderno, a jornada interior, a saga do herói, os nascimentos virginais, sacrifício e bem-aventurança, amor e matrimônio, e mesmo os personagens de *Guerra nas estrelas* são tratados de modo único, revelando a dimensão mítica na experiência humana e seu significado universal.

JOSEPH CAMPBELL – O MAESTRO DOS MITOS

Carlos Aldemir Farias

Neste livro, Carlos Aldemir Farias apresenta e coteja vida e obra do mitólogo estadunidense. Uma das grandes virtudes do autor é conseguir unir o rigor de uma pesquisa de vulto a um texto agradável e fluido. Ele parte da biografia e da obra de Campbell para entender seu interesse pelas narrativas mitológicas universais, tece os paralelos com os arquétipos junguianos, até chegar à influência das teses do mitólogo na cultura pop, quando os argumentos campbellianos, até então herméticos para o público leigo, ganham materialidade e apelo na estrutura narrativa da saga cinematográfica *Star Wars*, do diretor George Lucas.

A CONQUISTA PSICOLÓGICA DO MAL

O livro consiste na reunião de narrativas populares da literatura do Oriente e do Ocidente, cujo fio condutor é a preocupação comum em torno do perene conflito entre o homem e as forças do mal. Em seus comentários, Heinrich Zimmer desvenda o significado inerente a cada símbolo e propõe a unidade filosófica desse grupo de mitos. Principiando com uma história das *Mil e Uma Noites*, o tema vai se desdobrando ao longo de lendas do paganismo irlandês, do cristianismo medieval, do ciclo do rei Arthur e do hinduísmo ancestral, culminando num mito clássico hindu apresentado pela primeira vez ao leitor ocidental.

FILOSOFIAS DA ÍNDIA

A obra tornou-se referência desde que foi publicada pela primeira vez, devendo sua consagração à detalhada apresentação das diversas correntes do pensamento indiano que o autor realiza, sempre a partir de uma perspectiva rigorosamente ocidental. Isenta de qualquer esoterismo, a abordagem que o professor Zimmer efetua sobre seu objeto de estudo é estritamente científica e pauta-se pelos métodos de análise da História e da Filosofia, com o autor questionando frontalmente os preconceitos etnocêntricos gerados pela ciência e cultura ocidentais.

BREVE LANÇAMENTO

MITOS PARA VIVER

O que é uma mitologia em funcionamento? Quais são suas funções? Em *Mitos para viver*, Joseph Campbell explora o poder eterno dos mitos universais que influenciam nossa vida diária e examina o processo de formação dos mitos desde o passado primitivo até o presente, retornando sempre à fonte de onde brota toda mitologia: a imaginação criativa.

Campbell salienta que os mitos e as religiões sempre seguiram certos arquétipos básicos que não são exclusividade de um único povo, região ou religião. Ele mostra que podemos reconhecer seus denominadores comuns e permitir que esse conhecimento se torne útil para realizar o potencial humano em qualquer lugar.

Texto composto na fonte Times New Roman.
Impresso em papel Avena 80gr pela Face Gráfica